祈りよ力となれ

リーマ・ボウィー自伝

リーマ・ボウィー
Leymah Gbowee
キャロル・ミザーズ
Carol Mithers
東方雅美 訳
Masami Toho

Mighty Be Our Powers

How Sisterhood, Prayer, and Sex Changed a Nation at War

姉、ジェニーバへ

MIGHTY BE OUR POWERS

by Leymah Gbowee
with Carol Mithers

First published in the United States by Beast Books, a member of the Perseus Books Group

Japanese translation rights arranged with Beast Books,
a member of the Perseus Books Inc., Massachusetts
through Tuttle-Mori Agency, Inc., Tokyo

プロローグ

戦争の話は、どれもがよく似ている。それは状況が似ているからではなくて、みな同じように報道されるからだ。司令官は自信たっぷりに勝利を予告する。外交官は真剣な面持ちで発表を行う。そして兵士は常に男だ。ゾッとするような戦利品を見せびらかし、自慢話をし、武器をふりかざす。それが政府軍の兵士でも反政府勢力の兵士でも、英雄でも悪党でも。

これは私の国、リベリアでも同じだった。内戦により国がバラバラになっているあいだ、海外の記者がやってきては悪夢を記録した。記事や映像を見てみれば分かる。どれもが破壊のすさまじさを描いたものだ。上半身裸の少年たちが巨大なマシンガンを撃ち、壊された町で狂ったように踊り、死体の周りに集まって、犠牲者の血のしたたる心臓を掲げる。サングラスに赤いベレー帽の若者がカメラをにらみつけて言う。「殺すぞ。食っちまうぞ」

だが、もう一度報道を見て欲しい。今度はその背景をよく見てもらいたい。

なぜなら、そこには女たちがいるからだ。逃げまどい、涙を流し、子供たちの墓の前にひざまずく女たち。女はいつも背景の一部で、その苦しみは記事のつけ足しでしかない。女性の話が記事に入れられたとしても、それは〝人情話〟の扱いだ。アフリカの戦争では、〝女〟はなおさら単に悲劇的なだけの存在として描かれる。絶望的な表情、破れた服、垂れ下った乳房。犠牲者。世界はこうしたイメージに慣れている。そして、そのイメージがよく売れる。

以前、ある海外のジャーナリストにこう聞かれた。「戦争中にレイプされたことはありますか」「いいえ」と答えると、もう私に興味はないようだった。

リベリアで戦争が起きているあいだ、誰一人として女性の真の姿を報道しなかった。夫や息子を隠して、新兵を集めている兵士から守ったこと。混乱のなかで、家族のために食料や水を求めて何キロもの道を歩いたこと。日々の生活を続け、平和が戻ったときにそこから再スタートできるようにしておいたこと。そして、女性どうしの絆を強め、すべてのリベリア人のために平和を求めて声を上げたこと。

この本で語られるのは、これまでのような戦争の話ではない。

ほかに誰も立ちあがろうとしなかったとき、白い服を着て立ちあがった大勢の女たちの話だ。私たちは恐れなかった。なぜなら、想像しうる最悪のことはすでに起きてしまっていたから。この本で語られるのは、リベリアの女性たちがどのようにして明確な倫理観と忍耐力を身に付け、戦争反対の声を上げる勇気を持ち、リベリアに正気を取り戻させたかだ。

これはアフリカの女の話であり、めったに語られることのない話だ。だから、あなたも聞いたことがないだろう。

ぜひ私の話を聞いて欲しい。

祈りよ力となれ――目次

本書の舞台となるリベリアおよびアフリカ西岸ギニア湾

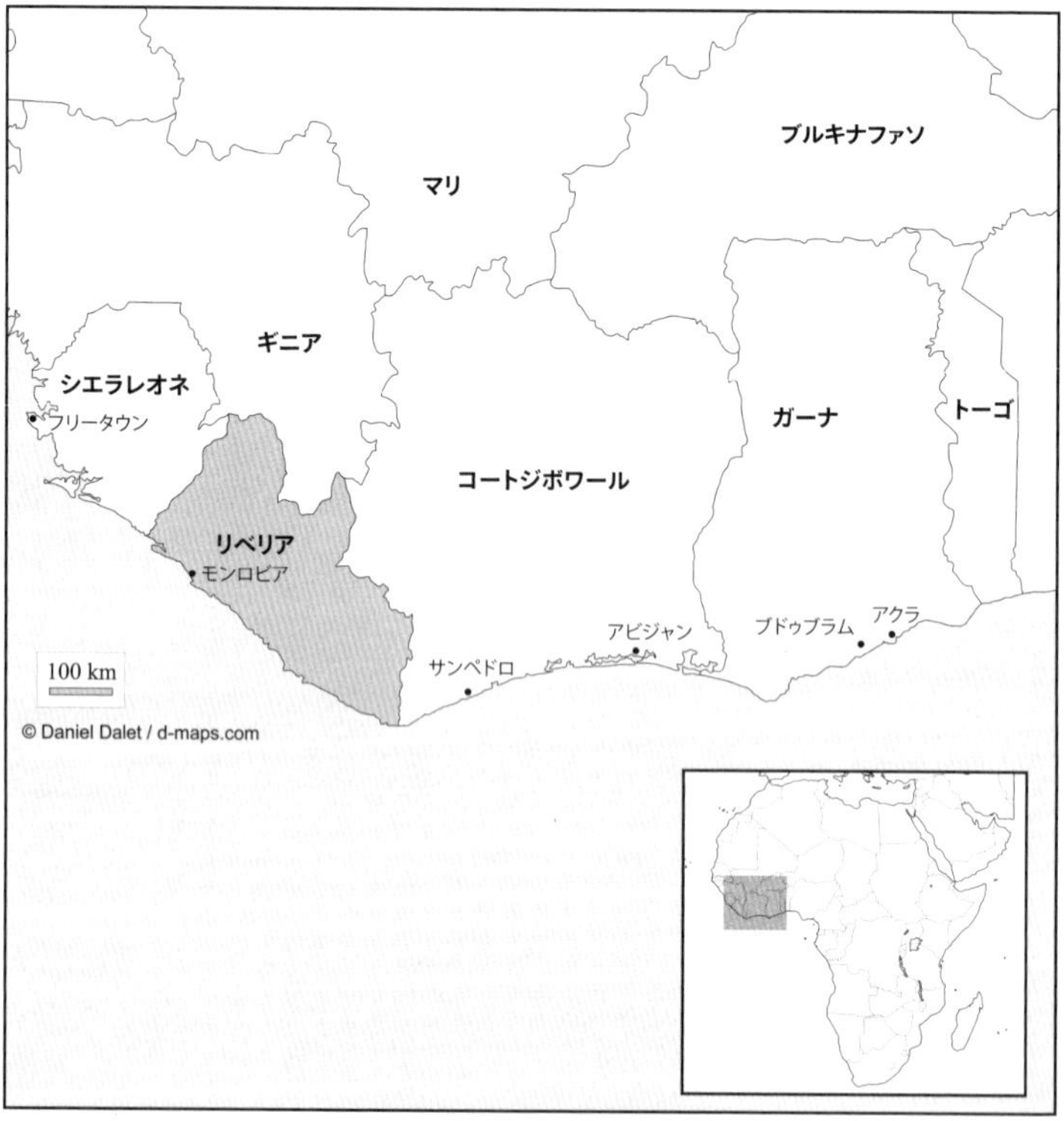

第一部

第1章　世界は私のものだった

一九八九年の大晦日、モンロビアのセントピーターズ・ルーテル教会に所属する全員が、教会の庭に集まっていた。行く年を送り新年を迎える、除夜の礼拝を行うためだ。全員が白い紙を持っていた。そこに来年の願い事を書いて、庭の真ん中にある大きなドラム缶に投げ入れるのだ。牧師が祈りを捧げ、集まった紙にマッチで火をつける。すると、立ちのぼった煙がまっすぐに神に届き、願いをかなえてくれる。

子供の頃の私は、いつも健康を願っていた。マラリアやはしかやコレラなど、たくさん病気をしたからだ。ほかには、よい成績がとれますようにとか、家族が安全でありますようにと願った。その年、私は一七歳。高校を卒業して大学に入る予定だったので、一〇代の優等生らしい願い事をした。よい成績がとれ、面白い先生と自分に合った授業に出会えますように。そして、愛する人たちが悪から守られ、安全でありますように。

順番が来ると、私は紙を投げ入れた。みんなが神への賛美と感謝の歌をうたい始めるなか、煙がうずを巻いてのぼっていった。私は上を向いて、暖かな星空に煙が消えていくのを見つめた。安心感に包まれていた。神は私の祈りを全部聞いてくれると信じていた。

いまとなっては、自分がそんな少女であったことを思い出すことすら難しい。当時はとても幸せだった。この先何が起ころうとしているのか、まったく分かっていなかった。

除夜の礼拝の一カ月後、家族や親戚が集まってお祝いをした。私と姉のジョセフィーン、それに二人のいとこが高校を卒業したので、両親がパーティを開いてくれたのだ。近所では見たことがないほどの盛大なパーティで、一〇〇人以上が私の小さな家に集まった。あまりに多くの人が来たので、お祭り騒ぎは隣の祖母の家や近所にまで伝わった。誰も迷惑がらなかった。私が住んでいたのは首都ではあったが、そのなかでもスプリグス・ペインの空港に近い住宅地のオールドロードは、ある意味で村のようだった。小さいが、頑丈なセメント造りでトタン屋根の家が六軒ほど接近して建っていて、あまりにもお互いが近いので、ベランダに出てにおいを嗅ぐと隣の家の夕食が何か分かったほどだ。子供たちはいつも舗装されていない道を歩きまわり、家のあいだにある埃っぽい空き地で遊んでいた。

家にはごちそうが並べられた。サラダやサンドイッチなどのアメリカ料理や、リベリアの伝統料理である魚のスープやヤギ肉のスープ。家族全員が楽しんでいて、一番上の姉のジェニーバさえも楽しそうだった。当時一二歳だった一番年下のファータは踊り続け、私たちの民族であるクペレ族の歌を真似してうたった。言葉はでたらめだったが、節回しは心地よかった。

教会や学校の友人が何十人も来てくれた。マーガレット、カイアトゥ、ノロモ、サッタ、クラー、エマニュエル。背が高く色黒で、険しい目をしたエマニュエルは〝アヨ〟と呼ばれていた。冗談ばかりを言うコッファは間抜けな笑顔で踊っていたが、いつものように服装は完璧で、靴は磨かれ、白いハンカチが胸のポケットから覗いていた。コッファのお父さんは軍人で、彼の家では身なりを整えるのが当然だったのだ。コッファはアメリカに移民して海軍に入ることを夢見ていた。

「ねえ、レッド！」誰かが呼んだ。私は皮膚の色がとても薄いので、〝赤《レッド》〟と呼ばれていた。「もっと飲み物が欲しいんだけど」。私は走って飲み物を取りに行った。居間の家具は取り払われていたが、それでも五〇人以上が部屋のなかにいたので混雑していた。居間はダンスフロアになっていて、『ジャスト・ガット・ペイド』が大音量で流れていた。そのあいだを通り抜けて家の裏側へ出て、その日着ていた新しいパンツスーツを整えた。このスーツは仕立屋をやっているカイアトゥのお兄さんが、アクアブルーとゴールドのファンティ族の布でつくってくれたものだ。何日か前に両親からもらった十八金のイヤリングとブレスレット、チェーンと指輪が輝いていた。私が通りかかると、お客さんがお金の入った封筒をくれた。ほかのプレゼントも山積みだった。洋服や靴、なかでも最高だったのはデクスター・ブランドのブーツで、ヘビ皮のような柄が入った革でできていた。

「卒業生は前へ来なさい」と父が呼んだ。音楽が止まった。ジョセフィーンが見つからなかったので、私と二人のいとこ、ファーノンとネイパーが前に出た。父は週末にいつも着ているTシャツとジーンズと野球帽の出で立ちで、ハンサムな顔に大きな微笑みを浮かべ、私を誇りに思っていると言った。

私は父と母に、「これまで支えてくれて、愛してくれてありがとう」と言った。母はアフリカ伝統の〝ラッパ〟と呼ばれる巻きスカートと金のアクセサリーを身に付け、黒い髪をアップにして美しかった。みんなが拍手をした。両親は幸せそうで、夫婦間の問題もそのときだけは無くなったように見えた。

両親はともに貧しい家に育ったが、その夜は二人がどれだけのことを成し遂げたか、誰の目にも明らかだった。娘のうち二人がモンロビアでトップクラスの私立高を卒業し、大学に入学予定。パーティでは食べ物と飲み物がたっぷりと出されて、それはしばらく話題になりそうなほどだった。その夜は完璧で、私の人生でもっとも幸せな瞬間の一つだった。


私は子供時代の家が大好きだった。オールドロードという場所は高級住宅街ではなく、舗装された歩道もなければ、絶え間ない蒸し暑さをしのぐエアコンもなかった。でも、家にはテレビがあり、バスルームがあり、現代ふうのキッチンもあった。ローガンタウンやウエストポイントなどのスラムとは違った。スラムの子供たちはぼろぼろの服を着て物乞いをしたり、友人のパーティでは門に体を押し付けて、私たちが食べるのを見つめたりしていた。オールドロードには飢えている人もホームレスもおらず、一体感と分かち合いの精神の上にコミュニティが成り立っていた。私たち五人姉妹は、常に自宅とおばあちゃんの家を行き来していた。本当のところ、この〝おばあちゃん〟は大叔母（祖父の姉）だったが、母を育てた人なので私たちは〝おばあちゃん〟と呼んでいた。おばあちゃんは近所の助産師と一緒に、お金がなくて病院に行けない女性の出産を手伝っていた。

イスラム教のラマダン（断食月）が終わる日には、知り合いのイスラム教徒の家族と一緒に食事をした。友達がお弁当にじゃがいもを持って来たときには、自分のキャッサバの葉と少しずつ取りかえっこをした。私たちには居場所と自由があった。空港に通じる道路の向こう側には広い空き地があり、空港からはシエラレオネとギニア行きの飛行機が毎日離陸していた。空き地では飽きることなく遊び、母は葉野菜やオクラ、ピーマンなどを育てた。

オールドロード以外のモンロビアも素晴らしかった。モンロビアは数十万人が住む細長い都市で、片側は大西洋、反対側はメスラド川とマングローブの湿地帯や小川にはさまれていた。清潔で現代的な街で、白い円柱のあるフリーメイソンのお寺以外は、建てられてから数十年ほどしか経っていなかった。姉のジェニーバが記録部で働いていたジョン・F・ケネディ・メディカルセンターは、西アフリカでもっとも近代的な設備を持つ病院だった。

服や靴を買いに出かけた町の中心部には、狭い通り沿いに白やパステルカラーの二階建ての集合住宅が並び、バルコニーは鉄製の手すりで飾られていた。パームツリーが植えられた白砂のビーチで、道は行き止まりとなる。タブマン通りはキャピトルヒルを抜け、市役所を通り、サミュエル・ドウ大統領が住むエグゼクティブ・マンションや、背の高い木々の後ろにあるリベリア大学の前へと続いた。

パーティの夜、私は自分自身にも満足していた。一〇代のはじめは少し恥ずかしがりで自信がなく、いつもジョセフィーンの陰に隠れていた。ジョセフィーンは私より一つ年上で、私に比べ可愛くてスタイルもよかった。でも高校に入ると、私は本来の自分が出せるようになった。立ち上がって話すと恥ずかしがりな私は消え、学生組織の役員の一人に選ばれた。他校でも演説をし、成績優秀者名簿にも載った。男の子たちには好きだと言われ、背が高く細身で、長い髪を編んで背中に垂らした私の外見は悪くないと気付いた。

一五歳で初めての恋人ができた。でも、関係は長続きしなかった。ある夜、私は学校のダンスパーティへ行き、そのあと友人と歩道に座っていた。すると、その恋人がやって来て言った。「来るって言ってなかったじゃないか。今すぐ家に帰れよ」。言い合いとなり、彼は私を叩いた。それで終わりだった。私はそんなことには我慢しなかった。

卒業する頃には自分に自信を持っていた。私は賢くて美しい、美しくて賢いと。自信があったから、大学に行って生物学と化学を学びたいと言い出せた。大学に行ったら、人生はますますよくなると分かっていた。両親の厳しい管理は甘くなり、知的な冒険もでき、何年も夢見てきた医師への道を歩きだせる。

人生はまっすぐ前に広がっていた。勉強をし、仕事をし、結婚をして子供を持ち、いつの日かハイン通りにあるレンガ造りのエアコン付きの豪邸に住むのだ。私は一七歳で、何だってできると思っていた。世界は私の思うままだった。

コミュニティ。人間関係。自信。大きな計画。六カ月のうちに、このすべてが消え去ってしまうことになろうとは。

＊＊＊

両親が与えてくれた快適な暮らしは、一人が苦労して手に入れたものだった。ほとんど何もないところから、時間をかけて築いてきたものだ。両親とリベリアの歴史を抜きにして、私の話は語れない。

リベリアは、アメリカで奴隷から解放された黒人と自由の身として生まれた黒人、そしてアメリカ大陸に向かう奴隷船から解放されたアフリカ人により、一八二二年に入植地として設立された。一八四七年に国家となったあとも、アメリカとの結びつきはとても大きく、血のつながりのようなものだった。リベリアの憲法はアメリカの憲法をモデルにしてつくられた。首都の名前〝モンロビア〟はアメリカのジェームズ・モンロー大統領にちなんだものだ。一九八〇年代までリベリアの通貨はアメリカドルで、リベリアドルができたあともアメリカドルはどこでも使えたし喜ばれた。私も友人も『ダイナスティ』や『ダラス』などのアメリカのテレビ番組を見て育ち、バスケットボールではロサンゼルス・レイカーズを応援した。アメリカへの留学や移住を夢見るリベリア人は多く、アメリカへ移民した人は大きな車と一緒に写っている写真を送ってきて、みんなをうらやましがらせた。

リベリアでは先祖の出自により、社会での地位が決まった。〝コンゴ・ピープル〟と呼ばれる奴隷船から来た入植者と、〝アメリコ・ライベリアン（アメリカ系リベリア人）〟と呼ばれるアメリカから来た人たち（その多くが混血で、肌の色が薄かった）が、政治経済界の特権階級を構成していた。彼らは、先住のアフリカ民族よりも自分たちのほうが〝文明化〟されていて、より価値があると考えていた。先住民族には、クペレ、バサ、ギオ、クル、グレボ、マンディンゴ、マノ、クラン、ゴラ、バンディ、ロマ、キシ、バイ、ベラがあった。

何世代にもわたって、特権階級はモンロビア市内や周辺、およびバージニアやケアリーズバーグなどの郊外に集まり、アメリカ南部を思わせる広大なプランテーションをつくった。そして、しっかりと権力を持ち続けた。皮肉だったのは、自分たちがアメリカで受けたのと同じ仕打ちを、そのまま先住民に対してしたことだ。学校は別々。教会も別々。先住民族は召使いにされた。まるで、誰かの家に入っていって食事や飲み物をもらい、そのあと家主を隅に追いやって「ここは私の家だ」と宣言するようなものだ。

社会的な不公平、富の不平等な分配、搾取――そして先住民族が自分たちのものを取り戻したいという思いが、多くの問題の一因になっていた。

私の父はクペレ族で、リベリア中央部のボング州サノイイア出身の貧しい田舎の少年だった。その父である祖父は一時期、カメルーン沖のフェルナンド・ポー島にあったスペインの植民地で、事実上の奴隷として働いていた。祖母は死産を繰り返したため村人から魔女だと責められ、父は祖母から引き離された。父はルター派の布教所で乳母らと暮らし、やがてブッカー・T・ワシントン・インスティテュートに通った。意欲のある先住民族の少年が、職業訓練を受けられる学校だ。父は無線技術者になった。

母もクペレ族で、中北部沿岸のマルギビ州で生まれた。母が五歳のとき、祖母は夫の下を去って別の男のところへ行き、母も置いていった。祖父はとても落胆して子供だった母の世話もほとんどできなくなり、母が九歳のときに死んでしまった。母は、祖父の姉である私たちの〝おばあちゃん〟

に引き取られた。

　おばあちゃんにも物語がある。それほど遠くない昔、アメリコ・ライベリアンは田舎の村へ来ては色白な子を探した。その子供を養子にして〝近代化〟するためだ。おばあちゃんは肌の色が明るかったので、養子に選ばれて特権階級の家で育てられた。それから結婚と離婚を三度繰り返し、最後には、ゴム農園とオールドロードの家を手にして夫の下を去った。おばあちゃんは、母がお金持ちか教育のある人と結婚して〝上の〟生活をすることを望んでいた。だから、母が恋をした相手である父が、話は上手いが一〇歳年上で、貧しい家の生まれの失業者だと分かると、おばあちゃんは激怒した。

　母はわずか一七歳で、私の姉となるジェニーバを出産した。最初おばあちゃんはジェニーバを取り上げて自分で育てようとしたが、すぐに父と母を許して一緒に住まわせた。母は薬剤師学校に行き、おばあちゃんの友人のつてで、薬品店での仕事を得た。のちに、母はいくつかの病院で薬剤師として働いた。

　次にマーラが生まれ、続いてジョセフィーン、そして私が生まれた。母は男の子を欲しがっていた。〝リーマ〟は、「私のどこに問題があるのか」という意味で、つまり「なぜ男の子を妊娠できないのか」ということだ。だが、父は私を〝幸運の子供〟と呼んだ。というのも、私が生まれた直後に、父はアメリカの連邦捜査局《FBI》に相当するリベリア国家安全保障局に雇われたからだ。やがて父は主任無線技術者となり、アメリカとの連絡窓口となって、海を見渡せる丘の上にあるマンバポイント地区のアメリカ大使館内で働くようになった。

おばあちゃんの友人がおばあちゃんの家の隣の土地を両親に売ってくれた。両親はそこに家を建て、私が五歳のときにファータが生まれた。

当時のオールドロードの住民に尋ねたら、コミュニティのなかで私たち一家が一番幸せだったと答えただろう。たしかに、傍からは成功しているように見えたはずだ。両親はとても一生懸命に働いていた。オールドロードから徒歩五分ほどのところに、子供たちがサッカーなどをして遊んでいたグラウンドがあった。その隣に魚市場があり、地元の漁師が捕ったマスやフエダイを女たちが仕入れて売っていた。母が「高過ぎる」と言うのでそこで買い物をしたことはなかったが、母は何年間も朝三時に起きて、トウモロコシパンやショートブレッド、粉ジュースのクールエイドなどをつくり、薬局での仕事を終えたあとに魚市場で売っていた。

こうした両親の努力が実を結び、父はフランス車のプジョーを買った。私たち姉妹はモンロビアでトップクラスの学校に行き、放課後は水泳やガールスカウトや教会学校など、特権階級の子供たちが参加するのと同じプログラムに通った。

でも、私たちの生活は完璧ではなかった。両親の仲が問題だったのだ。父は週末にパーティやクラブに行き、日曜日には教会に行く時間になってもまだ寝ていた。浮気もした。それも何度も。リベリアの男性のあいだでは浮気は珍しいことではなかった。なかには、浮気相手の女性が自分との子供を育てられるよう、家を買う人もいた。だが、父の浮気は母をひどく傷つけた。私が大きくなると、母は「愛とは何なのか分からない」と話した。〝男（man）〟は〝ｄｏｇ〟と綴るのだとも言った。ときどき、私たち姉妹はおばあちゃんの家に行くよう言われたり、目を覚ますと、親戚全員と教会の年長者が居間で話をしているのが聞こえたりして、家族に危機が迫っているのを知った。「もし二人が離婚したら、どっちと一緒に住む?」ジョセフィーンと私は真剣に相談した。ジョセフィーンと私が別々に暮らすなんて、考えられなかったからだ。

子供たちのために、母は父と別れなかった。のちに母が語ったところによると、母は自分の両親が離婚したあととても苦しみ、そのことを忘れられなかったのだという。母は私たち姉妹が家に連れてくる男の子をとても厳しいまなざしで評価し、「彼のご家族は?」と問いただした。低い生まれの母がそれほどまでに批判的なことに、私はとても腹を立てた。また母は体で愛情を表現することはなく、子供たちを抱き締めたり、「大好きよ」と言ったりすることもなかった。私たちが一〇代の頃には、母は常に怒っていた。私たちが何をしても母は怒り、部屋を掃除しなかったり、時間どおりに家に帰らなかったりすると——叩くことまでした。母はベルトやラタンの杖で私たちを叩き、体には跡が残った。そして常に言っていた。「もし口答えしたら、ひっぱたくからね。歯が折れるよ」。厳しい人だった。いまでも私たち姉妹は、母に対して愛憎入り混じった感情を持っている。母には我慢できないが、母なしではいられないのだ。

年齢を重ねたいまでは、母を以前よりは理解できるようになった。母には育てなければならない子供が五人いたし、子供たちのことを常に〝お前の子供〟という夫もいた(私たちが何かに成功したときは、父だけの子供になった)。母は〝おばあちゃん〟の要求にも応える必要があった。おばあちゃんはもの静かだがとても強く、本当のボスだった。〝サンデ〟というリベリアの伝統的な秘密社会の一員で、ほとんど巫女のような存在で、ヘビや毒ヘビを扱えた。出身の村でもオールドロードでもとても尊敬されていた。口を開くと絶対的な威厳があり、歩いているときは誰も前を横切れなかった。母には個人的なトラウマもあった。ごく最近になって母から聞いたのだが、祖母が村から去って母が残されたとき、何かとても恐ろしいことが母の身に起こったという。それが何だったのか、母は言わなかった。死ぬまで秘密にしておくそうだ。

多くの親戚が出入りしていたため、家は常に満員だった。さらに、母が男の子を欲しがっていたのでエリックを引き取った。エリックを産んだのは、村の長を務めていた親戚の妻の一人だった。また、母のいとこの子供たちが、モンロビアの学校に行くためにいつも村から来ていた。その代わりに、彼らはうちの使用人となった。

アフリカでは、そうするのが習わしだ。あまり財産を持っていなかったとしても、それより持っていない人は常にいるものだ。田舎の家族が〝チャンス〟を求めて子供を都会の親戚に預けたら、預かった親戚が制服代や教科書代を払うが、その代わりに子供たちは働く。父は布教所で育てられているあいだ、掃除や水汲みや草刈りをして自分の生活費を稼がなければならなかった（父は子供の頃のことをほとんど話さなかったが、私たちが不平を言うと、「私が子供の頃は、川岸に座って自分のズボンをより糸で縫ったものだ」と言うことがあった）。母はおばあちゃんに引き取られたが、一〇歳のときには母が家族全員分の料理をしていた。おばあちゃんが産んだ息子は学校から帰ると母にあれこれ命令し、「俺の食事は？」と要求したという。

村の親戚は、私たちが彼らより金持ちだということを快く思っていなかった。そして誰かが父の機嫌を損ねると父は本当に口が悪くなり、親戚の教育のなさを嘲って「大バカ者！」と怒鳴った。家に滞在していた女の子たちは私たち姉妹に意地悪をすることがあり、誰も見ていないときに叩いたり、私たちの髪を洗いながら引っ張ったりした。女の子たちはたいてい一、二年で帰って行った。妊娠するなどしたので、私たち姉妹に悪い影響が及ばないようにと、父が村へ送り返したのだ。私はときどき、家族だけで暮らせたらいいのにと心から思った。

姉や妹にも、それぞれに苦労があった。六歳年上のジェニーバは、一緒に外で遊ぼうとしなかった。小さい頃にポリオにかかったため、左足が右足よりも短く、少し曲がっているのを恥じていたからだ。彼女はジョセフィーンとファータと私を愛していて、私たちも彼女が大好きだったので〝ママ〟と呼んでいた。でも、ジェニーバはほかの人に対しては内向的でとても大人しく、まるで存在しないかのようだった。

マーラは姉妹のなかでも色が黒く、家族のなかでいつも部外者のような感じだった。成績が悪く、よく問題を起こしていた。私と友だちが放課後にキング・バーガーなどで時間を過ごしているとき、マーラはモンテカルロ・アミューズメントゾーンに行くのを好み、ビリヤードをして年上の男たちを負かして喜んでいた。わずか一二歳で初めての家出をして、極貧の人を恋人に選び、一七歳で結婚して妊娠した。夫は年上のレバノン人だった（レバノン人は一九世紀末にリベリアに移民して来て、その多くが商人や商店主だった）。マーラは子供を二人もうけたが、マーラが一人で別のところで暮らしているあいだ、子供二人は私たちと一緒に住んでいた。マーラがそれを恥じることはなかった。リベリアでは、誰かが病気や何らかの理由で子供を育てられないとき、家族が介入する。重要なのは子供が愛され世話をされることで、それを誰が行うかではない。

まるで私と双子のように仲がよかったジョセフィーンは、頑固で意志が強かった。私たちは何をするにもパートナーで、マーラにいたずらをするなどの悪さをする場合も一緒だった。私たちが一〇代の頃、両親は就寝時に裏口のカギをかけるようになった。だから、家から抜け出すと入れなくなって、朝見つかってしまう。だがジョセフィーンはカギをナイフで開ける方法を発見した。ある時期、私はときどき家を抜け出して、友だちと繁華街のクラブに行っていた。お酒が飲めて男の子と出会える場所だ。遅くに帰って窓ガラスを叩くと、ジョセフィーンがナイフを使ってカギを開けてくれた。両親が彼女を怒ることがあっても、ジョセフィーンは反論して決して引き下がらなかった。ファータはほかの姉妹とかなり年が離れていたので、私たちの陰に埋もれ、誰にもかまってもらえない一匹オオカミのような存在だった。

私はというと、野心的で努力家、そして何よりも人を喜ばせるのが好きだった。ファータが生まれるまでの五年間、私は甘やかされた赤ちゃんで、みんなから関心を集め続けるために完璧であろうとした。教会でも積極的に活動した。高校生の頃、夜中に家を抜け出していたときでも、学校の勉強を非常にうまくこなしていたので両親にはバレなかった。成績はいつもよかった。

いまでは体重の管理に苦労しているが、当時はやせていて四五キロを超えることはなかった。やっていることに熱中しがちで、食べるのを忘れることもあった。

さまざまな病気もした。一三歳のときには潰瘍ができ、コレラとマラリアにもかかった。少なくとも年に二回は入院し、だから医者になろうと決めたのだ。私がある病気になったとき二人の若い小児科医が診てくれたのだが、彼らは本当に優しかった。柔らかな二人のまなざしを見つめて、「こんな人になりたい」と思ったのを覚えている。

そして誰よりも、私は父を喜ばせたかった。父の故郷のボング州に一緒に行くのが好きだった。父の親戚の家に泊まり、父はポーチに座ってみんなの注目を集めながら義理の兄弟とヤシ酒を飲むのだった。ジョセフィーンと私も、「靴をはいた都会の女の子だ！」とじろじろ見られた。親戚は笑った。「ジョセフが都会っ子の娘を連れてきたぞ！」

小さい頃は父の雷のような声が怖かったけれど、父の私への愛を疑ったことはない。八歳のとき、私はコレラにかかり病院で隔離された。痛み止めを投与され、ぼんやりと眠ったり目を覚ましたりしていたが、目を開くといつも病室のガラス窓の向こうに父が立っていて、私に手を振っていたように思う。高校生の頃には、父のオフィスに寄って話をするようになった。父は私に期待していた。「ほかの女の子のように、教訓から学ばない人間にはなって欲しくない」と父は言った。「いつか、お前は偉大な人になるよ」

家庭では大変なこともあったが、内戦以前の年月を振り返ると、何よりも幸せだったことを思い出す。両親がケンカして二週間冷たい空気が流れたとしても、その翌週にはみんなで一緒にビーチへ行った。田舎から来た親戚の女の子たちが、私の髪を洗って編んでいるあいだに思い切り引っ張ったとしても、〝マミー〟のジェニーバが女の子たちを追いやってくれた。「私がやるわ」とジェニーバは言い、その指は誰よりも優しかった。母のひざに五分間しか乗せてもらえなかったとしても、隣の家にはいつもおばあちゃんがいた。おばあちゃんには何でも話せたし、いつでも喜んで抱き締めてもらえた。私たち姉妹は寝室で自分たちだけの世界をつくり、外にはオールドロードの暖かさがあった。

休日の夜にはときどき停電があり、子供たちはみんな外に出てきた。外は暖かく、月が昇っていた。いとこが太鼓を叩き、子供たちはみな伝統的な民族のダンスに挑戦した。親たちはポーチに座ってそれを眺めた。これが私の故郷だった。

第2章　「すぐに問題は解決する」

ちょうど私の高校卒業パーティの頃、武装した反政府勢力がコートジボワールからリベリア北部のニンバ州に侵入してきた。反政府勢力リーダーのチャールズ・テーラーは、ドウ政権を転覆すると公言していた。

両親は心配していなかった。ニンバ州は三時間もかかる場所だったし、反政府勢力の規模も小さかった。間違いなく、政府が問題を解決するはずだ。

「外でやって」。お客さんが来て政治の話になると、母は言った。私は話を聞きもしなかった。政治の話は老人がするものだと思っていた。

その後数カ月のあいだに、卒業した同級生は散り散りになった。モンロビア以外の学校に行った人もいたし、ガーナやシエラレオネに行った人もいた。ジョセフィーンは会計学と経営学を勉強するため、私立のキリスト教系大学に入った。

一九九〇年三月、私はリベリア大学で勉強を始めた。何年も通ったB・W・ハリス・エピスコパル高校には充実した実験室と図書室があった。だから、国立大学の混乱ぶりには驚いた。席を確保するためだけに、クラスに早く行かなければならないのだ。公立高校では給料の安い教師たちが常にストライキを行い、本がない学校もあった。そんな高校を卒業した学生たちに笑われ、私は甘やかされていたのだと気付いた。

五月には、モンロビア郊外のペインズビルに引っ越した。おばあちゃんは自分の家に残り、私たち家族はオールドロードの家を賃貸に出したのだ。両親は先のことを考えていた。ジョセフィーンは大半の時間をレバノン人の恋人と過ごしており、その恋人は同国人が多くいる地域に住んでいた。マーラも一人暮らしだったし、残りの娘たちもいずれ家を出ていくはずだった。

新しい家は四〇〇〇平方メートルもの敷地に建っており、近所の家からは離れていて、大通りから舗装されていない道を一〇分歩いたところにあった。家は小さかったが美しかった。明るい白でペンキが塗られ、オールドロードの家よりも新しく、居間の天井には羽目板が貼られ、端から端までカーペットが敷き詰められていた。ダイニングルームには大きな窓があり、そこから野原一面に咲いた花が見渡せた。

母は前庭にさらに花を植え、裏庭にはとうもろこしやピーマンなどの野菜を植えた。ジェニーバとジョセフィーンと私は同じ寝室を一緒に使った。部屋は柔らかいピンクで塗られ、床は黒と白のリノリウム、照明にはピエロの顔が付いていた。オールドロードの家は暑くて風通しが悪かったが、今度の家はいつもそよ風が吹いていて心地よかった。朝と晩に数時間だけ大通りの車の音が聞こえたが、それ以外の時間は完全な静寂だった。この家は両親が長年必死で働いてきたご褒美のようなもので、二人は引退して、ここで余生を過ごすつもりだった。

だが、政府はニンバ州の反政府勢力を制圧できずにいた。毎晩テレビで、BBCワールドワイドの『フォーカス・オン・アフリカ』を見ると、チャールズ・テーラーと反政府勢力のニュースが流れる。彼らは攻撃を続け、占領地を拡大し、南へ、私たちのほうへと向かっていた。

両親はこの状況を受け入れず、無関心だった。これまでも二人には、不安定な状況を生き抜いてきた経験があった。一九八〇年に、当時軍隊の曹長だったサミュエル・ドウが権力を握ったとき、父はウィリアム・トルバート大統領（彼もまた特権階級だった）の下で働いていた。大統領は体を八つ裂きにされたうえ撃たれ、その翌日にはトルバート政権のメンバー一三人が海岸で公開処刑された。父は九カ月間投獄された。私たち姉妹がまだとても幼かったので、母はすべてを隠しており、父はどこかを旅行しているのだと私たちは思っていた。いまでも父は当時のことを語ろうとせず、その理由は分からない。だが、釈放されると父は以前と同じポジションを打診され、その職に就いた。のちに父は「断るのが怖かった」と話したが、名誉あるポジションを大事に思っていたのだろう。若い頃に長いあいだ失業していたのだから、なおさらそうだったはずだ。

ドウはクラン族で、リベリアで初めての特権階級出身でない大統領だった。彼のクーデターはリベリアの先住民族にとって、新たな平等の時代の幕開けを意味するものと思われた。ドウの支援者たちは、「先住民族の女性が男の子を産み、その子がコンゴ・ピープルを殺した」と歌った（この頃には〝コンゴ・ピープル〟はすべての特権階級を指す言葉となっていた）。ドウはアメリカのレーガン大統領とブッシュ大統領（父）から多大な資金援助を受けた。冷戦のなか両大統領は同盟国を求めており、ドウがリビアの指導者カダフィ大佐を嫌っている点を評価していたのだ。だが、トウ政権は腐敗しており、暴力的であることが分かってきた。選挙で不正を働き、何億ドルをも着服し、政敵を暗殺した。著名な人々が国を去っていき、そのなかにはリベリア大学の人気教授だったエイモス・ソーヤーがいた。ソーヤー教授はアメリカのノースウエスタン大学で博士号を取得した人物で、ドウによって憲法起草委員会のリーダーに選ばれていた。また、ハーバード大学で行政学の修士号を取って、トルバート政権では財務大臣を務めたエレン・ジョンソン・サーリーフも国外に脱出した。彼女はドウが政権を握ったあとリベリアの大手銀行を経営していたが、のちにドウ政権の腐敗に抗議した。二度逮捕され、レイプや生き埋めなどの脅迫を受けたのち、最終的にはアメリカに行くことを許された。

各民族のアイデンティティーが重視され始めたのもドウ政権下だった。ドウ政権以前は、特権階級と先住民族のあいだだけに溝があった。各民族には踊りや伝統や言語などの点では独自性があったが、互いに平等で、異なる民族間での結婚も当たり前だった。ドウはこれを変え、お金と権力が手に入る仕事はすべて仲間のクラン族に回した。ギオ族やマノ族など、一部の民族は政界から完全に排除された。敵意と対立が拡大していった。ソーヤーやサーリーフなど、国外逃亡したリベリア人がACDL（リベリア立憲民主主義連合）を組織し、アメリカ政府に対してドウに圧力をかけるようロビー活動を行った。だが、冷戦が収束するにつれて、アメリカにおけるリベリアの戦略的な重要性は低下していった。そこで反対派はチャールズ・テーラーの支援に回り、テーラーが選挙運動を行うと数万ドルが集まった。

それでも、新しい家に引っ越した両親は心配していなかった。父は自信を持って、「すぐに問題は解決する」と言った。

ジェニーバは父の自信に同調しなかった。ジェニーバには反政府運動に参加している恋人がいて、ドウに対して多くの人が抱いている憎しみの深さを知っていた。また、政府軍が反乱制圧のためニンバ州に行ったとき、テーラーを支持していたギオ族とマノ族の人々に対して無差別なレイプと殺戮を行ったとも聞いていた。

「政府には吐き気がする！」ある日ジェニーバは、医療記録の仕事から戻るとそう叫んだ。ポーチに私たちと一緒に座ると、怒った様子で靴を脱いだ。ジェニーバによると、その日誰かがオフィスにやって来て、ニンバ州から避難して彼女が務める病院に送られているはずの四〇〇人の子供の記録を探したという。「でも、誰もそんな子供たちを見ていないの！」その後ジェニーバは、病気やケガをした数百人の子供がモンロビアに運ばれる予定だったが、政府軍兵士がその子供たちを泉に落として溺れさせたと聞いた。

「何てひどいことを」。母は恐怖に怯えた。

「自分が直接知らないことを話すんじゃない！」と父はジェニーバを怒鳴った。

この話が本当なのか嘘なのかを証明する方法はなかった。この頃から、耳にする話の多くはこういった調子だった。うわさや情報が人から人へと伝えられ、自分のところにやって来る。

「逃げるべきだわ」。ジェニーバは言った。「いますぐに」

「でも、どこへ行くんだ」。父が言う。

「シエラレオネでも、どこへでも。大使館でビザが取れるかもしれない。戦争が迫っているのよ。モンロビアから出なくては」

私は父の答えを待った。高校時代の同級生のうち、何人かはすでにリベリアを離れていた。アメリカに行った人もいたが、それはアメリコ・ライベリアンにとっては簡単なことだった。家系的に、その多くが二重国籍を持っていたためだ。皮肉なことに、反政府勢力のリーダーであったチャールズ・テーラーもその一人だった。彼の父はアメリコ・ライベリアンで、母はゴラ族。豊かな家ではなかったものの、テーラーはアメリカのマサチューセッツ州にあるベントリー大学で経済学の学位を取った。その後ドウの政府で働いたが、一〇〇万ドル近くを横領したとされ、アメリカに逃亡した。マサチューセッツ州で引渡令状により逮捕されて投獄されたが、ほかの四人の囚人とともに洗濯室の鉄格子を壊し、ロープを垂らして脱獄した(のちにテーラーは、彼の監房のカギが外されており、アメリカの諜報員が脱獄を手配して、さらに国外に逃がしたと主張した)。

だが、私たちのような先住民族の場合、あるいはあまりお金を持っていない場合、リベリアからの逃亡はまた別の話だった。父は目を丸くした。「シエラレオネに行ってどうするんだ。いままで一度も行ったことがないじゃないか」。父はジェニーバがずっと留学したがっていたことを知っており、反対した。「お前たちの学費を出すことは約束したが、旅費を出すとは言っていない」

その言葉で十分だった。私は父を信頼しており、ニンバ州の人たちにはあまり共感を抱いていなかった。敵と組むから、その報いを受けるのだと思った。

七月には、母の実母で私たちが〝コルトおばあちゃん〟と呼んでいた人が現れ、一緒に暮らすようになった。住んでいた村の近くで戦闘があったからだ。コルトおばあちゃんは夫と、父親違いの母の姉妹、その子供たちを連れてきた。それでも私は、危険が迫っているとは考えもしなかった。当時は携帯電話もインターネットもなく、ペインズビルには電話線すらなかった。外の世界のニュースは遠くのできごとのようだった。情報はテレビやラジオから、また通りかかった人から、ときおり手に入るだけだった。

だから、ある真夏の月曜日の朝、その日がこれまでの生活の最後の一日となろうとは知る由もなかった。父と母とジェニーバは、いつものように仕事に出かけた。遅い時間からの授業だったので、私はファータとエリック、マーラの子供たち、ほかの親戚たちと一緒に家にいた。朝食を食べていると、遠くから何かがはじけるような奇妙な音が聞こえてきた。パパン、パパン。

「あの音だ」。コルトおばあちゃんの夫がそう言って、体を固くした。「反政府軍が来た」

パパン、パパン。ボン、と爆発音。そしてパンパンパンと、硬い表面を叩くような音。子供たちが外で遊んでいる！　私は走って行ってマーラの四歳の息子をつかまえた。三歳の娘は砂遊びから立ち上がり、家に向かって走ってきた。その子がポーチに着くと同時に、コルトおばあちゃんも戻ってきた。自分が育てていた、お気に入りの孫の一人を抱えている。全員が網戸の内側に入った。そして目に入ったのは、コルトおばあちゃんがマーラの娘を外に押し出しているところだった。「ひど過ぎる！」叔母の一人が叫んだ。私は凍りついた。その光景はあまりにも衝撃的で、信じられないものだった。

そして、その瞬間は終わった。音は止み、誰も通りかからず、誰が銃を撃っていたのかも分からなかった。その日はずっと家のなかにいた。午後五時、私は目を閉じて、じきに通りから車の音が聞こえて来るだろうと想像した。両親とジェニーバが帰ってきて、あれはちょっとした脅しだったのだと、ラジオが伝えるはずだ。

でも、夜が過ぎて朝が来ても、誰も帰って来なかった。両親の友人や政府で働いていた人たちが、荷物を頭に載せ、何時間も歩いて疲れ果てた子供の手を引いて、家の戸口に現れ始めた。反政府勢力が彼らの住む地域を占拠したのだ。やがて、家のなかに三〇人以上がいるようになり、寝室や居間、廊下を埋め尽くした。

何も知らせがないまま、もう一日が過ぎた。大人は居間に集まって話をしていた。「歩いていたら政府軍の兵士に止められた。奴らは全員に身分証明書を見せるように言ったんだ。ニンバ州の出身者は全員、引き出されて撃たれた。私たちの目の前でだ！」

さらに二日が過ぎ、三日が過ぎた。国営放送局は、政府が状況を鎮圧したと報じた。『フォーカス・オン・アフリカ』では、チャールズ・テーラーが自慢げに「モンロビアを占拠しつつある」と話し、「ドウ坊やがリベリア国民にあれこれ指図できないように」彼が率いるＮＰＦＬ（リベリア国民愛国戦線）は行動をとると言った。午後六時から朝六時までの外出禁止令が出された。私は一家の最年長者として、客の面倒を見て、誰がどこで寝るかを決め、全員分の食事をつくり、両親の持ち物の安全を確保した。

怖くはなかった。ただ腹立たしかった。私はこれまで、責任をとったり重要な決断をしたりしたことがなく、これは私の仕事ではないと思った。コルトおばあちゃんの顔を見るのも辛かった。私はずっと、大人は子供を守るものだと思っていた。とくに危険なときには。でも、コルトおばあちゃんはマーラの小さな娘をドアの外に押し出した。危険な場所へと押し出したのだ。その光景が頭から離れなかった。この一週間の記憶はほとんど残っていないが、このあいだに私は急に大人になり、世界は変わり始めた。

六日目に、母とジェニーバが足を引きずり、泥だらけになって戻ってきた。仕事に行く途中で、反政府勢力とリベリア軍の銃撃戦に遭遇したという。大通りから離れようとしていると兵士が現れ、「車から降りろ！」と叫んだそうだ。

「近くの家に走り込んで、弾丸が飛び交うあいだ床に伏せていたの」。母は淡々と話した。「来る日も来る日もそこにいた……。兵士がやって来ると、その家の主人がお金や食べ物やウイスキーをあげていたわ」。戦闘の切れ目に二人は逃げ出して、湿地帯を通って家への長い道のりを歩いてきた。母は老けて見え、混乱しているようだった。まるで、いままで存在すら知らなかった世界に行ってきたかのようだった。

さらに一週間が過ぎた。父からは何の連絡もなかった。大人はテレビの近くに集まり、ときどき誰かが二〇分歩いて大通りまで行き、ただそこに立って通りかかる人からニュースを集めた。

「どこから来たんですか？　私のいとこを見ませんでしたか？」

「残念だけど、君のいとこは何日か前に殺されたよ」

「私の町はどうなったのでしょう。私の家は？」

「兵士が根こそぎ奪っていったよ」

　夕暮れになると私たちは灯りを全部消し、家が兵士に――政府軍でも反政府勢力でも――見つからないようにした。大通りから離れているので安全かもしれない。でも、もし何かが起こったら、逃げる場所はなかった。


　ある日の午後、ファータとジェニーバと私が大通りにいると、アメリカ大使館の旗を掲げたクリーム色のバンが通りかかったので、手を振ってその車を止めた。運転手は私たちの知人で、アメリカ海兵隊員二人が同乗していた。「探しましたよ！」運転手は叫んだ。「お父様のご命令で、お迎えに参りました」

　何を持っていくか、考える暇はなかった。母と私たち姉妹とエリック、そしてマーラの子供たちといとこ一人が一緒に行くことになり、みんなで引き出しを開け物をつかんではカバンに投げ込んだ。私は自分の美しい寝室に見とれ、卒業のときにもらった新しい服や、私の最高のデクスターブーツを眺めた。母は自分の寝室に駆け込み、重要な書類や隠していた現金などを引っ張り出した。残る人たちに少しお金を渡し、母は「家をよろしくお願いします」と頼んだ。食料庫いっぱいの食べ物は彼らに残して、私たちは米を一袋だけ持ちだした。家を出られることが本当に嬉しかったし、すぐに戻って来られると信じていたので、車が走り去るときに家を振り返りもしなかった。それから何が起こるか分かっていたら、あのブーツを持ちだしたのに。

町に着くと、ジェニーバはジョセフィーンと一緒にいたいと言った。海兵隊員はジェニーバを除いた私たち全員をシンコア地区に連れて行った。そこのペイン通りからさほど遠くない住宅街に、私たちが所属するセントピーターズ教会がゲスト用の施設を持っていたのだ。それは質素な二階建ての建物で、一階がオフィスで、二階が教会と寮のような寝室だった。それでも、草木のない庭の向こうには、門が付いた高い塀があった。その施設は教会からもそれほど遠くなく、信者たちがピクニックに来たこともある。

敷地内には小さなセメント造りの家が何軒かあった。そのうち一軒に司祭が住み、別の一軒に教会の会計士が住んでいた。会計士の家族はギニアに逃げていたので、彼は家に来てもいいと言ってくれた。

その夜、私は眠れなかった。遠くで銃声が聞こえた。それまで教会は常に安らぎの場所だった。木貼りの高い天井や、淡い青や赤のガラスが入ったアーチ型の窓が好きだった。一〇歳のときから私は侍者となり、毎週日曜日にはガウンを着て祭壇に向かって歩き、ろうそくを灯した。向き直って信徒団のほうを見ると、案内係だった母が通路に立っており、天井でゆっくりと回る扇風機の下には信者席いっぱいに近所の人やいとこたちが座っていた。子供たちは硬くて狭い座席の上でもじもじしながら、スーツを着た男性や、鮮やかなアフリカのドレスといちばんいいアクセサリーを身に付けた女性の隣に座っていた。後ろのバルコニーからは、ほかの聖歌隊員の声に混じってジェニーバの声が響いてきた。

わがきみイエスこそ救いの岩なれ、救いの岩なれ。

［讃美歌二八〇番「わが身ののぞみはただ主にかかれり」］

ただ、家に帰りたかった。

――神はいつも裏切らず、いつも愛にあふれている。私たちの祈りを聞いてくれるはずだ――。

私は祈った。「主よ、どうかこんなことは終わらせてください」

二週間が過ぎた。施設内の寮のベッドは、自宅から逃げてきた信徒でいっぱいになった。その人半が、私たちと同様にドウ政権とつながりがあった。チャールズ・テーラーはモンロビアに向かって進み続けており、ある晩ラジオに登場すると、自分が「この国の大統領」だと名乗った。アメリカからは、彼を支持するエレン・サーリーフがBBCの記者に対して、テーラーがドウを追い出すためにエグゼクティブ・マンションを破壊したら、「私たちが再建する」と話した。

「この戦争でテーラーが勝利したら、その後はどうなりますか？」と記者は尋ねた。

「そうですね、七月二六日（リベリアの建国記念日）はもうすぐです。その日にはシャンパンを飲むでしょう」。サーリーフは言った。

テーラー側の指揮官の一人、プリンス・ヨルミエ・ジョンソンが離脱し、反政府グループを連れてモンロビアへ向かっていた（リベリアでは、〝プリンス〟は一般的な名前だ）。検問所に配備された政府軍兵士で、通りはいっぱいになった。民族間の緊張はさらに高まった。ドウの兵士はギオ族とマノ族を追いかけ、プリンス・ジョンソンはクラン族を標的にし、テーラーはクラン族とマンディンゴ族を狙った。マンディンゴ族はドウを支援していたイスラム教徒の民族だ。

父はかろうじて一度だけ私たちに会いに来たが、アメリカ大使館に残っていなければならなかった。父が入手した情報によると、テーラーの兵士がペインズビルに侵入したようだったので、私たちは教会の施設にいるのが一番よいと父は考えていた。だが、町の機能は滞り始めた。学校は閉鎖され、電気は使えなくなった。食料はますます手に入りにくくなり、主食である米はあまりに少なくなったため〝金粉〟と呼ばれたほどだった。通りかかる友人たちは、少し食料をもらえないかと、よく私のところへ立ち寄った。高まる恐怖感。外に出るのは避けたかった。検問所にいる兵士たちは、若い女の子が通るたびに「ねえ、お姉さん。結婚しようよ」とやじった。でも、食べるためには外に出なければならなかった。

食料を売っている人がいれば、誰からでも買った。たいてい、それは兵士だった。夜には、略奪をごまかすためだけの銃撃戦が聞こえてくる。そして翌朝、市場を通りかかると、兵士が欲しいものを持っていったのが分かる。階級の低い兵士が市場の正面に立って、しなびた葉野菜や、賞味期限切れのソーセージなどを売っていた。

ある朝、私はいとこと教会の施設を離れ、いつもの食料探しに出た。道で、ジーンズと赤いTシャツを着た一〇代の少年二人とすれ違った。赤いTシャツは反政府勢力の〝制服〟だとの噂が出回っていた。突然、ピックアップトラックが音を立ててやって来て、二人の後ろでキーッといって止まった。兵士たちが飛び降りてきて一人を撃った。撃たれた少年は倒れ、もう一人は半狂乱で走り始め、兵士たちが追いかけて行った。

叫ぶこともできなかった。それまで、私は人が殺されるのを見たことがなかった。死んだ少年の血に染まった体はその場所に横たわったままで、私は凍りついていた。その夜、ベッドで横になりながら、もう一人の少年は生き延びただろうかと案じた。

一七歳では、死についてあまり考えないものだ。とくに自分の死については。でも、いまや死はそこらじゅうにあり、いつか自分のところにも来るかもしれないと意識せざるを得なかった。通りかかった友人から、大学の先生が家族もろとも殺されたと聞いた。家族の友人の娘たちがレイプされたとも聞いた。知り合いの少年は、検問所を通ったとき真新しいスニーカーを履いていた。兵士の一人がそのスニーカーをもらおうと決め、その場で少年を殺したという。

そして私は、高校時代の友人のコッファについても聞いた。冗談ばかり言って、完璧なハンカチをポケットに入れ、アメリカ海軍に入ることを夢見ていたコッファ。彼のお父さんには軍のなかに敵がいた。ある日、戦争のどさくさに紛れて、その敵がお父さんを襲いに来た。お父さんが隠れたので、敵は家族全員を殺して、死体を通りに並べた。コッファの死体。あんなに面白い子だったのに。高校の頃、フルーツジュースのコマーシャルで、くだらない歌が流れていた。「ディスコドリンクはオレンジ生まれ！」そして、私たちのクラスにジョーンズ先生が来るとき、コッファはいつも机を叩いて歌った。「ディスコドリンクは……ジョーンズ先生生まれ！」

「外へ出なさい！」と先生は怒鳴り、ほかの生徒はクスクス笑った。「コッファ、外へ！」でもコッファを止めることはできなかった。ある晩オールドロードでは、コッファが私の大好きな叔父さんの「マラリア」と言うときの発音をからかって、叔父さんを怒らせる寸前だった。私は友人たちの笑い声を思い浮かべた。そして、もっと憂鬱なことを考えた。コッファの体のどの部分に弾が当たったのだろう。白いハンカチは血で汚れたのだろうか。もし私が銃殺されたら、どんな感じがするのだろう。

教会施設の寮にいた少年たちと、私はときどき将来について議論した。「学校に戻るのが楽しみだな」。一人が言った。「この悪夢を終わらせてくれよ」

私は苦々しく首を振った。「教育に何の意味があるの？　銃弾一発で無駄になってしまうかもしれないのに」

紛争は激しくなっていった。毎晩夕方六時には、私たちは会計士の家の大きな部屋に集まって、窓からもドアからも離れて祈りを捧げた。

主よ、どうか戦争を終わらせてください。
主よ、どうか早く家に帰らせてください。

そのあと、母が私たちを笑わせようと面白い話をした。すると、壁の外で銃撃戦が始まる。翌朝、また別の店が空っぽになっていて、政府の制服を着た男たちが盗んできたものを道端で売っている。教会施設の二ブロック先にはビーチがあって、そこでは兵士が処刑を行っていた。泣き声や叫び声が聞こえてくることもあった。「お願いだから、どうかやめて、やめて！」殺した人の遺体を兵士が放置していることも分かっていた。なぜなら、やがて臭いが漂ってくるからだ。

とくに夜になると恐怖は募った。同時に、どんどん怒りが高まっていった。――神は祈りに応えてくれると聞かされてきた。でも、助けてくださいとずっと祈っているのに、何も起こらない。戦争は終わりそうにない。家にも帰れそうにない。神は祈りを聞いてくれないではないか――。私は罠に捕われているのだと分かり始めた。状況はよくなりそうになかった。

第3章　死んでしまうには若過ぎる！

私といとこが食料探しに出かけていたとき、母は会計士の家の裏側にある空き地に座っていたが、立ちあがって体を伸ばした。すると、フェンスの向こうでボロボロの服を着た男が、通りのゴミの山をあさっているのが見えた。

母はフェンスに顔を押し付けた。「何を探しているの？」

「ヤシの種さ」

「ヤ、ヤ、ヤシの種？」

「そう。食べ物がないから、それで生きているんだよ」

母が知っているリベリアでは、これは筋の通らない話だった。「ちょっと待ってて」と母は言い、中に入った。米を何カップかビニール袋に入れると、フェンスのあいだから男に押し付けた。彼が立ち去っていくところに、兵士をいっぱいに載せたトラックが音をたてて走って来て、男の横に止まった。

「何を持っているんだ」

「米だけど……」

「誰からもらったんだ」

「それは……」

兵士のあいだでは、反政府勢力が新たな地域に入るときは、米を配って住民の支持を得ようとするという噂が広がっていた。貴重な〝金粉〟を持っているものは、誰もが疑われた。母は声を出そうとしたが、出せなかった。兵士たちは男の米の袋を奪い、静かに撃ち殺して、死体をトラックに載せてビーチのほうへ走り去った。私が教会の施設に戻ったとき、母はまだ声を上げて泣いていた。「人を殺してしまった！」母は何度も何度も言った。兵士たちは、母が支持していた政府に所属していた。父が働いている政府でもある。その日以降、母に何かをさせるのは難しかった。食べることさえもしなかった。「子供たちにあげて」と母は言った。


毎朝目を覚ますと、最初の感情は恐怖だった。そして、まだ生きているという感謝。それから、また恐怖。生きているのを感謝すると同時に、生きていることを恐れた。反政府勢力は容赦ないと聞いていたが、私の周りでは政府軍もそこらじゅうで人を殺していた。政府とのコネより民族のほうが重要だった。私たちはクラン族ではなかった。中間にいる、無防備な標的だ。

――ひたすら祈っても、何も変わらない。だれも力を握っていないから、だれも私たちを救えない――。自分自身がはがれおちていき、代わりに怒りが満ちていった。私は神と話すのをやめた。

そしてある日、ドウの兵士は、教会の施設に食料や物資があると聞きつけた。兵士は向かってきた。それは日曜日の朝で、母は二階のチャペルで礼拝に出ており、子供たちは日曜学校に参加していた。私が料理をしていると、会計士が私を引っ張って寝室の窓から外を覗かせた。兵士たちが門を押し開けようとしていた。

私は様子を見ようと外に出た。すでに施設に滞在していた一人が、トラックに乗せられていた。地元の警察署長だ。やがて、中心となっている建物を兵士が取り囲んだ。

「全員降りてこい！」クラン族の儀式用の装飾を顔に描いた指揮官が、玄関から中に向かって叫んだ。「全員外に出ろ！」

子供たちが階段を下りてきた。怯えてはいたが、戦争で恐くなったときは唱えるようにと教えられていた節を口ずさんでいた。「イエス様！　イエス様！　悪魔はおしおきだ」

その言葉に私は怒りを覚えた。——神様は助けてくれないわよ！

「壁のほうを向け！」私たちはドアのそばに並んだ。壁はザラザラしていて、でこぼこだった。

一人の女性が泣き続けていた。「イエス様！　悪魔はおしおきだ」

「黙れ！」一人の兵士が叫んだ。その顔にも線が描かれ、額に巻いた細いひもには真ん中にサンゴがついていた。

「手を出さないで！」その女性の姉のマーサが叫んだ。マーサは以前の先生の恋人だったので、私も知っていた。兵士はマーサの顔を平手打ちした。ためらうことなく、マーサも叩き返した。兵士は銃を構えた。そのときちょうど、母の隣にいた男性が、抱いていた赤ちゃんを反対の腕に移した。パパン。弾はマーサの体を貫通し、男性が上げた腕に当たった。その後ろに母の顔があった。

「撃たれた！」と男性は叫び、マーサは倒れた。彼女には二人の子供がいた。

二人の兵士がマーサを運び、ほかの兵士が撃たれた男性と警察署長の妻を引き出した。――もう死ぬんだ――と私は思った。周りにいる人たちの顔を見渡すと、会計士がいないのに気付いた。家のなかに隠れていて、誰も気付いていないのだ。後悔の念に襲われた。――私も隠れているべきだった！　死んでしまうには若過ぎる！

「警察署長には子供が三人いるはずだ。どこにいる」

子供たちは目の前にいたが、兵士に連れて行かれたらもう二度と会えないと、みんな知っていた。母の静かな声が聞こえた。「ここにはいないわ」

一瞬の沈黙ののち兵士はうなずき、ほかの兵士たちが私たちを再び屋内へと追いやって、正面の小さなオフィスに入れた。「進め！　進め！」

母が私の近くに来たときささやいた。「腰にお金が巻きつけてあるの。もし私が殺されたら、遺体をもらってちょうだい」

「お前！」と兵士は叫び、母をベルトやライフルで叩き始めた。「お前が『サルは帰れ』と言っていたのは知ってるぞ！　お前はテーラーの支持者だな！　サーリーフの仲間だな！　分かってるんだ！」

私はもう怖くはなく、何も感じなかった。止まれ。進め。座れ。ただ、兵士たちが若い女の子をレイプしていたことは強く意識していた。私はそのとき、Tシャツと短パンしか身に付けていなかった。甥っ子を引き寄せて膝に載せ、むき出しの足を隠した。――ここからは二度と出られない。もうおしまいだ――。すべてが遠くでの出来事のように感じられた。私は体から抜け出て漂い兵士が母を叩いているのぼんやりと眺め、死ぬのを待っていた。

するとし、私の叔母の夫で内科医の助手をしている人が、白衣を着てオフィスのドアに現れた。

「何の用だ」。指揮官は食ってかかった。

「私の義理の妹とその子供たちなんだ」と彼は私たちを指差した。

「お前は何族だ」

「メンデだ」。彼はメンデ語を二言三言話した。

指揮官は微笑んだ。「連れて行っていいぞ」。そして私たちに向かって言った。「戻って来るなよ。次に来る奴らはもっとひどいからな。恐ろしいことをするぞ」

母は最初、ほかの女たちはと言ってためらった。私は姪を背負い、甥の手をつかんで部屋を走り出た。母は年寄りだ。母がここに残って死にたいのだとしても、私は残らない。私たちは何も持たずにタブマン通りを渡り、ジョセフィーンの恋人が住む小さな一階の部屋へと向かった。


すでに三時で、外出禁止の時間まであまりあいだがなかった。ジェニーバと母、いとこと子供たち全員が一つの部屋に入った。床にパッドを敷き、窓にはマットレスを押し当てて、弾丸を防げるようにした。暗くなって、私たちは横になった。町は完全な静寂だった。車の音も、発電機の音も、人の話し声もしなかった。だが突然、夜更けに恐ろしい叫び声が聞こえて目が覚めた。

「助けて！　神様！　どうか助けて！」悲鳴。鳴き叫ぶ声。私はほとんど息もできなかった。母が詩編九一を唱えながら、歩き回っているのが聞こえた。

いと高き神のもとに身を寄せて隠れ、全能の神の陰に宿る人よ……

主に申し上げよ「わたしの避けどころ、砦、わたしの神、依り頼む方」と。〔『聖書』詩編 九一 以下、聖書の日本語訳は『聖書 新共同訳』（日本聖書協会、一九八七年）より〕

「イエス様！」

「やめて！　やめて！　助けて！」

叫び声は果てしなく続いた。私たちはみな目を覚ましていた。夜明けになって外出禁止時間が終わると外へ出てみた。通りは人であふれ、うわさが飛び交っていた。――みな殺し……虐殺……教会……。

すぐに分かった。ドウの兵士がギオ族とマノ族を狙い始めたとき、リベリア教会協議会は危険にさらされている人に安全な場所を提供するという意図的な決断をした。たとえ兵士が容赦ないとしても、神の家で暴力を振るうことはしないだろうと、教会協議会は信じていたのだ。セントピーターズ教会とそこに隣接する高校には、何千人もの大人や子供が避難していた。だがその晩、指揮官が言っていた「次に来るもっとひどい奴ら」、つまりマシンガンやマチェーテ（なたのような刃物）を持った別の政府軍が教会に押し入った。私たちが祈りを捧げた信者席で、女性の日には大や子供たちが母親の服に花を飾った場所で、兵士がレイプし、切りつけ、撃った。

なかにいたギオ族とマノ族は、ドアを押し開けて銃弾のなかへ走り出したのだろう。通りの至るところに死体があった。女性も、男性も、赤ちゃんも。血まみれになって死んでいる妊婦がいた。死んだ子供を抱いている男性の死体の手には、まだ哺乳瓶が握られていた。姉たちは、確かな証拠を見るまではとても信じられないという様子で教会のなかへ入っていったが、私にはできなかった。母とジェニーバは、ジョセフィーンのアパートからそれほど遠くないところで、マーラとおばあちゃんに出くわした。二人は母とジェニーバを見ると、崩れ落ち、泣きだした。おばあちゃんは、私たちがセントピーターズ教会で死んだと聞いて、遺体を探しに来たのだった。

もはや、誰もこの現実を否定することはできなかった。チャールズ・テーラーはブルキナファソとリビアで軍事訓練を受けたことがあり、彼が率いるNPFL（リベリア国民愛国戦線）の兵士は、ブルキナファソとコートジボワールの仲間から武器をもらっていた。リベリア政府軍から敵視されている人たちは、誰でも武器をもらえた。テーラー軍は地方で、戦争孤児などの男の子を集め〝少年部隊〟として組織した。部隊の子供たちはテーラーのことを〝パパ〟と呼んでいた。

テーラー軍はクラン族とマンディンゴ族を、北部のロファ州やモンロビアの南にある沿岸都市のブキャナンで何百人も虐殺した。テーラー軍とプリンス・ジョンソンの勢力はモンロビアまで数キロのところに迫っていた。侵攻しながら両軍は水道や電気や電話を遮断し、シエラレオネへの逃げ道をふさいだ。

ボスニアやルワンダやコソボなど、世界のあらゆる場所で起こっているのと同じだった。社会のバランスが変わり、何十年も抑圧されてきた怒りが噴き出したのだ。そうなったら、もう何もかもが変わってしまう。

外国人は脱出し始めた。海兵隊員を大勢乗せた四隻のアメリカ軍艦がアメリカ市民を避難させ岸を離れたが、リベリアに介入することはなかった。教会での大虐殺があったあと、しばらくしてイラクがクウェートに侵攻し、アメリカはリベリア以外に関心を向けたのだ。

何をすべきか、どこへ行けばいいのか分からなかった。オールドロードの町は、スプリグス・ペイン空港に近いので安全ではない。だから、私たちはジョセフィーンのアパートに留まった。

戦闘が激しくなり迫撃弾が近くに落ちると、地下室がある近所の家に逃げ込み、土の床の上にうずくまって頭上から聞こえてくる銃声や叫び声を聞いていた。ちょうど雨季で、雨が絶え間なく降っていた。井戸には死体が積み重なっていると言われていたが、それに注意すれば、飲み水を手に入れることは可能だった。だが、プリンス・ジョンソンの部隊が港をコントロールしていて、食料が私たちの地区には届かない。ときどき母が、私たち姉妹に食料を探しに行ってくれないかと頼んだ。とても危険だったので姉たちは断ったが、私はまだ人を喜ばせたかった。お金を布に包んで、生理用のパッドのように股にはさんで、少しでも食べられるものを探しに出た。お米一カップを一二人で分け合うこともあった。

あまりに気持ちがふさいでいたので、食欲は出ない。でも、子供たちが痩せて弱っていき、眠るばかりなのを見るのはつらかった。ときどき子供を背中におぶってあやした。六歳の甥は体が大きくて以前はよく食べていたが、飢えのために泣き、震えていた。

母は心が壊れているようだった。教会の施設から逃げた日に着ていた、緑と黒のスーツをずっと身に着けていた。毎晩、母はその服を洗って乾かした。戦争が終わるまで、ずっとその服を着るのだと言っていた。


セントピーターズ教会で亡くなった人たちの体は埋められていなかったので、子供たちは悪臭で気分が悪くなり始めた。やがて、妊娠していたジョセフィーンを除く全員が、ガブリエル・タッカー橋を渡り、プリンス・ジョンソンが支配しているブッシュロッド島へ、危険ではあったが食べ物を求めて行くことにした。丸一日かかった。町のなかを歩いて通り抜け、銃撃戦があると、散り散りになって建物の後ろに隠れた。ジェニーバが痛む足を休ませられるよう、途中で歩みを止めた。

検問所に来ると列に並ばされ、机に向かっている兵士に身元を証明するよう求められた。

「民族は?」

「クペレ族です」

「クペレ語で何か言ってみろ」

母がクペレ語で、「こんにちは。変わりはありませんか」と淡々と言った。

「通れ」

検問所の兵士は男たちの素足を注意深く見て、ブーツの跡がないか調べた。それが兵士の証ともなるからだ。後ろで誰かが列から引き離された。「頼む。やめてくれ!」という声が聞こえ、パンパンパンという音が続いた。私たちは歩き続けた。かつて、母が私を連れて学校用の靴を買いに来たウォーターサイド・マーケットでは、メクリン通りで女の人の死体を見た。まるで、教会から出て来たばかりのように、ドレスを着て靴下をはいていた。犬がその人の足を引っ張っていた。食べていたのだ。

私たちは別世界にいた。一線を越えてしまった。戦争中には、ほかにも何度か犬が死体を食べているのを見たことがある。とくに、町の中心部で多数の戦闘があり、薬きょうと死体が狭い道にあふれていたときはひどかった。これだけは言える。その光景に決して慣れることはない。

ローガンタウンのスラムに居場所を見つけた。小さな部屋を持っている親戚を母が知っていたのだ。またしても、私たちは待った。ある日、外に立っていると、プリンス・ジョンソンの部隊が通りかかった。突然、大柄な兵士が一人駆け出してきて、両腕で私を抱き締めた。私はパニックになりながら兵士の顔を見た。高校時代の友人のアヨだった。

「心配するなよ、レッド」とアヨは言った。「面倒みてやるから」

やがて私は、アヨが残忍だとの評判があることを知った。コッファは死に、アヨは殺し屋。まったく筋が通らない。

＊＊＊

およそ一週間後にジョセフィーンが来て、父と連絡がとれたと言った。父はまだアメリカ大使館にいたのだ。父は私たちと連絡をとる方法もなく、私たちが死んだと思い込んでいた。「お父さんのところに連れてくるようにって言われたわ」。ジョセフィーンは言った。

私たちはゆっくりと、アメリカ大使館へ、父のところへと向かった。そこには食料があった。みんなで食べられるだけ食べた。でも、私が一番はっきりと覚えているのは、居間のドアの横にあった、淡い色の大きくて柔らかいソファーだ。「ただいまより、このソファーは私のベッドとなります」と宣言し、私はその上に飛び乗った。ソファーの上に何時間も横たわり、教会の施設で始まった無感覚が大きくなって、ほかのものをすべて押し出してしまうのに任せた。目を閉じて心を閉ざし、私は別の世界へ漂っていった。空っぽで、何もない、平和な世界。

私たちは大使館に三週間滞在した。父は仕事を離れられないと言ったが、九月の第一週には母とジェニーバ、ジョセフィーン、ファータ、子供たち全員、そして私が〝タノリバー号〟に乗れるように手配してくれた。タノリバー号はガーナの貨物船で、西アフリカの外国人を避難させるために来た船だった。モンロビアのフリーポートは、桟橋や船着き場が高さ三メートルの壁の向こうにあり、入口は三つしかなかった。私たちが出発した日には、あまりにも多くの人々が船に乗ろうと押し合いへし合いしていたので、兵士の手を借りて通してもらった。

タノリバー号には何千人もが乗っていた。私たちはデッキの下の巨大な空間の一角に場所を確保した。座っている人もいたし、横になっている人もいて、家族がそれぞれ小さなグループになって集まっていた。私の家族は誰も海に出たことがなく、外洋に出ると私は死にたいと思うほどの船酔いになった。近くにいた漁師の奥さんが、乾いたものを食べさせるといいと母に言ったが、何も効果はなかった。物資が少なかったので、最初の一日が過ぎると、母は海水で米を調理しなければならなかった。少しの食べ物と交換で、船に乗っている少年たちが壺をロープで水面まで下ろすのを手伝ってくれた。子供たちは空腹だったので食べたが、私は遠慮した。横になっている私に、母が「食べなきゃダメ」と言ったのを覚えている。だが、私はすべて戻してしまった。悲惨な三日間が過ぎ、ようやく上陸した。

行き先はシエラレオネだと思っていたのに、着いたのはガーナだった。父に連絡する方法は何もなく、父は何カ月も私たちがどこにいるのか、どうしているのか分からなかったという。父の大使館の部屋には電気、水、たくさんの食料など、全部がそろっていた。でも、家族は船に乗って遠くに行ったきり消えてしまった。大使館の外の町では暴力が渦巻いていた。父がのちに話したところによると、父は仕事をし、部屋に戻るとただ座って、窓から海を見つめていたという。

新しい住まいとなったのは、ブドゥブラム難民キャンプだった。ガーナの首都アクラから約五〇キロのところにある、荒涼とした五八万平方メートルほどの土地で、以前は信者の合宿などが行われていた場所だ。最初はそこに数百人しかいなかったが、やがて五万人ものリベリア人がやって来た。私たち家族は建設途中のセメントの家に入った。家具も、窓ガラスも、水道もなかった。最初の日には、母でさえ泣いた。

銃撃や死から離れることができて嬉しかったが、ブドゥブラムは臭く、蚊が大量にいて、猛暑をさえぎる日陰がほとんどなかった。水は手押しポンプで汲み、教会による援助団体がトウモロコシと油とミルク、砂糖を配給した。

母はすぐに自分を取り戻し、「これからここで生きていくのよ。ここを最大限に活用しなければ」と言った。真昼の太陽を避けられるように、少年たちを雇ってシュロ葺き屋根の小屋をつくらせ、トイレ用の穴を掘らせた。そして、〝家〟の周りに生えていた背の高い草を刈って野菜を入れる袋に詰め、マットレスとして使えるようにした。母は種を探してきて庭に蒔き、キャンプでは手に入らない野菜を育てた。

数週間が過ぎ、数カ月が過ぎた。私は朝早く起きてドーナツを揚げ、それを売ってお金を稼いだ。ジェニーバは難民キャンプの小さなクリニックで、医療記録を管理する仕事に就いた。学校が開かれ、ファータは授業に行き始めた。妊娠四カ月だったジョセフィーンは気分が悪く、モンロビアから空路で避難した外国人の夫を恋しがっていた。

朝になるとジョセフィーンは言うのだった。「リーマ、体を洗いたいの。バケツを持ってきてちょうだい」

私は「妊娠していても、体が悪いわけじゃないでしょ」と答えた。

ジョセフィーンの返事はいつもこうだった。「妊婦は重いものを持っちゃいけないのよ」。私はいつもその言葉に負けて水を運び、ジョセフィーンをキャンプのクリニックに連れて行った。私たちは産まれてくる赤ちゃんのことを話した。私にはすでに甥と姪がいたが、ジョセフィーンの子供は私の子供のようなものだった。時は過ぎていったが、何も現実のように感じられなかった。

毎日午後になると、大人はうちのシュロ葺きの屋根の下に集まって、ラジオでリベリアのニュースを聞いた。よくないニュースばかりだった。私たちが難民キャンプに到着した直後、プリンス・ジョンソンの部隊がドウ人統領を捕えた。六カ月以上にわたって、彼らはドウを拷問にかけて死なせた。何が行われたかを誰もが正確に知っていた。なぜなら、処刑の様子が撮影され、モンロビアの町中でそのビデオが販売されたからだ。

当初、難民キャンプは歓喜に包まれた。ドウやその兵士がどれだけひどいことをしたか、みんな知っていたからだ。彼がいなくなれば状況はよくなるかもしれない。ＥＣＯＷＡＳ（西アフリカ諸国経済共同体）の平和維持軍がモンロビアに到着し、亡命から戻ったエイモス・ソーヤー元教授の下、新たな政府を樹立した。

だが、戦闘は続き、チャールズ・テーラーは陣地をどんどん広げていった。その残虐さのあまり、テーラーは亡命者組織、たとえば〈リベリア立憲民主主義連合〉からの支持を失っていた。それでも、首都以外のすべてを支配下に置けば、リベリアの材木業界や、ダイヤモンドと鉄鉱石の鉱山、マルギビ州にある巨大なファイアストン社のゴム工場などを支配できることになる。操業許可をもらうため、外国企業は彼が要求する金額を喜んで支払った。その金でテーラーはさらに武器を買った。プリンス・ジョンソンの部隊はテーラーに戦いを挑んでおり、モンロビアは略奪を繰り返す若い兵士により破壊し尽くされた。

ようやく、リベリアと連絡がとれるようになると、もうほとんど食料がなく、わずかに残っているものも手に入らないと聞いた。キャッサバ一つが五〇〇リベリアドルもするという。おばあちゃんは、骨格から皮膚が布のように垂れ下がっていた。コッファが以前ひどくからかった私の大好きな叔父さんは、フリッターを一つ盗んだと責められ、ローガンタウンの路上で裸にされ、群衆に叩かれた。

「私は空腹だが、泥棒ではない！」と叔父さんは叫んだ。数週間後、叔父さんはまた食料を探しに出て、何時間も成果がないまま歩き続け、家からあまり遠くない場所で倒れて、そのまま死んでしまった。家族は叔父さんをきちんと埋葬することができず、死体を線路ぎわに捨てた。

コッファが彼の「マラリア」の発音をからかった夜、叔父さんは「私は帰る！」とコッファを怒鳴り、私たちは転げるほど大笑いした。もはや二人ともこの世にはおらず、私は二人があの世で一緒にいるのだろうかと考えた。互いに挨拶をしただろうか。死んだ人たちが会える、特別な場所があるのだろうか。


リベリアからは船が次々にやって来た。ある船には一〇〇〇人、次の船には五〇〇〇人。ブドゥブラム難民キャンプには、日に焼けた地面の上に何列ものテントが並んだ。また一〇〇〇人到着した。和平交渉がようやく始まったが、そのためガーナには報復を恐れる双方の兵士も逃げてきた。キャンプの様子が変わった。バーが開かれ売春が行われる場所ができ、怖くて歩けない地区もできた。私はドーナツを売り、子供たちとキックボール［サッカーと野球の中間のようなスポーツ］をして遊んだ。建築家になることを夢見る青年とも時間を過ごした。彼は私を愛していると言い、ともに過ごすかもしれない将来について話した。

でも、私は将来をまったく考えられなかった。時間は止まっていた。目を閉じると、私はオールドロードにいて、七歳になってマーラと遊んでいた。プラムの木の下に捨てられていた車のなかでマーラが運転手になり私が切符係になった。近所に住むあらゆる民族の子供が来て、当時はみんなが友だちだったので、それぞれの民族の故郷へ旅に出る真似をして遊んだ。「ボング州！」と私が言うと、そこはクペレ族の停車場だった。「ロファ！」ロマ族とマンディンゴ族が飛び降りた。「リープ・マウント！」バイ族の故郷だ。「ボミ！」今度はゴラ族だ。

やがて私は、自分がこの醜い不毛の地を離れて故郷へ帰る姿を、繰り返し、よりはっきりとイメージするようになった。船を降りて車に乗り、母と姉たちのために家を整えるべく、まっすぐにペインズビルまで車を走らせる。ひんやりとしたそよ風が頬に当たるのを感じ、木々や花の美しさを眺める。家に続く道を歩いて上っていくと父がいて、私は陽気に呼び掛ける。玄関を開けると、室内が散らかったままなのを見て首を振り、中に入って全部を片付ける。洋服、靴、カップ、お皿、すべてが元通りになるまで、吊るしたり、並べ直したりする――。

一九九一年五月、ＥＣＯＷＡＳの平和維持軍がモンロビアに入ると、新たな暫定政権がつくられて戦闘が収まった。私は母に、家に帰らせて欲しいと頼み込んだ。母が船に乗れるよう交渉してくれ、そんなにあるとは思いもしなかった母の〝緊急用〟のお金のお陰で、ギニア海軍の船に乗れた。

到着するとすぐに、戻ったのは間違いだったと分かった。故郷でひどいことが起こっているとは聞いていたが、どれだけ説明を聞いたとしても、それで心の準備ができるような状況ではなかった。港は死と破壊の臭いがし、モンロビアが最初に見えたときには息が止まった。区画全体が焼け落ちていた。ビルの屋根が吹き飛ばされ、壁は半分崩れて、爆発でできた大きな穴が空いていた。人々は建物の残骸で暮らし、ジョン・F・ケネディ・メディカルセンターも破壊されて、閉鎖されていた。リベリア大学はテーラーに乗っ取られ、タブマン通りをはさんで向かい側にあった、ドウ大統領のエグゼクティブ・マンションへの攻撃拠点として使われた。私の大学は破壊された。

電気も水道も、使えるトイレもなかった。みんなビニール袋や海岸で用を足した。ひどい臭いがした。

父はまだ大使館の部屋で暮らしていた。

「お前が戻りたがっているとお母さんから聞いたが、正直なところ、ここには置いてやれないんだ」と父は言った。私はその理由を尋ねなかった。ジョセフィーンのレバノン人の夫が戻っており、ほかの地区より被害が少なかったセントラル・モンロビアに小さな部屋を借りていた。彼は寝室を一つ使ってもよいと言ってくれた。私の昔の友人二人が町に戻って来ると、私は二人を招いてその部屋で一緒に暮らした。

周りでは、人が少しずつ戻り始めた。出ていったときと同じように頭に荷物を載せて帰って来て、がれきを片付け、生活を再開しようとした。レバノンの商人は、靴や洋服や化粧品、香水など、いまでは高級品となったものを売っていた。

仕事を得るためにコンピュータを学ぼうと思って、私はタイプ学校に入学した。でも仕事はしなかった。心からやりたいと思うことはなく、私と友人たちはただ日々を送っていた。ほとんどお金がなく、目が覚めても朝食を買えないことが多かった。余裕があるときには、地元の少年にお金を払って二〇リットルほどの水を持ってきてもらい、分け合って体を洗った。水をどこで手に入れたのかは聞かなかった。自分が常に汚れている感じがした。夜には、話し相手やお酒を求めて誰もが外に出てきたが、発電機があるわずかな地区以外は真っ暗だった。八時か九時まで飲むと、すべて閉まってしまう。私の暮らしは、ブドゥブラム難民キャンプにいたときと同様に、仮のものだった。

戻ってから三週間後に、ペインズビルに戻るバスに乗った。安全に行けるようにと、父がよこしてくれた男性と一緒だった。大通りで降りて家に向かう小道を歩いた。以前はにぎやかで、活気に満ちていた近所の地区には人気がなかった。静か過ぎた――平和なのではなく、単にしんとしていた。

私たちは歩いた。何もない……何もない……。家々は門が大きく開けられたままで、窓は壊れているか外されていた。両親の美しい白い家が見えてきた。ちょっと見たところでは、それほどひどくは見えなかった。以前、村から来た娘たちが住んでいた裏の建物に、叔母が一人住んでいた。叔母は庭をきれいに掃いて、母の庭を甦らそうとしていた。

だが、母屋のなかはめちゃくちゃだった。廃墟だった。カーペットははがされていた。ダイニングテーブルの上に置かれていたガラスはなくなっていた。陶器を入れる食器棚は空っぽ。両親の寝室も空っぽ。ピンク色の寝室も空っぽで、ベッドは叩き壊され、よろい窓も壊れ、クローゼットには何もなかった。天井には、略奪者が侵入するために空けた大きな穴があり、男くさい、汗の臭いがした。

私は叔母と一緒に一晩過ごし、朝になって大通りまで歩いて戻ると、近所の人を見かけた。ペインズビル周辺の人々は家を兵士に明け渡して全員が逃げ、戻って来て持ち物がなくなっているのに気付くと、ほかの家を巡って残されていた物を持っていった。その近所の人は着飾っていて、町に向かっているようだった。彼女が履いていたのは、私のデクスターブーツだった。

私はもはや存在しない場所を夢見ていたのだ。家はなくなった。愛していた人たちは難民となるか、国内避難民となるか、死ぬかして、いなくなった。私の人生は粉々に打ち砕かれ、奪い去られて、感じることができるのは怒りだけだった。ちょうどよいタイミングで私たちを国外脱出させた両親に対して。全員が殺し屋のドウ政府の兵士や、反政府勢力の兵士に対して。家にあったものを奪っていった近所の人たちに対して。このすべてが起こることを許した神に対して。卒業パーティで笑い、ダンスした少女は、二年も経たないうちに完全に消えてしまった。

無垢な状態から、恐怖と痛みと喪失の世界にあまりに突然移動すると、心が少しずつ、ハムのように切り取られていく感じがする。最後には、骨しか残らない。

第4章　罠にはまる

「こんにちは、お嬢さん。ガーナのキャンプで一緒だったよね」

一九九一年七月のことだった。モンロビアに帰って二カ月が過ぎていた。住んでいたアパートの外の歩道で立ち止まって、私は声をかけてきた男を見た。私より一〇歳ほど年上で、色が黒く細身で、細長い顔をしていた。思い出した。ダニエルだ。ブドゥブラム難民キャンプで私たちの隣に住んでいたガーナ人で、リベリア人の妻と息子がいた人だ。息子は二歳でとても可愛く、ときどき一緒に遊んだ。

「あの小さい子のお父さんね」

彼はニヤッと笑い、うなずいた。「どこに住んでるの？」彼は私の顔からずっと視線を外さなかった。

ダニエルがキャンプで私を見かけると、いつもじっと私を見つめていたのを思い出した。「あの男は本当に君のことが好きなんだな」と私の恋人は言っていた。ダニエルについて聞いた話も覚えていた。ダニエルは妻子とともにブドゥブラムに来たが、そこで奥さんは結核と肺炎にかかった。ある女性が、おそらく一家を手伝うためにやって来た。彼女は抗生剤を買いに行き、奥さんを介護した。やがて、この女性とダニエルとの関係が始まった。しばらくすると、病気の奥さんはまだいるのにダニエルは消えていた。ヘルパーの女性のために、奥さんを捨てたのだと聞いた。それから、彼に会うことはなかった。

「住んでるのは……この辺よ」。私は用心して言った。この男が問題のある人だということは、十分に分かっていた。

その日は、ダニエルは笑って去っていった。ある夜、彼がまた通りにいた。「ここに住んでるの？」彼は私が住んでいる建物を指差して言った。私はうなずき、すぐに家に帰ると、ルームメイトが巨大な袋に入ったサンドイッチを食べていた。長いあいだ見たこともない量の食べ物だった。

「どこかの男があんたに持って来たよ」と友人は言った。

ダニエルだ。彼は私をランチに誘い、町で開いている数少ない素敵なレストランに連れていった。話をしているあいだ、ダニエルは私の顔をじっと見ていた。まるで、店にはほかに誰もいないかのようだった。そのあと私はルームメイトに、デートは楽しいけれど、あの男とは決して関係を持たないと話した。だが、もっと分別を持つべきだった。リベリアにはこんな諺がある。「神の下に、『決して』という言葉は存在しない」

そのあと、私は重いマラリアにかかった。指と関節に常にひどい痛みがあり、耐えられない頭痛と高熱が続き、ずっと吐き続けた。薬が必要だったが、モンロビアには数人の医師しか残っていなかった。友人たちは私を地元のクリニックに連れていった。治療費を払えるあてもなく、数日そこにいたあと、友人たちに父のところへ行ってもらい助けを求めようとした。だが、クリニックには残っている支払いはないと言われた。ある男性が払っていったという。またダニエルだった。

　こんなふうにして、私たちは始まった。初めてダニエルに会ってから二〇年近くが経つが、いまでも彼について考えたり、話したりするのは辛い。一つはっきり分かっているのは、彼とのあいだに生まれた子供たちが、私の世界の中心だということ。彼らの母親にならなかったとしたら、今日の私はない。もう一度人生をやり直せるとしても、それで子供たちを産めなくなるのであれば、何一つとして違うことはしないだろう。でも、もう一つ分かっているのは、ダニエルと一緒にいたために、私は破壊されかけたということだ。私はダニエルを愛したことがなく、いまになって振り返って、自分が行った選択を理解しようとしてもまったく分からない。自分が何を考えていたのか、まるで理解できないのだ。

　金銭的な安心感は一因だったと思う。知り合いの誰にも仕事がなく、日々の暮らしに四苦八苦していた頃、ダニエルは月に八〇〇アメリカドル、リベリアドルにして数万ドル相当を稼いでいた。アメリカ大使館で物流担当官として働いていたからだ。そして彼はそのお金を思う存分私に使った。レバノン人の商人から買った宝飾品や香水などのプレゼント、彼のお気に入りのレストラン、エンジェルズでの食事などだ。

　激しく情熱的なセックスも一因だった。そして戦争もあった。戦争がなければ、私は自宅で暮らして学校へ行き、両親に守られていたはずで、何も機能していない町に住んで、私と同様に自分を見失って混乱している若者に囲まれることもなかった。反抗的な気持ちもあった。親戚がなだれ込んで来たときは両親の家を管理し、家族全員が食べられるように危険な通りに出て食べ物を探し、お腹を空かせた子供をおんぶする、そんな優等生であることに疲れたのだ。本当にたくさんの破壊と死を目撃し、本当に大きな怒りと惨めさを感じていた。それに私はまだ一九歳で、ちょっとは楽しいことをしたかった。

一年近く、何の計画も持たずに、心配したり考えたりすることもなく、ダニエルとの関係を続けた。体についてなど、基本的なことすら考えなかった。私は処女ではなく、どうやって子供ができるかはよく知っていた。でも何も起こらなかったので、私は調子に乗った。叔母の一人は妊娠することができなかったから、私も同じだろうと自分に信じ込ませた。いろいろな点で自分をごまかしていたのだと気付いたときには、もう遅かった。

ダニエルはあらゆることを一緒にしたがった。ある日の午後、私は「弟を亡くした友人を慰めに行く」とダニエルに言って外出した。家に戻ると、ダニエルは私が白人と一緒に車に乗っているのを見たと言った。そして私を殴った。私は怖くなり、やがて憤慨し、そして彼が何度も詫びながらセックスをすると混乱した。「僕が本当に君を愛しているからなんだよ……」。そして私は友人たちと出かけた際に、ダニエルがあとをついて来ていることに気付いた。——もう終わりにしなければ——と思った。その二週間後、妊娠していることが分かった。

平和の約束（そして、それを実行する平和維持軍の存在）があったので、私の家族は七カ月前の一九九一年終盤にガーナから戻っていた。両親とファータとジェニーバはペインズビルの家に戻り、略奪された家を修繕し、家具を揃えようとしていた。私の妊娠を聞いて、両親は激怒した。私は心のどこかで、両親がすぐに家に戻って来いと言うのではないかと――言って欲しいと、期待していた。ジョセフィーンがいまの夫に恋したとき、両親はイスラム教徒と一緒になるならば勘当すると脅した。だが、戦争がすべてをひっくり返し、親による子供の管理に関しても両親の考えが変わった。マーラは最初の夫と離婚して、救援活動の一環でリベリアに来ていたスウェーデン人の技術者と交際していた。知り合いの金持ちの男性は、友人から「娘がリベリア人以外の男性と交際するのをよく許せるな」と言われ、泣き崩れたという。「彼が夜に訪ねてくるのを気が付かないと思うか？　でも、どうすればいいんだ。彼が持ってきてくれる食料に頼っているんだから」

また夫と一緒に暮らし始め、男の子を産んだジョセフィーンはもっと楽観的だった。「子供を産みなさい」と彼女は言った。「ことによると、あなたが生涯で産むのはその子だけだろうから」

ほかの選択肢はなかった。当時のリベリアでは中絶は非常に危険で、死のリスクもあった。一九九二年七月、マーラはスウェーデン人の技術者と結婚して、二人はスウェーデンに旅立った（しばらくのあいだ、彼女の子供は両親のところにいた）。マーラは市の中心部のフロント通りにある海の見えるアパートを提供してくれ、ダニエルと私はそこに引っ越した。

私がのちに家庭内暴力について学んだ通り、妊娠は何の解決にもならず、多くの場合、事態を悪化させる。私が〝彼のもの〟になると、ダニエルはもっと強く支配したがった。彼は私の友人が訪ねて来るのを嫌がった。「どの男からのメッセージを持って来たんだ?」食料が必要なときには、彼は自分が仕事から帰るまで私を待たせ、一緒に買い物に出かけた。一瞬の反抗のつもりでいたのに、私は捕えられてしまった。これを説明するのは難しい。まず、夢のようなセックスで始まる。そして、いったん体を誰かに支配させてしまうと、次第にほかの部分も支配されるようになる。私は子供のときに、父親が違う子供が何人かいる女の人を見て、あんなふうにはならないと常に誓ってきた。私の夫が子供たちの父親となるのであるから、夫とは別れない。

ときどき私はジョセフィーンに、自分がどれだけ惨めかを話した。ダニエルが私に暴力を振るっていることは、誰にも話さなかった。

数カ月間は、モンロビアで自分の生活に集中して、戦争は終わったと思い込むことが可能だった。だが、町の外では反乱が広がり、勢いを増していた。亡命ジャーナリストのアルハジ・クロマーは、チャールズ・テーラーのNPFL〈リベリア国民愛国戦線〉に対する聖戦《ジハード》をイスラム教徒に呼び掛けた。クラン族で、アメリカで訓練を受けた特殊部隊の将校であるアルバート・カーフェが、クロマーに合流して〈リベリア民主統一解放運動〉を組織し、リベリアとシエラレオネのダイヤモンド鉱山に攻め込んだ。テーラーはプリンス・ジョンソンと同盟を組んだが、やがて決裂。この間、暫定政権はAFL〈リベリア国軍〉に守られていた。

グループ間には違いがあった。テーラーのNPFLは、死んだ家族の復讐をしたい若者や、金持ちになりたい若者を引き付けた。プリンス・ジョンソンの勢力にはNPFLより年長の者が集まり、多くが元軍人だった。そして、少なくとも戦争の最初の頃はリベリア国軍の兵士は制服を着ており、反政府勢力と区別することができた（その後、兵士はみな一様にTシャツとジーンズとバンダナという出で立ちとなった。盗んだか、略奪した服だった）。

だが、このなかではテーラーの名前を聞くことが一番多く、その言われ方もさまざまだった。海外のニュース番組では、テーラーは信頼感のある理論的な反逆者として話し、一方で自分の兵士には、相手を怖がらせるために奇抜な格好をするよう促した。たとえば、かつらやウェディングドレス、人間の骨でつくった装飾品などだ。テーラー軍の兵士はおそろしく野蛮で気まぐれで、指揮官は兵士にサトウキビの蒸留酒やマリファナや覚せい剤などを与えて、気分を高揚させていた。

一九九二年の秋には、モンロビアじゅうで噂が流れていた——テーラーが何かを計画しているらしい——。多くの人は受け流した。耳に入る話を全部信じていたら生きていけない。それに、同じような話を何度も聞いていた。だが、このときだけは噂は本当だった。地方を長いあいだ支配したのち、テーラーは首都も手に入れようと決めたのだ。NPFLの兵士はモンロビアに向かい、その途中で人を殺し、レイプし、略奪し、モンロビアを取り巻く湿地帯を通ってやって来た。テーラーの〝オクトパス作戦（タコ作戦）〟の触手が、首都を制圧し勝ち取ろうとしていた。

高音の笛の音、そしてバン！　という大きな音。私たちの部屋のすぐ隣の建物が破壊され、煙が出ていた。誰かが「私の赤ちゃんが、赤ちゃんが中にいるの！」と叫んでいた。

テーラー軍が攻撃を始めると、平和維持軍は破裂弾やミサイル、重砲で反撃した。突然、あらゆる場所で戦いが始まった。戦闘はさまざまな時間にさまざまな場所で起こって、あちこち移動した。私たちの部屋はデュカーパレスホテルが見える場所にあった。かつてはアフリカで最高級のホテルだったが、この頃は暫定政府の本拠地となっていた。だから、私たちの部屋は戦闘地域のなかにあることが多かった。

ミサイルを知らせる笛が聞こえると、どこへ行けばいいのかも分からないまま外へ逃げる。そしてバン！――地面が揺れ、建物に穴が空く。人々は傷を負いながら走っていく。爆撃が終わると、心臓が高鳴ったまま家へ帰ることもあった。ジョセフィーンの家に行くこともあった。その地区は比較的静かだった。

だが、反政府勢力がオールドロード近くの空港で迫撃砲を撃つようになると、おばあちゃんやガーナへ行かなかった親戚もジョセフィーンの家にやって来た。ペインズビルでも戦闘があったので、両親とファータも来た。小さな部屋にあまりにも多くの人がいて、暑いからと窓を開けるとネズミが入って来た。人間の肉を食べるのに慣れて、恐いもの知らずになっていた。

戦闘は始まっては終わり、別の場所に移ってまた始まった。大混乱だった。町の人々は安全を求めて逃げようとし、地方の人は、別の危険から逃れるために町に流れ込んできた。タブマン通りはコンクリートブロックや自動車爆弾のバリアで封鎖され、どこにでも兵士がいた。そのなかには、野球帽をかぶった少年や、ドナルドダックのお面をつけた男の子までいた。午後六時から午前八時までの外出禁止令を破った者は、誰もがその場で撃たれた。

最終的には、平和維持軍がテーラー軍を完全には打倒しなかったものの撃退した。二カ月間で六〇〇〇人以上が死亡し、そのほとんどが市民だった。こうした状況のなかで、人生はどういうわけか進んでいった。お腹は大きくなり、ある晩こんな夢を見た。私が学校で教えていると、小さな男の子が来て腕を私の体に巻きつけ、離そうとしない。私は男の子がお腹にいるのだと分かった。

ある晩、私は自分の部屋から出たが、ジョセフィーンの家の混雑にも、両親の依然として冷たい視線にも耐えられなかった。そこでダニエルを探しに行った。結婚する前からダニエルが借りている小さな部屋に、彼がときどき行っているのを知っていたのだ。そこに着くと、女性が一緒にいた。ダニエルは恥じることもなく、ニヤッと笑って言った。

「すべてのリベリア国民は、国内避難民を可能な限り多く助けるべきであると、大統領は言っている。俺はこのかわいそうな女の子に、今晩泊まる場所を提供したのさ」

＊＊＊

私の息子ジョシュアは、一九九三年二月九日に、スウェーデンの救援部隊が救急病院につくり変えた古い倉庫で生まれた。その日は、うれしくもあり、悲しくもある一日だった。出産のあいだ、ジョセフィーンと母が付き添ってくれた。そして出産後は、母が一緒に家に帰ろうと言ってくれるものだと信じていた。アフリカでは女性が出産するとその家族が家に連れて帰って世話をし、交代で赤ちゃんの面倒を見て、産後の母親が休んで回復できるようにするのが習わしだった。私は家に帰りたかった。母やおばあちゃんと一緒にいて、ちやほやされ、お茶やスープを持ってきてもらいたかった。でも、父が来ると母は一言も言わずに帰ってしまい、私は一人きりでダニエルの下に帰った。

傷ついた。――両親は私を嫌っている――と思った。そして怒りも感じた。私はあんなに優等生だったのに、こんな仕打ちをするのか。私が世界で一番悪いことをしたとしても、それでも私はあなたたちの子供ではないか。ダニエルのような人は常に、自分以外は誰もお前を愛さないと思わせたいので、私がひどく落ち込んでいるのを見るとそれをすぐに利用した。

「お前が愛していると言っていたのが、あの人たちか?」とダニエルは両親のことを言った。「お前をクソみたいに扱ってたぜ」

私は〝ヌーク〟と愛称をつけた息子を熱愛した。〝ヌーク〟は息子が大好きな哺乳瓶のブランドだ。でも、本当に孤独だった。ジェニーバはモンロビアに戻ってきたが、自分の娘の世話で忙しかった。ブドゥブラムで知り合って婚約し、いまはアメリカにいる人とのあいだに生まれた子供だ。唯一、ジョセフィーンだけがよく私のところに来てくれた。彼女と過ごす時間だけが私の生きがいだった。

ダニエルとの生活は悪化し続けた。あるとき彼は女の子を連れて帰り、私たちの家で彼女と寝た。性的な欲求は私の方では消え去っていたが、彼はそうではなかった。ときどき、私を殴ったあと彼はセックスを求め、それは暴力的なものとなった。ある晩、私は引き裂かれたナイトガウンを着たまま寝室から駆け出し、聖書をつかむとバスルームに閉じこもった。

「主よ、お導きください」。私は聖書を開けた。イザヤ書五四章のページが開いた。

　捨てられて苦悩する妻……苦しめられ、嵐にもてあそばれ、慰める者もない都よ。
　見よ、わたしはアンチモンを使ってあなたの石を積む。サファイアであなたの基を固め……

ドアがバタンと音を立てて開いた。ダニエルは開いているページを見て、声に出して読み、私の顔に向かって笑った。「これは不妊の女のために書かれたんだよ。神はお前に向けて書いてるんじゃないね！」

私は耳を貸さなかった。――アンチモンを使ってあなたの石を積む。サファイアであなたの基を固め――。それから一〇年間、私は繰り返しイザヤ書五四章を読んだ。それが私に約束された未来だと分かっていた。

セックスを断ったり避けたりすることはできなかった。だから私は救急病院に戻って、避妊薬を注射してくれるよう頼んだ。

「授乳中はダメですよ」と担当者は言った。「授乳が終わって、生理が始まったら来てください」。七月、私はまだ授乳しており生理もなかった。でも、突然大きな疲労を感じるようになり、毎日午後四時にはもう寝てしまいたくなった。これが何の兆候か分かった――また妊娠したのだ。

この頃、ジョセフィーンの夫は転勤になり、一家はオランダへ引っ越した。ジョセフィーンはリベリアをあきらめたと言った。地方では戦闘や虐殺が続いていたが、モンロビアは再度の停戦と暫定政府の下で静かだった。

「あなたもリベリアを出るべきよ」とジョセフィーンは言った。「この国では何もいいことが起こらないわ」

安らぎと慰めを与えてくれる人が去っていき、もう戻って来ない。空港に行ってジョセフィーンにさよならを言うことには耐えられず、私は家にいて何日間も泣いた。疲れ切っていて、本当に悲しかった。何かを考えるのは難しかった。二人の赤ちゃん。私は深い罠に落ちていた。

＊＊＊

あるとき夢を見た。夢のなかで、私は自分の家にいるのだが、そこはペインズビルでもオールドロードでもなく、私のアパートでもなかった。年老いた女性が、一七歳か一八歳くらいの女の子を連れてきた。豊かな長い髪をした女の子だった。

「あなたの娘さんよ」と老婆は言った。

私は悲しみに沈んだ。「もう子供は欲しくない」

「それは残念だね。だって、あなたの名前は、もうこの子の墓に刻まれているのだよ」

女の子は私を見て言った。

「あなたが私を連れて行ってくれないのなら、ほかの人が連れていくわ」

老婆は首を振った。「この人が連れていくよ。そうする以外ないんだ」

両親はまだ私とダニエルとの関係を認めていなかったが、ヌークと生まれてくる子供のために、オールドロードに移ってはどうかと言ってくれた。オールドロードには、以前からそこに住んでいる叔母と叔父、そして子供たちがいた。もちろん、「そうします」と答えた。

娘のアンバーは、一九九四年四月三〇日に生まれた。それから間もなくして、私は大虐殺後初めて、セントピーターズ教会に戻った。日曜の礼拝はまるでお葬式のように感じられた。教会が再建されるあいだ信徒団は何カ月もテントで祈りを捧げたが、それでも私は通路や祭壇の上に死体をイメージしないわけにはいかなかった。

共同墓地は教会の前と後ろにあり、その月、信徒団は記念碑を立てることを可決した。教会の後ろに埋められていた骨は掘り返されて前に移された。大きな白い星が二つの墓の印となった。私は徐々にその墓のそばを歩けるようになり、以前は思い浮かべたイメージを追い払えるようになった。

戦争はすべてに影響した。もし、何かひどいことが起こった場所に行ったとき毎回打ちのめされていたら、前には進めない。

この頃、ダニエルは職を失った。彼は昇進して大使館の調査局で働いており、ビザを申請する人が提出した情報を外部で裏付けるのが仕事だった。戦争の影響で誰もが出国するためのビザを欲しがっていたので、ダニエルは「見返りをくれるなら力を貸す」とほのめかした。それが見つかって解雇され、その後誰も彼を雇おうとしなかった。私はケーキやパンをつくって売り、少しお金を稼ごうとしたが、ダニエルは男が家族を養うべきだと考えており、そうできないことが常に彼を苛立たせた。

「聖書を読め！」彼は私を怒鳴った。

自分の親族、とくに家族の世話をしない者がいれば、その者は信仰を捨てたことになり、信者でない人にも劣っています……

［『聖書』テモテの手紙一　五章］

あらゆることがダニエルを怒らせ、あらゆることで叩かれた。毎朝起きる。子供たちをお風呂に入れる。パンを焼く。ダニエルと私はベッドとドレッサーを買い、家族四人で使っている寝室にカーテンをかけた。アンバーが白いベビーベッドで優しい音楽を聴けるよう、ラジオも買った。叔母はまるでアンバーが自分の子供であるかのように世話をしてくれ、ヌークは自分にはお母さんが二人いると言いだした。私は感謝し、神をもっと日々の生活に招き入れるようになった。

私はセントピーターズという両親の教会の世界に属していたくないと考え、新しい福音主義的な信徒団を選んだ。そこには、オールドロードのコミュニティから来た多くの女性たち、さまざまな苦しみと戦っている女性たちがいて、聖書を学ぶために集まった。その時間には対話をし、自分の経験を話すことができ、本当の安らぎを感じた。

ある意味で、ダニエルはよい父親だった。ヌークを肩車したり、彼がボール遊びをしているのを見るのが好きだった。ヌークがやることをすべて面白がった。アンバーに対しては常に忍耐強く、優しかった。だが私のことは毎日のように侮辱した。私のことを子供の頃から知っている人と一緒に住んでいただけに、それは辛いことだった。叔父とトランプをしたときにけ、ダニエルは自分が侮辱されたと思い、殴り合いのケンカになった。町にある部屋に行って、何日も帰って来ないことがあった。私にほとんど触りもしなかったのに、ときどきセックスをしたがった。私は無感覚になり、彼がしたいようにさせた。親戚が近くにいたので、少なくとも叩かれることはほとんどなくなった。

戦争が落ち着いてくると、普通の生活について考える時間ができた。アンバーが四カ月のとき、ユニセフと保健省とマザーパターン健康科学大学が主催するプログラムのことを知った。戦争で心に傷を負った人をカウンセリングする、ソーシャルワーカーを養成するプログラムだ。それまで、そんな仕事をしたいと思ったことはなかったが、家を抜け出す機会ができるので、私はこれに参加しようと奮闘した。何らかの組織から推薦される必要があったため、牧師に頼んで推薦状を書いてもらった。学費は、プライドを捨てて父に頼んだ。二人の助けを得て、私は入学することができた。

プログラムの最初は、マザーパターン大学での数カ月間の授業だった。この大学はファータが通っていたセントテレサ女子修道会の高校と同じ敷地内にある。授業では目から鱗が落ちるような発見があった。結婚と家庭生活のクラスでは、先生が家庭内暴力のサイクルについて話した。虐待的な関係では、最初にロマンチックな新婚時代があり、それが暴力の時期に続き、それに対する謝罪と償いがあって、また新婚時代のようになる。――私のことだ――と思った。――みんな私の人生について話している！――別のクラスではトラウマについて勉強した。また、ソーシャルワーカーになるためには〝転換のための訓練〟が必要だった。つまり他人を助けることを学ぶ前に、自分自身の問題に対処しなければならなかった。自分が置かれている状況がどれだけひどいか、初めて見えてきたのがここで、初めて気付いたのがここだった。

小さなところから反撃を始めた。〝転換のための訓練〟では、一日も欠席が認められず、休んだら最初からやり直さなければならなかった。アンバーが少し熱を出しており、ダニエルは私が家にいて面倒を見るべきだと言い張った。私はアンバーを叔母に託して学校に行った。その晩家に帰ると、ダニエルは私を殴った。でも、私は次の日も学校に行った。この頃には、目が覚めると目的意識があるのを感じるようになった。訓練生は少しお金をもらえるので、家計にも貢献できて気分がよかった。

次は現場実習だ。最初に派遣されたのは孤児院だったが、そこの子供たちの状態があまりにもひどく、私は何もできなかった。着いたのは朝食の時間だったが、子供たちが食べるおかゆを小麦粉で――小麦粉だけで！――つくっているのを見たのは初めてだった。責任者の女性は子供たちを叩き、子供たちはみな小さな骨ばった手足をしていて、お腹は膨れていた。ハエがそこらじゅうを飛んでいた。もちろん、戦争ではもっとひどい光景を見てきたが、私には子供がおり、子供の苦しみは他人事とは思えない。私は隅に座り、動かなかった。次の朝、大学に戻り報告を終えると、「あの場所は無理です」と指導官に言った。すると、今度はシエラレオネから来た難民のグループに派遣された。

その頃リベリアは比較的平和だったが、シエラレオネでは一九九一年以来内戦が激化していた。軍隊の元伍長で、リビアでチャールズ・テーラーと知り合ったフォディ・サンコーが、〈革命統一戦線〉という恐ろしい部隊を率いていた。その兵士は、村人の手や足、唇や耳を切り落とすことで有名だった。リベリア人が戦争のあいだ北側の国々に逃げていたのと同様に、シエラレオネの人々もリベリアに逃げてきた。リベリアも困難な状況だったが、当然私たちは彼らを助けた。たとえ貧しくて苦労していたとしても、必要に迫られて家を訪ねてきた人を叩き出したりはしないものだ。モンロビアにはシエラレオネからの女性難民が約五〇人いて難民センターに住んでいたが、私はそのうちの二〇人を担当することになった。

その女性たちは未完成の建物に住んでいた。内部は果てしなく暗く、開いたドアから太陽光が一筋差し込んでくるだけだった。三〇代から四〇代の女性たちは、雨を防ぐためにビニール袋を窓に詰め込んでいた。みなブラウスと古びて破れた〝ラッパ〟を着て、床に座っていた。彼女たちは地獄をくぐり抜けてきた。全員にレイプの経験があった。

私の公式な仕事は、彼女たちに性感染症やＨＩＶの予防について教えることだった。でも、もっとさまざまな点で助ける必要があることが伺えた。洋服、食料、窓をきちんと覆うビニール——私はレポートにその様子を書いた。〈ルーテル世界連盟〉には救援組織があり、その代表者に会えるよう同僚が手配してくれた。

「必要なものは繰り返し頼むのよ」と同僚は言った。「『ここにはない』と言われるだろうけど、本当はあるから。それに、彼は可愛い女の子に目がないの」

その代表者はトゥンデという名前だった。私より一四歳年上で、身長は一八〇センチ以上あり、体格のいい大きな男だった。予想通り、力は貸せないと言われた。三日間通い続け、ようやく四日目に必要なものをくれた。その後、彼は私をオフィスに招いてくれるようになり、やがて彼が私に会いに来るようになった。私は彼が好きで、その話し方や、私を家庭での孤独から解放してくれるところが好きだった。トゥンデは結婚していて子供が二人おり、恋人もいたので、その結果複雑な状況が続いていた。

「なぜ私の妻は幸せを感じられないのだろう」と彼は微笑んで私に聞いた。「リーマ、教えてくれ。女性が何を求めているのか」

彼ははっきりと私に興味があると言ったが、私にはすでに夫がいて、二人の男性と関係を持つのは主義に反すると言うと、私たちは友だちになった。ときどき、トゥンデはヌークにちょっとしたプレゼントを持ってきてくれた。とても冷静で忍耐力があり、思いやりのある人だったので、私も恐れずに正直になった。

ある日私は捻挫した腕を抱えて、トゥンデの下を訪れた。「どうしたんだい？」と彼は尋ねた。私は深く息を吸い込んだ。「ダニエルとケンカしたの」。彼にだけは、家庭での暴力について話した。

「どうして別れないんだ？」トゥンデは聞いた。

「そんなに簡単じゃないのよ。父親のいない子供を育てたくないし」と私は答えた。

「じゃあ、子供に父親を持たせるためだけに、自分は死んでもいいのかい？」

「そこまではひどくないわ」。私は慌てて言った。

そこまではひどくない。ダニエルは私の手をきつく握り過ぎただけで、それで指輪でケガをしてしまったのだ。彼は片手で顔を平手打ちしただけだ。ときどきはベルトも使ったが。

私はシエラレオネの女性たちとの活動を続けた。そのあいだに、私は彼女たちの人生について尋ね、彼女たちも私の人生について尋ねた。言わなくても、私の苦しみは伝わっていたようだ。

「レイプされたことがあるんですか？」何人かが私にストレートに尋ねた。私が「いいえ」と答えると、彼女たちは首を振った。「じゃあ、どうしてそんなに怒っているの？」

反対に私は、彼女たちが怒りや苦しみを持っていないことを理解できなかった。みんな笑っていた。希望を持っていた。夜になって家に帰ると、私は考えた。――いったいどういう人たちなの？どうしてまだ人生に意欲を持てるの？――全員がシエラレオネに帰ることを夢見ていた。ある女性は、地元の子供たちに歌やダンスを教えるつもりだと話し、顔じゅうに本当に穏やかな微笑みを浮かべていた。その人には乳房が一つしかなかった。戦闘のなか家から逃げ出し、反政府勢力の検問所で止められた。検問所にいた一人が、彼女が赤ちゃんに授乳しているのを見て、なぜか気に障ったようだ。その男は「こっちへ来い」と身振りで示し、赤ん坊をどかして乳房を切り落とした。

「どうして戻りたいと思えるの？」私は彼女に聞いた。彼女は私の頭がおかしいのではという顔をして、私を見た。

「ほかに何をすべきなの？　奴らを勝たせておくの？」

その言葉は私のなかに深く突き刺さり、突然、教会でうたった歌を思い出した。

祝福を数えよう。一つひとつ並べてみよう。
神がしてくださったことに、きっと驚くから。

この女性たちに比べれば、私はずっと恵まれていた。たしかに虐待されてはいたが、私には健康な子供が二人いて、温かなベッドと、頭上には屋根があった。それが分かったことで、痛みも無限ではなくなった。

しかし、このときは気付かなかった学びがもう一つあった。日々、私は自分の人生に耐え、生き延びていた。それだけで精一杯だったし、それ以外のことは思いつかなかった。でもこの女性は、自分に起きた悲劇は自分だけのものではないことを知っていた。国家的、かつ政治的なものなのだ。彼女の言葉を忘れたことはなかったが、その意味を長いあいだ理解していなかった。

シエラレオネの女性たちとの仕事で、私は将来ソーシャルワークで生きていけるかもしれないと考えるようになった。参加した三カ月のプログラムは、文学準学士の学位を取得できる長期のプログラムにつながるものだった。人生を新たな方向へ向けられる可能性を感じた。この間ダニエルは、独立を強めていく私を敬遠するような素振りを示した。彼は何日間も、ときには何週間もいなくなった。互いにほとんどかかわり合うこともなかった。私が強くなればなるほど、彼は身を引いていった。私は二人の関係を終わらせられるかもしれないと考えるようになった。もっとトレーニングを受けて、仕事を見つける。お金を稼ぐ。子供たちを連れて家を出る。

二つの事件さえなければ、このすべてが実現できたかもしれない。一つ目の事件は、ある晩ダニエルが遅く帰って来たときに起こった。私たちは大ゲンカをした。長いあいだ彼は私に触らなかったので、私は避妊について考えてもいなかった。でもケンカが終わると、彼はセックスを求めた。彼は私が「イヤだ」というのを聞かず、無理やりしたいことをした。一カ月も経たないうちに、私の体に妊娠の兆候が現れた。

人生を変えられる可能性は、足元で崩れた。――私には子供が二人いる。もう一人増えたらやっていけない――。自分の個人的な悪夢に加えて、もう一つ悪夢が重なった。こちらは国全体のものだった。

＊　＊　＊

その数カ月前、一九九五年の夏に、チャールズ・テーラーのNPFLとそれ以外の敵対勢力が、また和平条約に署名した。この内戦で一三回目の和平条約だ。この条約では、七つの異なる勢力が権力を分け合う国策会議を設けることが定められた。テーラーが真っ白な服を着てモンロビアに現れたときには、群衆は本当の平和が訪れることを願って歓迎した。だが、今回もそれまでと同じだった。新政府はもっと細かな勢力にすぐに分裂し、それぞれの勢力がお金儲けに利用できる政治権力をつかもうとした。テーラーやルーズベルト・ジョンソン、アルハジ・クロマーら、おもな勢力のリーダーは、自分の軍隊をモンロビアに配置していた（アルバート・カーフェは殺されていた）。

一九九六年の春には、政党どうしがラジオで言い争い、通りは若い男であふれるようになった。いとこが何人か、ルーズベルト・ジョンソンの部隊で戦わないかと誘われた。紛争の兆候が見えていた。このときも、見て見ぬ振りをしていた人たちがいた。また、私のように対処するエネルギーを単純に持ち合わせていない人も多かった。戦争から逃げたら、難民キャンプという監獄にいる何万人ものなかの一人となる。家に戻ったら何も残っておらず、必死に立て直したとしても、また逃げなければならなくなって全部を失う。両親がジョセフィーンのアパートにいたとき、両親の家はまた略奪に遭った。

人々の声からは疲労が感じられた。「私はギニアに行った。シエラレオネとガーナにも行った。これ以上は逃げられない。もう疲れてしまった」

四月五日、ダニエルは二週間家を留守にしたあと帰って来た。その翌日は彼の誕生日だった。六日の朝、テーラーとクロマーに率いられた部隊がルーズベルト・ジョンソンを捕えようとし、これに対してジョンソンは兵を集めて応戦した。オールドロードの家で、私たちはロケットの音と銃声で目を覚ました。パンパンパン！　ボン！　ボン！　弾丸が家に当たった。

「アンバー！　ヌーク！　伏せて！」私は恐怖で気分が悪くなった。これまでにも戦闘をくぐり抜けてきたが、妊娠五カ月で幼い子供二人を抱えたときではなかった。

「ほら！　押して！」ダニエルがマットレスをつかみ、二人でドアに押し当てた。それから、弾丸が飛んで来ない部屋の隅に全員で逃げ込んだ。叔母はすでに荷づくりをしていた。外では人々が叫び、逃げまどっていた。ボン！　パンパンパン！　甥や姪はとても静かにしていたが、二歳のアンバーは銃声がするたびに目をギュッとつぶり悲鳴を上げた。

ボン！　ボン！　昼には叔父が、逃げたほうがいいだろうと言った。ペインズビルのほうが安全なはずだ。


　考えたり計画したりする時間はなく、道路を避ける必要があるから車には乗れなかった。身軽に行かなければ。いとこが子供たちにプレゼントを送ってくれたばかりだったが、麦わらの袋に入った子供の薬以外は何も持たなかった。ヌークが寝るときに愛用していた枕さえも置いていった。両親の家に向かって出発したときには、私はまだナイトガウンを着てスリッパを履いていた。突然自分の家に及んでくる戦闘から逃げること、多数の弾丸が飛び交うなかを恐怖に怯えながら走ること、リベリア人はこれを〝大脱出《エクソダス》〟と呼ぶようになっていた。

　高速道路に向かう道を下り、サミュエル・Ｋ・ドウ通りに入った。大統領が建設した、高速道路と並行して走る新しい道だ。道と川が交差するところで、若い兵士が川のそばにかがんでいた。制服を着ていないから、ＮＰＦＬの兵士だ。全身が血で覆われていて、血に染まった大きなナイフを洗っていた。私たちはまっすぐ前を見てただ歩き続けた。日差しと蒸し暑さのなか、七時間の道のりだった。中間地点まで来た時点で、私は疲れ切って深い絶望におそわれていた。私を置いて先に行って。両親には私が途中で死んだとだけ伝えて欲しいと、家族に言った。

だが、私たちはたどり着いた。今回もそこにはみんながいた。ダニエルと私と子供たちのほか、ファータ、ジェニーバ、ジェニーバの子供、マーラの二人の子供、行き場を失った十数人の親戚。一九九〇年とまったく同じように、全員が混雑した家のなかにいた。みんなピリピリしていた。両親は毎日、ダニエルについて否定的なことを言った。食料は乏しかった。

「ママ」、ある朝ヌークが言った。「とってもお腹が空いたよ。今日の朝ごはんはドーナツを一つ食べたいよ」

私は息子を見た。暑い日で、汗が体から流れおちていた。すぐに、私は怒りと苦しみでいっぱいになった。

「ヌーク」、私は優しく言った。「あげられるドーナツがないのよ」

「分かってるよ」と、ヌークはあきらめたように言い、私は胸が張り裂けそうになった。「でも、ドーナツが一つ食べられたらなと思ったんだ」

六年間、あれだけの苦しみを受けたのに、何も変わっていない！　私のソーシャルワークの修了証書は役に立たない。残してきた家はきっと略奪されている。子供たちは、人生の半分をお腹を空かせて、怯えながら生きている。町は再び燃え、狂乱が広がっているだろう。「逃げろ！　逃げろ！」としか、言える言葉がない。

ダニエルの両親は彼が子供のときに離婚し、彼は父親に育てられた。父親はダニエルをガーナからアメリカに連れていき、ダニエルは二〇代はじめの頃にアフリカに戻って来た。アメリカで〝問題〟があったためだというが、その〝問題〟が何を意味するのか私は知らない。私と出会う前に、ダニエルは母親と再び連絡をとるようになった。母親はまだアクラに住んでおり、アクラに行けば母親のところで暮らせるとダニエルは言った。いまになって思えば、このときも選択を行うチャンスだった。ダニエルを一人で行かせて、彼から永遠に遠ざかるのだ。戦闘が収まったら最初からやり直す。ただ最善を尽くす。でもこのときは、そのどれもが不可能に思えた。私はまだ、子供たちには父親が必要だと信じていた。それに、自分ひとりで子供たちの面倒を見る自信がまったくなかった。どこに住めばいい？　両親と？　二人の目には、軽蔑の色が浮かんでいるように思った。

ダニエルのいとこが車で迎えに来てくれて、ブッシュロッド島まで行った。いとこの家で二日間過ごし、フリーポートに向かって出発した。フリーポートからブドゥブラムに旅立つのだ。何千人もが同じことを考えていたようで、大通り沿いの空いた倉庫は、脱出を望んで待っている家族でいっぱいだった。船着場に通じる門は平和維持軍の兵士が守っており、門が一つ開くたび、そこに人々が殺到した。ダニエルがヌークの手をしっかりと握り、アンバーを肩に載せて門を通り抜け、私たちは事務所へ向かった。そこで、ジェニーバとその義理の姉たちに出くわした。ジェニーバの義姉の夫は有名な牧師で、彼のコネで私たちは事務所に二日間いることができ、そのあいだにダニエルが乗船券を探した。彼が券を手に戻って来たとき――それをどうやって手に入れたかは聞かなかったが――私はジェニーバにさよならを言った。彼女と義理の姉たちが乗る船はナイジェリアに向かった。そのあと二年以上、ジェニーバに会うことはなかった。

第5章　見知らぬ土地で

私たちが乗った船は、バルクチャレンジ号というとても古いナイジェリアの貨物船だった。あまりにも必死だったので、船がとれだけ悲惨な状態か気付く余裕もなかった。乗船時間になると、再び群衆が前へ押し寄せ、船の横に下がった縄ばしごにつかまり、互いの肩を踏みあいながら上っていった。私は妊娠してお腹が大きかったので、急なはしごをデッキまで上ることができず、ダニエルと子供たちからどんどん遅れ始めた。船が動き始めると私はパニックになり、「子供たち！」と叫んだ。数人の男性が私を引っ張り上げ、押してくれて、船に乗ることができた。出港するなか、まだ船着場では大勢が大声を上げ、争っていた。

船には数千人が乗っていた。デッキや貨物室や通路には人がひしめき合い、横になる場所もなかった。子供たちと私は屋外に場所を見つけた。私たちの後ろには目の見えないミュージシャンがいて、ゴスペルを歌っていた。

イエス様に頼ればいい。イエス様は私の友だち、私の導き……。
イエス様に頼ればいい。イエス様を信じればきっと……。

近くには、子供を三人連れたガーナ人の女性がいた。彼女は魚と〝ケケ〟と呼ばれるトウモロコシの粉を練って乾燥させたものを持っており、子供たちに分けてくれた。私はお腹が空いていなかった。夜になると、大きな泣き声が聞こえた。ガーナ人の女性が見に行き、若い女性と二人の幼い子供を連れて戻ってきた。これだけ混雑しているのに、若い女性の夫はセックスを求めたという。彼女が「イヤだ」と言うと、夫は殴った。

二日間が過ぎた。心を閉ざして、何も考えないようにしていなければ、頭が変になってしまいそうな時間だった。船にはトイレが一つしかなかったので、男は船の外に向かって放尿し、女はビンを使って海に捨てた。ほぼ全員が船酔いで、誰もが嘔吐と糞尿の臭いがした。人々は衰弱して立ち上がることもできず、自分の体の上に吐いたり漏らしたりし、子供たちもお漏らしをしていた。叫び声が聞こえたのは、コートジボワールの沖合だった。「水が入って来るぞ！　船が沈む！」ダニエルは階下に急ぎ、水をかい出している人たちを手伝った。私には奇妙な静寂が訪れていた。どういうわけか、私と子供たちが生き延びることは分かっていた。たとえ、そのために他人の死体を踏みつけなければならないとしても。

コートジボワールのサンペドロ港に二日間停泊し、そこで緊急修理を行った。ここで下船した人もいた。そのなかの二人は、ソーシャルワークの学校の同級生で、一緒に下りようと誘われた。でも、コートジボワールでは行くあてがなかった。船は再び海に出て、ガーナのタコラディ港に着いた。だが、ガーナ政府はこれ以上難民を受け入れられないと言い、乗船者の上陸を認めなかった。

再び海に出た。もう一週間も船に乗っていて、空腹で、汚れていて、気分が悪かった。ヌークは嘔吐し下痢もしていて、アンバーとヌークは二人とも熱を出していた。私たちは屋内の廊下のドアのそばに、新たな居場所を見つけた。そのドアが船長のキャビンに通じているとは知らなかった。船長が通りかかり、立ち止まってヌークの額に手を当てた。「この子は病気じゃないか。中に入りなさい」。船長の恋人が子供たちの体を洗うのを手伝ってくれ、子供たちに食べ物をくれた。私たちは生き延びた。

行くあてのないバルクチャレンジ号のニュースは、世界中の新聞で取り上げられた。国際的な非難の声が高まると、ようやく船はタコラディに接岸することを許可された。私は肺炎を起こしていて、二日間難民キャンプで過ごした。妊婦と子供には個室が与えられたので、子供たちは夜は私と眠り、昼間はダニエルが来て面倒を見た。私が出発できる程度に回復すると、新しい家へと向かうバスに乗り込んだ。

「私はクリスチャンで哀れみ深いから、あんたをこの家に置いてやる。だけど、あんたたちの関係は罪だからね」。初めて会った日、ダニエルのお母さんは私にこう言った。お母さんは六〇代で、胸が大きく、白髪混じりの長い髪をしていた。「この男は結婚して、奥さんを捨てたんだ。あんたは二人子供がいて、お腹にも子供がいるね。あんたは神の意思に反しているよ」

――あんた――。あの家に住んでいたとき、ダニエルのお母さんはわたしのことをそう呼んだ。私の名前を口にしたことは一度もなかった。

その家はアクラのヌンガ地区の沿岸部にあり、市の中心部から南西に二四キロほどのところにあった。スラムではなかったが、混雑し、荒廃した町だった。未舗装の道には、掘立小屋や、ドアがはずれて玄関のポーチが崩れた家が並ぶ。家賃が安かったので、お金がないガーナ人が住み、リベリアからの難民も近くに大勢いた。電気は流れてきては止まり、水道は常に止まっていた。住人はコンクリートのタンクを造り、一〇〇〇セディ（約五〇セント）払って給水車に水を満たしてもらっていた。ダニエルのお母さんの家は、その地区ではもっともよい家の一つで、セメント造りで、大きく、きれいだった。アメリカにいた親戚が、その費用を払っていたのだ。長い廊下の横には寝室が並んでいて、洗面所と独立したトイレ、台所があった。お母さんのほかに、ダニエルの三人のお姉さんと弟、義理の妹が一緒に住んでいた。

住む家ができたのは非常に有難かった。ジョセフィーンがお金を送ってくれたので、ダニエルと私はマットレスを買い、カーテンや床に敷くリノリウム、食器類も買った。でも、その家の冷たい雰囲気とよそよそしさは衝撃的だった。私の家や、たいていのリベリアの家では何もかもを分け合っていた。とくに家族のあいだでは、お金がない人がいれば面倒を見た。お腹を空かせた子供にクッキーを一枚あげたら、その子はそれを細かく分けて、いとこたちに分けるのだ。でも、この家では各自が自分のカップ、フォーク、スプーンを持つ。子供たちの体を洗うため入浴用のバケツを使ったら、こう言われた。「もう二度と使わないで――これは私のもので、他人には使わせない」

それぞれの家族がそれぞれに食事をつくった。ときおり、ダニエルの弟の奥さんが子供たちに食べ物を分けてくれたが、たいていの日は分けてくれなかった。子供たちがお腹を空かせているときは、台所から遠ざけるようにした。アフリカでは、食べ物を乞うような躾のできていない真似を子供にさせるのは、とても恥ずかしいことと考えられているからだ。台所には木のテーブルがあったが、それはおもに義理の姉やその娘たちが使っていた。私は料理をすると自分たちの部屋へ運び、みんなで床に座って食べた。

——ちょっと、あんた——。最初の数カ月、私の疲労は限度を超えており、体調がよくならなかった。妊娠は続いていたのに、体重は減っていた。しょっちゅうマラリアの発作に襲われた。私を診察していたタコラディの診療所はアクラの医師への紹介状を書いてくれ、その先生は私の貧血がひどいので輸血が必要だと言った。ダニエルに頼んだが断られ、それを先生に話したとき私は泣いた。

「いま何歳?」と先生は尋ねた。私があまりに痩せていたので、一〇代だと思っていたようだ。私は二六歳だと答えた。「学校はどこまで行ったの?」これまであったことを話すと、先生は首を振り、無料で必要な薬をくれると言った。「普通はこんなことはしないんだがね。だが、あなたが賢いことは分かるよ。その男と別れて、自分の人生を生きなさい」

私はその言葉を受け入れられる段階にはなかった。

ダニエルは私がベッドで休んでいるのを見つけると「本当の問題は、お前が怠け者だってことだ」

と言った。

――ちょっと、あんた――。ダニエルの家族が、私をクズ同然と思っていることは明らかだった。私はガーナに下着二組と、教会に着ていける緑のドレスを持ってきていた。みんなが着飾って外出するときは、いつも私の目の前にやって来て見せびらかす。ダニエルのお母さんは私がダニエルにまじないをかけ、彼をだまして、本当は彼のではない子供の責任をとらせようとしていると信じていた。ひどかったのは、ダニエルまでがそんなお母さんと似たような考えを持っていたことだ。「俺が何週間も留守にしていたのに、一晩だけセックスをしたら妊娠したって？」私が妊娠を告げたとき、ダニエルはこう言った。「なんて都合がいいんだ。お前の上司に報告したらどうだ？」

一七歳の頃の私だったら、こんな扱いには決して我慢しなかっただろう。自信や強さがどうやって消えていくのか、どうすれば説明できるだろうか。戦争が問題なのではなく、家庭内暴力がからんだ関係のなかで生じたことだった。こうした仕組みをソーシャルワークの授業で知っていたのに、自分を助けることはできなかった。戦争は私の家や家族や将来、私の基盤のすべてを奪い去って、信念をも持ち去った。信念があれは、逃げ道を探せたかもしれないのに。私は見知らぬ場所で一人ぼっちで、無力で、自分はここにとどまる運命にあり、暴力的な関係のなかで苦しみ、大勢の子どもを持つ定めなのだと感じていた。その年最悪の暴風雨が吹き荒れた日、私は病院からバスを二つ乗り継いで家路をたどっていた。あまりにも痩せていたので、文字通り歩道に吹き飛ばされた。家に帰ったときは泥だらけで、震えながらバスルームに駆け込んで、泣いた。

私の三人目の子供、アーサーは、一九九六年六月二三日に生まれた。予定日より二カ月早かった。アーサーは世界で一番小さいのではないかと思うくらい小さく、体重は一キロあまりしかなかった。白人の赤ちゃんのように、柔らかくまっすぐな髪をしていた。彼は絶え間なく泣いて乳を飲み、小さな口はエサを欲しがる小鳥の雛のようにいつも開いていた。私はアーサーを〝バーディー（小鳥ちゃん）〟と呼んだ。

ダニエルが私を車で病院まで連れてきて、分娩室の外で待っていると言った。でも、出産後、彼の姿はどこにもなかった。保育器などの特別な処置をするためには、追加料金を支払わなければならないと看護師に言われたが、私はお金を持っていなかった。ダニエルも私も、携帯電話を持てるほどのお金はなく、お母さんの家には固定電話すらなかった。ダニエルを探す方法はなかった。家に帰りたかったが、恥ずべきことにアフリカでは、患者が支払いを済ませるまでは病院に留め置いて、帰さない病院が多いのだ。

私は毛布を与えられ、廊下で待つように言われた。しばらくは立っていたが、やがて床に座った。夜が来た。寒かった。アーサーのためのものは何もなく、オムツすらなかった。彼の小さな体が震えているのを感じ、〝ラッパ〟で包んで、私の肌にくっつけてしっかりと抱いた。

その廊下には一週間いた。ダニエルは一度やってきて、お金を集めているところだと言って、また消えた。私にはまだ痛みがあり、出産時の出血も止まらず、ずっと寒がっているように見えるアーサーが心配だった。何よりも、屈辱的だった――とても信じられないほど堕ちてしまった。美しく頭のいいボウイー家の娘、前途有望な生徒、すべてにおいて正しかった女の子が、公衆の面前で汚れたナイトガウンを着て体を横たえている。通りかかる人たちは、私が乞食であるかのように、コインやパンを投げてよこした。

とうとう、個室に入院していた女性が私を招き入れてくれ、オムツや清潔な毛布を与えてくれた。私は涙が止まらなかった。

「黙りなさい」と彼女は言った。「泣いちゃダメ。あきらめたらダメ。あなたには何もないかもしれないけど、読み書きはできる。自分の子供たちを教育することはできるわ」

次の日、前に薬をくれた先生がやって来て、病院の費用を払ってくれた。

こうした親切な行為……。以前、私たち姉妹は母に、「お母さんって溶けちゃうよね」と言った。リベリアで〝溶ける（melt）〟とは、「みんなにお節介を焼く」という意味だ。近所の人が苦しんでいれば、母はいつも手を貸した。親戚を亡くした人がいれば、葬式の費用にと誰よりも先に寄付をした。私より一歳年下のいとこ、スモールモーゼは病気を抱えて生まれてきた。彼が百日咳にかかると、彼の母親は面倒を見られないと言ったので、私の母が預かった。まだ小さかった私の世話をしながら、母とおばあちゃんは彼を回復させた。私がヌークを妊娠していたとき仮性陣痛で母と病院に行くと、貧しい若い女性が泣いているのを見て、母はその人の代わりに診療費を払った。私たち姉妹はいつも言われたものだ。まったく考えてもいないときに、あなたたちの両親のすべてのよい行いが、あなたたちに返ってくると。その通りだった。船で出会った船長と恋人、個室に入れてくれた女性、お金を払ってくれた先生。人生は巡るという、「（聖書の）伝道の書」の意味を理解した。そして、こうした瞬間が私にわずかな希望を与えてくれたのだった。

私はか弱い赤ちゃんを連れて家に帰った。母乳を飲むときアーサーは息をするのも苦しそうだったが、何とか持ちこたえた。ベビーベッドを買うお金がなかったので、段ボール箱に寝かせた。

これで私たち四人が、ダニエルのお母さんの家に身を寄せることになった。私は子供たちと家にいて、歌をうたったり、本を読んで聞かせたりした。子供たちが私の世界だった。私は妊娠を望んでいなかったが、それが産んだ子供を愛さないということにはならない。子供たちが私に与えてくれるもの、子供たちに対する思いがあったから、私は毎朝日を覚ました。ヌークは私をとても楽しませてくれた。ヌークは近所に遊びに出かけ、いつも笑ってしまうような話を持って帰って来る。日曜日には、地元のルター派の教会に行った。信徒団にはほかにもリベリア人がいて、ヌークは帰ってから牧師さんの真似をして遊ぶのだった。

「イエス様はおっしゃられた。すべてがうまくいくと、あなた方に伝えなさいと！」

「アーメン、ヌーク！」と私は叫ぶ。

「ひざまずきなさい。あなた方のために祈りを捧げましょう。イエス様、ママをありがとうございます。ママに悪いことをする人には、イエス様が罰を与えます！」

私たちは笑いに笑った。夜には、子供たちの小さな体にはさまれて眠り、子供たちを数えて、全員が無事そこにいることを確かめた。でもヌークとアンバーはときどき質問をして、彼らが辛い思いをしていることを私に思い出させるのだった。

「ここはどこなの？」アンバーは尋ねた。「おばあちゃんはどこ？　ここのおばあちゃんじゃなくて！　私のもう一人のおばあちゃんはどこ？」

ダニエルにはまだ決まった仕事がなかったが、毎日何時間も外出した。ジョセフィーンはオランダからフランスに引っ越し、つらい離婚の最中だったので、私たちを援助できなくなった。私たちはいつもお金がなく、調理用のガスを買うことができずに、まるで森にいるかのように木炭を使った。子供たちが食べるものがないときもあった。何とかやっていけたのは、私がアンバーにしてやったブレイズ［細い三つ編みを何本もつくる髪型］を教会で見て、近所のお母さんたちが、一ドルで自分の娘にブレイズをして欲しいと頼みに来たからだ。その一ドルを持って近所の店に行き、朝食を買った。子供たちの服を洗濯し、もう一人ブレイズをしてお米を買いに行った。ときには、ほんの少ししか買えなくて、ダニエルと子供たちの分しかないこともあった。私はなべの底に残ったかけらを食べた。

苛立ちと貧困から、ダニエルはまた私を叩くようになった。ある日の午後、ある女性がブレイズを頼みに来た。彼女の髪はとても長く、何時間もかかった。夕暮れにいったん中断し、アンバーの体を洗って、子供たち三人に食事をさせて寝かせ、その後ようやくブレイズをやり終えた。彼女は五ドル払ってくれた。一週間分の食料を買える金額だ。だが、その頃には暗くなっていて、彼女は道を詳しく知らなかったので、私は大通りまで案内した。戻ると、ダニエルが入口で泣いているアンバーを抱っこしていた。

「どうしたの？」

「このクソ野郎、分からないのか！」彼の顔は怒りで歪んでいた。「俺の娘を置いて、散歩に行ってたのか？」ダニエルは私の顔をきつく叩いた。私ができたのは、バスルームに駆け込んで泣くことだけだった。

クソ野郎、汚いクソ野郎、怠け女、嘘つき、淫売女。暴力がないときでも、こんな言葉が浴びせられた。

「何も覚えないんだな。お前の頭は岩みたいに硬くて、何も入って行かないんだ」

「お前はバカな女で、頭が腐ってる」

バカ、バカ、バカ。ダニエルがしょっちゅう言うので、子供たちもその言葉を覚えた。

「私もお腹が空いたわ」。ある晩ダニエルがアンバーと米を食べているとき、私は言った。

「少しやるよ」と彼は言った。

するとアンバーはこう言った。「パパ、やめて！　あげないで！　ママはバカな女なんだから」

耐えられないときには、通りを渡って、果物を売っている若い女性とヤシの木の下に一緒に座った。あるいは、寝室にうずくまって聖書を開いてイザヤ書を読んだ。

わたしはアンチモンを使ってあなたの石を積む。サファイアであなたの基を固め……

神に尋ね、請うた。「どこにいらっしゃるのですか？　約束はどうなったのですか？」私は少しお金を稼ぎ、家族に食べさせる食料を買い、ほかに何ができるかを考えもせずに、日々を乗り切ろうとしていた。

「ママ、なんで僕たちはここにいるの？」ヌークが尋ねる。「いつおうちに帰るの？　ママ、どうして泣いているの？」

ある日、本当にわずかなお米しかなく、家族が食べ終えたあと私が食べる分はなかった。お皿を洗っていると、義理の姉の一人が入って来た。お客さんが来ていたので、彼女はヤマイモをゆで始めた。私はまだアーサーに授乳しており、とても空腹で気を失いそうなほどだった。彼女は私を無視した。私は彼女がヤマイモを大きな器に入れるのを眺め、そこから上がって来る湯気の臭いをかいだ。彼女は部屋に消え、その友人たちが笑いながら食事をし、スプーンをカチャカチャいわせているのを私は聞いていた。口は唾液でいっぱいになり、胃は小さな固まりとなって痛んだ。義理の姉はドアを開けて出てきて、食べ終えた器を流しの横に置いて部屋に戻った。私は器へと急ぎ、その上にかぶさるようにして、残っているものをガツガツと食べた。そして、器を洗い台所を隅々まできれいにして、残り物を食べてしまうほど落ちぶれていることを気付かれないようにした。

このときの恥ずかしさはとても深く、何年間も誰にも話さなかった。ブドゥブラムで過ごしていたときのほうが、まだましだった。少なくとも、私には家族がいた。いまでは家族は散り散りだ。父と母はリベリアに、ジェニーバはナイジェリアに、マーラはスウェーデンに、ジョセフィーンはフランスにいた。そして私は、人生が再開するのを待っているような感じがした。人生は動いていた。でも、行き先が定まらない列車のように、前方に道は見えなかった。

抑うつとは奇妙なものだ。あまりにも無力で疲れ果てていると、自分の状況がどんなに悪くても、そのなかに沈みこんでこう考える。――動き出すのは難しい。ここに留まっていよう――。

私はどんどん自分の世界に入っていった。いま思えば、まるで麻薬でもやっていたかのようだった。何も変えられなかったので、私は夢を描き、そのなかで違う人生を歩んでいた。ダニエルは愛情深く、思いやりがあって優しく、私が何を必要としているか気にしている。よい仕事に就いているので、苦しみは終わっている。自分たちの家に住んでいる。ダニエルは忍耐強く、子供たちに優しい――。私は現実を見ようとしていなかった。だから、子供たちも守っていなかった。

ダニエルの家族はアンバーが好きだった。アンバーが義理の姉の一人に似ていると言っていた。二人はともに性格がのんびりしており、物静かでまじめだった。ヌークはまた違うタイプだ。活動的で元気がよく、頑固で、彼なりにタフだった。近所の人は笑って、彼のことを〝チャールズ・テーラー〟と呼んだ。ヌークが言うことをきかないので、ダニエルは怒った。「やめろ！　座れ！　うるさいぞ！」とヌークに怒鳴り、私には「何とかしろよ。ちっとも言うことをきかないじゃないか」と言った。一家には、近い親戚にゲイがいるという秘密があった。だから、ヌークが男性に抱き着いているのを見ると、ダニエルはヌークをつかんで激しく揺さぶり、「そんなことするな」と怒鳴った。ダニエルのお母さんは、ヌークのなかには悪魔がいるから、教会に連れて行って悪魔払いをするべきだとまで言った。

ある日の午後、義理の姉の一人が、ヌークがまた食べ物を欲しがった――彼女が食べるのを羨ましそうに見ていた――と文句を言った。私は自分をコントロールできなくなり、ヌークを叩いた。ヌークが顔を腕で防ぎながら、床の上にうずくまるまで叩いた。彼は泣き始めた。「ママはあの人たちの言うことを信じて、僕が何もしていないのに殺そうとしているよ！」

私は崩れ落ち、ヌークと一緒に泣いた。それ以来、一度も子供に手を上げていない。

家からの便りはほとんどなかったが、一九九七年の春、マーラがスウェーデンから両親に手紙を書き、マーラの子供たちがビザを取ってスウェーデンに来られるまで、リベリアから出国させて、私の下に置いて欲しいと頼んだ。母が二人をガーナまで連れてきた。「すごくお腹が空いているんだ」とささやきながら食事をする様子から、二人がどんな悪夢をくぐり抜けてきたかが伺えた。

母はほとんど何も言わなかった。「みんな、それぞれに大変な経験をしているわ。あなたの場合はこれなのね」と帰る前に言った。

その後すぐに、ダニエルは家族と大ゲンカをし、私たちは彼の友人が持っている未完成の家に引っ越した。三カ月間その友人と一緒に暮らし、ダニエルはお母さんと和解した。ダニエルは近所のある女性と大っぴらに関係を持っていた。私はダニエルと一緒の生活ではどんな夢も描けないと気付き始め、子供たちには彼が必要だという信念も保てなくなってきた。そうなると、〝独立〟に関する夢を描くようになった。ヌークとアンバーが通う学校の先生が、私がソーシャルワークの修了証を取得していることを知った。先生は子供の発達について私に話をして、「私のところで働いたら」と言ってくれた。その仕事に就いて、寝室が二つある家にダニエル抜きで暮らすことを想像した。私は学校に戻り、リベリアに戻り、数カ月したらガーナに戻って成功を手にするのだ。

「私はお金持ちになるわ」と未完成の家を持つ友人に言うと、彼は笑った。

マーラの子供たちは、スウェーデンに移民する許可を得た。二人がいなくなって、とても寂しくなった。そして突然、すべてが終わった。数日のうちに、私は子供たちと自分の荷物をまとめた。私たちが家を出たとき、ダニエルは留守だった。さよならも言わなかった。

第6章　一瞬の平和

ペインズビルにバスで戻るまで、一週間以上かかった。私が一セントも持っていなかったので、バスの運転手は後払いで乗せてくれた。ガタガタと揺られながら、ガーナ、コートジボワールを抜け、リベリアの農村部に入った。ヌークはサルのように握り棒にぶら下がったままだ。リベリアに戻ることを両親には伝えておらず、到着したら何が起こるだろうと思うと恐ろしく、気分が悪かった。通過した村々では男も女もラジオの周りに集まって、イギリスのダイアナ妃が亡くなったニュースを聞いていた。ダイアナ妃は、リベリアの状況を心配してくれる数少ないヨーロッパ人の一人だった。

そして私は家に戻って来た。先のことはほとんど見えないまま、両親の情けの下に身を投げ出した。私は二六歳で一文無し。まだ手のかかる三人の幼い子供を育てている。子供は間もなく四人になる予定だった。未完成の家のマットレスの上で過ごした悲しい一夜……。旅立つ前に薄々感じていたことがはっきりした。また妊娠していたのだ。

リベリアの誰もが、それまでの二年間のことを話したがらなかった。それほどまでに悲惨だったのだ。一九九六年終盤に、各派はまた別の和平条約に調印した。だが、その頃には国は壊滅状態だった。国の経済を支えていた船籍登録サービス、材木、ゴム、鉄鉱、ダイヤモンド鉱山などの産業は消えていた。電気や水道はなく、道路は通行できず、学校や病院は閉鎖されていた。すでに壊れている信号を支えていたポールさえもねじ曲がっていた。兵士は面白半分に、立っているものには何でも銃を向けたのだ。

アメリカとナイジェリアを除くすべての国の大使館が閉鎖され、全人口の八〇%以上が貧困ライン以下で生活していた。モンロビアは安全を求めてやって来た人たちではち切れそうだった。人々は爆破されて銃弾のささった建物や、道路わき、町の中心部の店舗の裏側など、少しでも空いている土地があればそこに住みついた。オールドロードのような以前は安定していた地域も、防水シートや段ボールやブリキでつくられた、スラムのような家であふれていた。救援物資が届かない町や村では、男も女も子供も木のてっぺんを切って食べられる葉を探し、やがて飢え死にするのだった。

モンロビアの女性二〇五人を対象とした調査が『米国医学会誌』に発表された。それによると、半数近くが兵士や戦闘員による身体的暴行、あるいは性的暴行の被害を受けたことがあるという。世界保健機関（ＷＨＯ）によるモンロビアの高校生三二四人を対象とした調査では、拷問やレイプや殺害を目撃したことがある生徒は、全体の六一%にのぼった。教育のある人や、他国に逃げる手段があった人は、他のアフリカ諸国からヨーロッパ、アメリカまで、広い地域に離散していた。リベリアの生活が通常に戻ることは想像し難かった。

一九九七年七月に選挙が実施された。何人かが立候補し、そのなかにはエレン・ジョンソン・

サーリーフもいた。彼女はテーラーへの反対を表明していた。選挙ではテーラーが大差で勝利し大統領となった。

「テーラーは母を殺し、父を殺した。でも、私はテーラーに投票する」。テーラーの支持者はこんなスローガンを叫んだ。リベリア人の頭が変になったのではない。ただ、心の底から疲れ切っていたのだ。テーラーが国を破壊した。だから、彼に元通りにしてもらおう。たしかに、テーラーはモンスターだ。でも、欲しいものを手に入れたら、たぶん人間に戻るだろう。大切なのは戦闘が終結することだ。何年かあと、次に何が起こるかが分かったとき、この頃の短い平和な期間は〝第一次内戦の終了〟と呼ばれることになった。

＊　＊　＊

父と母とファータは、ペインズビルのほんの一部だけ修復された家に住んでいた。略奪されたカーペットを敷き直すことはなく、ダイニングルームと居間にあったシャンデリアはなくなったままだった。いずれにしろ、点灯するための電気は来そうにもなかった。これまで投獄やサミュエル・ドウ大統領の時代をくぐり抜けてきた父も、テーラーが大統領になるとその日に仕事を辞めた。父いわく、あの犯罪者のために働くことは、とても我慢ができないという。

私はヌークを地元の学校に入れ、アンバーを幼稚園に入れると、アメリカ大使館で私の避難場所となったソファーと同様の場所に崩れ落ちた。今度のソファーは両親の家の居間にあった。そこは暗くて静かで、ファータに子供の面倒を見てもらいながら、私は何時間もただ横になって、何も考えないようにした。

「あの子は何をやっているんだ」。父が母を問い質しているのが聞こえた。「これから何をするつもりなんだ」

私は何も答えられなかった。計画は何もなかった。私がしてきたことといったら。まず、ダニエルとのことはよくなかった。とりあえず前には進んだが、本当にバカだった。恥ずかしさと悲しさで動けなくなっていた。

「ガーナがどんなだったか教えて」。ファータはヌークに喋らせようとした。「きれいだった？　楽しかった？」

「ううん。ママはいつも気分が悪いって言ってた」とヌークはささやいた。「ママは座ってるだけで、何にもしなかったんだ」

日々が過ぎていった。父はセントピーターズ教会の保安責任者の仕事を得たので、ますます私の怠けぶりを怒った。「何をしようとしているのか、話しなさい！」と怒鳴った。「いまの調子じゃ、この先何もできないぞ。仕事をするか、学校に行きなさい！　何かをしなさい！　自分で先のことを考えられないなら、出て行ってもらうぞ！」――バカ者、失敗者――。私が自分につけた呼び名が、父の声からも感じられた。何週間かが過ぎた。「もうお前をここには置けない。私の家を保育園にはさせない！」父には妊娠したことは言っていなかったが、父は私を軽蔑の目で見た。「ひとかどの人物になると期待して育てたのに、大きくなったらただの赤ん坊製造機になるなんて、本当にがっかりだ」

ある晩、私は庭に出て母と一緒にスモモの木の下を掃いていた。母が落ち葉を集め、私がそれをドラム缶に入れて焚火をした。美しい夜だった——広々とした庭、暗い夜空、瞬く炎。ヌークとアンバーは家のなかで眠っており、アーサーは母がおぶっていた。突然、母がとても静かに言った。

「リーマ、あなたはこれから何がしたいの?」

私は身を固くした。もしこの瞬間が来ると知っていたら、この場にはいなかっただろう。何を言おうか考えたが、ただ本当のことだけを言った。「分からないわ」

「一つ言わせてちょうだい」と母は言った。「あなたについてお父さんがひどいことを言うのを、私はずっと我慢して聞いてきたわ。でも、それが本当のあなたじゃないことを私は知っている。もっとよくなれることも分かってる。もし、あなたが自分のために何かをすると決めたら、学校に行くと決めたら、私は腹をくくるわ」。その時点で、夜の美しさは見えなくなっていた。涙があふれていたからだ。アフリカの女性が「腹をくくる(tie my waist)」と言ったら、それはその人があなたのために何でもする、持っているものをすべて与えるという意味だ。「リーマ、あなたを支えるわ。子供の世話を手伝う。あなたが何かを成し遂げるまで」

行動を起こすには、自分のなかで何かが動く必要がある。母の言葉をきっかけとすべきだったが、私はまだ準備ができていなかった。依然として、悲しみと自己嫌悪が大きかった。どのページをめくっても、暗闇しかないように思われた。じきに四人の子持ちとなる。でも、私には夫もいないし、教育も収入も能力もない。ただの赤ん坊製造機だ。何の意味があるのか。この人生は生きる価値がないのかもしれない。旅立つときかもしれない。もし私が死んだら、みんな子供たちのことを気の毒に思って、私よりもうまく世話をしてくれるだろう。

その週末、一一時近くなってもヌークが起きて来なかったので、母が様子を見に行った。ヌークはベッドで目を開けたまま、動かずに横になっていた。ここ何年もしていなかったのに、お漏らしをしていた。

「おばあちゃん？」母が部屋に入ると、ヌークは恐怖に怯えた声で言った。「おばあちゃんなの？　ここはどこ？」

「リベリアよ」と母は驚いて言った。「どうして、そんなこと聞くの？」

ヌークはベッドの上にかかっている蚊帳を指差した。ガーナにいるときはいつも蚊帳の下で寝ていたのだが、リベリアではめったに使わなかった。昨日はいつも撒いている殺虫剤を撒かなかったので、昨晩母が蚊帳を吊るしたのだ。続いてヌークは、近くに脱ぎ捨ててあった父の靴を指差した。「あの靴がお父さんのだと思ったんだ」。ヌークはささやいた。「蚊帳もあったから、まだガーナにいるんだと思って、起きたくなかったんだ」

この話を聞いて私は泣き崩れた。何ということをしてしまったのか。何カ月も引きこもって自分にばかり語りかけ、ほかには気持ちを向けなかった。そして突然、荒々しく現実を突きつけられたのだ。私はゆっくりと悲しみに浸っていられる一七歳の女の子ではない。私を頼りにしている子供たちがいる二六歳の女だ。動き出さなければ。両親やダニエルや、シングルマザーであること、戦争や自分の過去を責めるのはやめよう。自分を憎むのもやめて、また強くなって、前に進まなければならない。子供たちはこんなにも苦しんできたのだから、いままでを遥かに超えたものを手にする権利がある。

それを与えられるのは、私だけだ。

第二部

第7章　「君ならできる」

何にもまして、私には仕事が必要だった。どこに相談しようかと考えると、トゥンデを思い出した。シエラレオネの女性を支援する仕事をしていたときに、力を貸してくれた救援組織のトップだった人だ。あちこち聞いて回ると、彼がまだルーテル世界連盟で働いていることが分かった。でも、そのオフィスはブッシュロッド島へ移っていた。モンロビアではまだ電話が使えなかったので、一九九七年一一月のある朝、私はバスに乗って彼のオフィスへと向かった。ガーデナーズビルを通り、フリーポートで乗り換え……。怖くてたまらず、何も目に入らなかった。――何が起こるんだろう。私の人生はどこへ向かっているの。何をすればいいの――。ガブリエル・タッカー橋を渡ったとき、反政府勢力の兵士になった同級生のアヨと出会った場所を通り過ぎた。その日から七年が経っていた。まるで、他人の人生を振り返っているような気がした。

トゥンデはオフィスにいた。表情をパッと輝かせると、私を抱き寄せた。大きな声で「会えて本当に嬉しいよ」と言った。「君のことを、いろいろな人に尋ね回っていたんだ」。彼の目にさまざまな感情が浮かんでいた。喜びとホッとした気持ち。よく分かる。私がアヨのことを思ったとき、どこにいるのかだけでなく、そもそも生きているのかと考えた。この頃は友人の消息が分からなければ、死んでしまったのではないかと思ったものだ。

トゥンデに家族のことを尋ねると、戦争の途中で避難したとのことだった。そして私自身のニュースを伝えた。「やっとダニエルと別れたの」

トゥンデは微笑んだ。「よかったね。心配しないで。いつか別の人が見つかるよ」

「別の人はいらない」。私は冷たく言った。子供たちのことと、また妊娠していることも話した。「いまは両親と住んでいて、仕事もなくて、お金もない。夫はいらないわ。必要なのは、私とセックスしてお金を払ってくれて、あとは勝手にしていてくれる人よ」

トゥンデは私の言葉を真剣に受け止め、怯えた顔つきになった。「何を言うんだ！　君はそんな人生を歩むような人じゃない」

私はまっすぐに彼を見た。「私がどんな人間になったか、あなたは知らないのよ」

「落胆しているのは分かる。でも、必ずこの時期は終わるよ」

トゥンデとは、やはり話しやすかった。その日は家まで車で送ってくれると言ったが、家ではなく大通りで降ろして欲しいと頼んだ。両親から何も言われたくなかったからだ。だが、その週の後半になって、彼の赤い車が家の外に見えた。あとから聞いたのだが、トゥンデは近所の人たちに、最近ガーナから戻ってきた若い女性はどこにいるか、聞いて回ったという。

トゥンデの家族は戦争を避けて国を離れたのだが、彼の結婚生活も破綻していた。離婚してはいなかったが別居しており、じきにペインズビルまでよく私に会いに来るようになった。彼は礼儀正しく、両親にも丁寧に接したので、父でさえも彼について否定的なことを言わなかった。当時、私たちの関係は肉体的なものではなかった——私は妊娠していたし、子供たちが近くにいて、両親も隣の部屋にいた。でも、私たちは多くの時間をともに過ごした。

ときにはドライブに行くこともあったが、たいていの場合はポーチに座ってただお喋りをした。人生について、政治について、最近の出来事やスポーツについて。トゥンデは、私となら何でも話せるから好きになったのだと言った。私は彼の静かな安定感に惹かれた。ダニエルとはまったく違う人だった。トゥンデは最悪とも言える家庭内暴力のなかで育った。お父さんが子供たちみんなを叩いたので、ついにお母さんは前夫との子供のところへトゥンデを預けた。だが、その家ではさらにひどい虐待が行われた。トゥンデの腕と背中には、いまだにムチで叩かれた傷が残っている。でも彼は、私がこれまでに出会ったなかで一番優しい人だ。声を荒げたことは一度もない。私を励ましてくれて、そのおかげで、自分がバカだとか役立たずだとかいう思いが徐々にはがれ落ちていった。

私が黙っていると、トゥンデは話すよう促してくれた。「君の考えを聞かせて」。彼は私の言葉に耳を傾け、価値のある意見だと言ってくれた。「どんな内容でも、難し過ぎて会話にならないものは君にはないね」。生まれてくる子供のことを考えると絶望的な気持ちがするとトゥンデに言うと、彼は私の手を握った。「たとえば、君と生まれてくる子供のそばに僕がいると言ったらどうかな。君はどう思う?」

「嘘つきだと思うわ。男は信用ができない」

でも、トゥンデはそばにいた。ペインズビルに来て、私が子供たちの汚れた服を洗っているのを見ると、彼は袖をまくり上げて手伝ってくれた。アンバーやヌーク、アーサーとも遊び、彼らに小さなプレゼントを持ってきたり、服を買ってくれたりした。二月一四日に子供が生まれたことを伝えると、トゥンデは外出禁止令を破って市内を抜け、レバノン人の店主一家が上階に住んでいる店に急ぎ、店内に入れてくれるまでドアを叩き続けた。そして、お菓子がいっぱい入った買い物袋をたくさん持って病院にやって来た。「何も考えられなかったんだ」と彼は言った。「ただ、手当たり次第に買った。もう嬉しくて」。――優しくて大きな人――と、私は思った。――この人なら愛せるかもしれない。

生まれた娘は丸々と太った可愛い子で、手足を縮めてすやすやと眠った。新生児室の別の赤ちゃんが泣きだすと、目を開けて「邪魔するのは誰?」とでも言いたげな、お高くとまった顔つきをした。看護師たちは笑った――この子は本当にお姫様(プリンセス)ね！　だから〝プリンセス〟が最初のニックネームになった。でも、トゥンデと二人きりになったとき、彼にその子の本当の名前を教えた。ニコル・ルーシー。トゥンデの最愛のいとこ、ニコラスと、トゥンデのお母さんにちなんだ名前だ。彼の目から涙があふれた。その後まもなくして、私たちは恋人どうしになった。私はダニエルのお姉さんのうちの一人で、ときどき私によくしてくれた人と連絡をとっていた。また、ダニエルからもたまに連絡が来て、一度は子供たちに誕生日プレゼントを送ってくれた。でも、子供たちが遊んでとせがんだり、アドバイスを求めたり、勉強を見てもらうのはトゥンデだった。ヌークとアンバーとアーサーにとって、彼は〝トゥンデ叔父さん〟。プリンセスにとっては〝ダダ（パパ）〟だった。

両親は彼に対して、娘がようやくひどい男との関係から抜け出したばかりなのに、そんなに早く次の男を見つけるとは感心しないと伝えた。トゥンデは両親に、私がもっと充実した人生を送ることを彼も望んでいると話した。それは本気だった。彼は私がすぐにすべきなのは仕事探しではないと言い、もっと教育を受けなければ将来に何も見出せないと言った。もっとも大切なのは学校に戻ることだ。「君ならできる」。私ができない理由を挙げると、彼はいつもこう言った。私が昔の能力をなくしてしまったと言うと、「なくしていない」と言い、私が成功する可能性はないと言うと、「君は成功する」と言ってくれた。「君にはあり余るほどの力が隠されている。それを捨ててはいけない。自分でも、いまが望んだ通りの人生だとは思っていないはずだ」

私は怖かったが、彼が正しいことも分かっていた。両親は私を一緒に住まわせてくれたが、その寛大さの代償は私をときどき子供扱いすることだった。また、父が私を「ただの赤ん坊製造機」と呼んだことが、毒を出し続ける水道の蛇口のように心に残っていた。私は父が間違っていると示したいという思いに駆られていた。トゥンデとのよい関係さえも、彼への依存が根底にあった。彼が私に会いに来るようになって間もなくのある日、トゥンデは帰る前に財布を出して二〇〇〇リベリアドル（アメリカドルで約四〇ドル）を渡してくれた。「子供たちに何か買ってあげて」と彼は言った。「大変なのは分かっているから」。それ以来、定期的にお金をくれるようになった。

彼の助けが有難くなかったわけではなく、実際それが必要だった。お金があれば、オムツや石けんなどのちょっとしたものを母に頼むことなく買えた——でも、それが私を憂鬱にさせた。私はまだ捕われている。自分の面倒は、自分で見たかった。

ある日曜日、私は勇気を出してセントピーターズ教会に戻った。ただし、以前の知り合いからの質問に答えなくて済むよう、礼拝が終わるとすぐに横の出口から逃げ出した。当時、教会の女性部のリーダーだった母は、トイレの拡張プロジェクトの責任者だった。母に帳簿の管理を手伝うよう言われたので、私は渋々手伝った。そして、建築業者の見積りにいくつか間違いがあるのを見つけ、母に指摘した。自分の能力を感じ、気分がよかった。

学校をどうするかは難しい問題だった。小児科医になるという昔の夢を復活させる方法はなかった。リベリア大学は一九九一年に破壊されたのち、修復されて再開したが、一九九六年に略奪に遭って再度閉鎖されていた。でも、私がソーシャルワークの修了証をもらったマザーパターン大学は、文学士の課程を教えていた。

マザーパターン大学の敷地は壁で囲われていて、また同大学があるセントラル・モンロビアではあまり戦闘が行われなかったため、戦争による被害を免れた。アメリカ大使館から金銭的な支援も受けており、充実した図書館やエアコンなどのぜいたくな設備まであった。マザーパターンは〝ポリテクニック〟と称される学校で、大学などの学術機関と、父が通ったような技術専門学校との中間にあった。

マザーパターン大学は実務経験を重視していたので、秋学期の入学許可をもらうためには、三カ月の課程を修了したことだけでなく、それを活用してソーシャルワークの仕事をしたかボランティアをしたことを示す必要があった。トゥンデが私にぴったりの機会を見つけてくれた。リベリアのルーテル教会とルーテル世界連盟による〝トラウマからの回復プログラム（トラウマヒーリング）〟だ。彼らがセントピーターズ教会にオフィスを開いたので、ボランティアを受け入れるかもしれないとのことだった。とくに、戦争難民支援の経験がある人は歓迎だという。そのプログラムの責任者を務めるバーソロミュー・ビオー・コリー牧師は母の知り合いであることが分かり、母が牧師と話をすると、やってみなさいと言ってくれた。

トラウマヒーリングのオフィスは開設されたばかりだったが、そのプログラムには歴史があった。内戦が始まって以来、リベリアの教会は平和活動を進めてきた。一九九一年には、ルター派の牧師と一般のリーダー、教師、医療従事者らが、リベリアのキリスト教保健協会とともに、戦争による精神的・社会的被害の修復を試みるようになった。

トラウマヒーリングはセラピーのようなものだ。その目標は、戦争で被害を受けた村人とワークショップを行い、体験を話してもらうことで、いまどんな状態にあるか、どんな問題に直面しているかに気付いてもらうことにある。その後、参加者が自身のコミュニティで活用できるような紛争解決戦略を教える。私たちはこんな質問をする。「あなたにとって紛争とは何ですか。平和とは何ですか。あなたの地域の言葉や習慣では、平和はどのように定義されていますか。あなたの村に影響を与えている、国家的な問題は何ですか。リベリアでの紛争の原因は何だと思いますか。あなたの地域文化にあるもので、紛争解決のために何を使えますか」。このフォーマットは、おもにボスニアなどの欧米諸国で使われていたものだった。これをリベリアの状況に応用するために、私たちは国全体を通じて地域のリーダーやグループを探し、その人たちにワークショップの方法を教える必要があった。こうして、人々や地域社会が自らを癒していくのに力を貸すことにより、バラバラになって苦しんでいる国を自ら立ち直らせるのだ。

　トラウマヒーリングでのボランティアが、平和構築者《ピースビルダー》としての私の最初の仕事だった。私は〝平和構築《ピースビルディング》〟という言葉を使うとき、条約の交渉や仲介や調停を超えた、ずっと複雑なものの意味で使っている［類似の言葉〝ピースメーカー（peacemaker）〟は、対立する勢力のあいだを取り持つ仲介者、調停人などの意味で使われることが多い］。私にとって平和構築とは、対立する勢力のあいだに立って戦いを終わらせることではなく、戦争の被害を受けた人たちを癒すことであり、その人たちに強さを取り戻させ、元の状態に戻すことだ。被害を受けた人に人間性を取り戻させ、地域社会でもう一度、生産性の高い人になってもらう。また、平和構築とは、銃を取らなくても紛争は解決できると教えることだ。銃が使われた社会を修復し、それを元に戻すだけでなく、よりよいものとすることでもある。

　私はこの役割を自分で選んだのではなく、いつの間にかそうなっていた。トラウマヒーリングに長期間いることは考えていなかったが、約五年間を過ごした。厳しく、苛立たしいことも多い日々だったが、ここで学んだことと、ここで出会った人々が、私の人生を決定的に変えることになった。

仕事の初日は、母と一緒にバスで行った。以前憧れていたペイン通りの家々は焼き尽くされ、破壊されていた。道路は平和維持軍の戦車の重みでボロボロになっていた。道にあいた巨大な穴には、水がいっぱいに溜まっていた。バスを降りると、母は教会の敷地内にある一階の小さなオフィスへと私を連れていった。そこは一九九〇年にドウの兵士が私たちを押し込んだ部屋で、母が殴られ、母と私はここで死ぬのだと思った部屋だ。母も私も、そのことは口にしなかった。

「コリー牧師。娘を連れてきました」

私の上司となる人は、カジュアルな服を着た四〇代の男性だった。古ぼけた部屋では、一三人が六つしかない机を共有し、混雑していた。牧師はみんなに向かって、「セントピーターズ教会のメンバーのリーマさんです。ソーシャルワークの学校に入るために、ここでボランティアをします。ジルと一緒に座ってください」と言った。彼は大柄な白人女性を指差した。彼女は椅子を一つ机の前に動かして、そこに座るようにと示した。

みんなが仕事に戻ると、私はなるべく邪魔をしないようにした。とても緊張して、ひたすら静かにしていた。みんな、私を見ているかしら。私はグループに入るといつも、みんなの目が自分を評価しているような気がした。――あの人が、昔は優秀だったのに四人も子供を産んだ人よ――。その時点で、そこの常勤職員で看護の学位を持つ年配の女性が、私のことを嫌っていると感じた（のちになって、彼女がトゥンデの奥さんの友人であることが分かった）。プログラムの秘書のバイバ・フロモは、その年配女性職員と同じくロマ族で、アフリカ式のスーツを着て眼鏡をかけた仕事一筋の人だったので、彼女のことも避けた。机が一緒だったジル・ヒンリクスには、何と話しかけていいか分からなかった。ジルはシカゴ出身のソーシャルワーカーで、アメリカの福音ルーテル教会のボランティアとしてリベリアに来た。私はそれまで、白人と親しく付き合ったことはなかった。

数週間経つと、みんなが〝ＢＢ〟と呼ぶコリー牧師は、ロファ州から来た女性たちのワークショップを実施するよう私に言った。ロファ州は北部にあり、民族紛争が最近起こったところだ。ジルはグリーフ・カウンセラー〔親しい人を亡くすなどして、悲しみを抱えている人にカウンセリングを行う人〕だったので、悲しみや喪失に対処するための本をワークショップの準備にと貸してくれた。その日何を言ったのか、何をしたのか、あまり覚えていない。ただ、私自身に戦争の経験があるので、この女性たちが戦争でどんな目に遭ったのか、ある程度は分かると考えていたことは覚えている。心を開いて話してもらうために、私は自分だったら答えるだろうと思う質問をした。ワークショップは大成功だった。自分たちの村が破壊されたことや、子供の死、レイプされた友人のことを思い出して、女性たちは泣いた。ワークショップのあと、私を嫌っていた同僚はさらに冷たくなったが、ＢＢは感心していた。

同じ月、イギリスのマンチェスターのグループが、論文執筆に向けた調査を行うためリベリアに来た。彼らの目的は、戦争中に農村部の社会で何が起こったか、また戦後の救済はどのように行われているかを調べることだった。彼らは北部地域で二週間の調査を行う予定で、それをサポートする人を紹介して欲しいと依頼してきた。ＢＢは私を推薦した。

その仕事で二〇〇ポンド——当時の私にとっては大金だった——が支払われることもあり、それほど長いあいだ子供たちと離れたことはなかったが、もちろん承諾した。その頃〝プードゥ〟と呼ばれるようになっていたプリンセスは（ジョセフィーンへの手紙で、私はプリンセスがプライドの高い小さなフレンチ・プードルのようだと冗談を書いたのだ）、まだ母乳を飲んでいた。旅立つ前の晩は、自分のベッドにきれいなシーツを敷いて、子供たち全員を集めて一緒に眠った。朝になると、そのシーツをカバンに入れた。子供たちの匂いを持って行きたかったのだ。旅のあいだ、私は毎晩そのシーツにくるまって眠った。

プードゥから離れて、乳房からは母乳が漏れ、痛んだ。でも家に帰る頃には、私がブラウスを開いても、プードゥはそっぽを向くようになっていた。長過ぎたのだ。彼女は乳離れしていた。このときが、子供たちよりも仕事を選んだ最初だった。最後ではなかった。

旅はショッキングだった。気付きの多いものでもあった。田舎の道をジープで下っていくと、あれだけのことを経験したにもかかわらず、私は戦争の恐怖をすべて知っていたわけではないことが分かった。地方では、対立するグループのあいだに民間人がはさまれ、危険な状況に置かれて、全員が苦しんだ。セメント造りの立派な家や学校や病院が廃墟になっていた。生存者が再建を進めているところでは、土で家を建てていた。橋は吹き飛ばされており、川を渡るときは板の上を走るか、車から降りて歩いた。キャッサバの畑には何も植えられていなかった。最初、村々には誰もいないように見えた。戦争の記憶があまりにも生々しかったので、誰もが車の音を聞くと隠れたからだ。誰が車に乗って来たのか、その人たちが何をするのか分からない。貧困は、言葉では言い表せないほどだった。発育不良で言葉を発しない子供たち、ボロ布をまとった女性――。

　ある地域で、私は父親のいない痩せた一四歳の女の子に会った。そこでは、女の子は結婚のため六年生で学校を辞める習慣があったのだが、その子はまだ学校に行っており、村じゅうの笑いものになっていた。私が高等教育を受けたと知ると、彼女はあとをついて来るようになった。その地域にいたとき、彼女は常に私のそばにいて、私が書くのを眺め、一緒に読み、私の小屋に泊まることさえした。私が出発する前の夜、彼女のお母さんが来た。

「この子を連れて行って」

「何ですって？」私は親子が一緒にいるところを見ていた。二人のあいだに愛があることは明らかだった。

「この子をあなたと一緒に連れて行って！　ここには、この子のためになるものが何もないの！」お母さんの声は苦悩に満ちていた。「ほかの女の子たちみたいに、何もせずに子供を産むだけにはなって欲しくないのよ。もっと何かできるはずだわ」

　お母さんが言いたいことは分かった。でも、私には四人の子供がいて、自分の家もなく、収入もなかった。不可能だった。私はお母さんと目を合わせずに、「モンロビアに帰ったら、考えてみるわ。連絡します」とだけ言った。

　さよならを言ったとき、女の子の泣き声が私を引き裂くようだった。二度とその子に会うことはなかった。

第8章　元少年兵の素顔

抑うつ状態にあるときは、自分自身のなかに捕われてしまって、自分の気分がよくなるような行動をとるエネルギーがなくなる。それにより自分が嫌いになる。また、ほかの人が苦しむのを見ても、その人を助けられないと感じる。そしてまた、自分が嫌いになる。自分が嫌いになることで悲しみは深くなり、悲しみにより無力感が増し、無力感のためもっと自分が嫌いになる。トラウマヒーリングで働くことにより、このサイクルが壊れた。家で座って、自分がどれだけの落後者かを考え続けることはなくなった。私は行動しており、人々を助けていた。行動すればするほど、さらに行動できるようになり、もっと行動したいと思うと、その必要性も見えてきた。あの女の子の泣き声を心から消し去ることはできなかった。私のボランティア契約は週に二日だけだったが、やがて毎日通うようになり、それが楽しみになった。

さまざまな点で、想像した職業生活とは異なっていた。モンロビアはまだとても不安定で、毎日何が起こるか分からなかった。雨が降って道路が通行できなくなり、誰もオフィスに来ないこともあった。ほとんど何もないところで仕事をしなければならなかった——コンピュータは一台しかなく、鉛筆もクリップもなかった（でもネズミはたくさんいた）。発電機はときどきしか動かず、発電機が止まるとコンピュータも止まったが、私たちは暗いなかでできるだけの仕事をした。もちろん電話もなかった。誰かに会う必要があるときには、依然としてゴミだらけの道を通って、着いたときにその人がいますようにと願いながら行くのだった。

朝の挨拶も「おはようございます」ではなく、「昨晩はどうでしたか？」だった。「神に感謝します」という答えが返ってきたら、「まあ、大丈夫だった」という意味だ。――神に感謝します。誰にも撃たれず、家も略奪されませんでした――。「頑張っている」という答えなら、「それほどよくない」という意味で、病気だったりお金がなかったり、子供が飢えて泣いているといった状態だ。オフィスでは、私以外に幼い子供がいる人は二人だけだった。二人とも清掃担当の若い男性で、ときには赤ちゃんのミルクさえ買えないことがあった。私はしょっちゅう家から何かを持ってきて、二人にあげた。

私は可能な限り学ぼうと努力し、トラウマヒーリングのスタッフは次第に家族のようになっていった。真面目でお高くとまっているように見えた秘書のバイバは、毎日オフィスの運転手に車に乗せてもらっており、やがて私の家にも寄ってくれるようになった。彼女は子供たちを好きになって、週末にはアンバーを自分の家に招待するほどだった。バイバは古風で、秘密主義で強い人だった。彼女はとても貧しい家の育ちで兄弟も多く、教育を受けたいという自分の夢はあきらめて、小さい兄弟を支えた。自分のためでなく他人のために仕事をし、私と同じ仕事をしたいと憧れていた。

私がワークショップを開くと、「何を話したか教えて」と強い口調で迫った。「何を学んだか聞かせて。どうやるの？」

白人のソーシャルワーカーのジルは、温かく母性的な人だった。昼食や日曜日の礼拝に一緒に行くようになり、彼女の優しい質問に答えるなかで、ダニエルやガーナのこと、さらには戦争の初期の記憶まで、通常は隅に追いやっていることを自然に話していた。

だが、ジルと一緒に過ごす時間は長くは続かなかった。マザーパターン大学での授業が始まったばかりの九月に、テーラー大統領は、元反政府勢力の司令官であるルーズベルト・ジョンソンが彼を失脚させようとしたとして、軍隊を投じて逮捕しようとした。ジョンソンはアメリカ大使館に逃げ込み、戦闘が始まった。ジョンソンがリベリアを抜け出すまで、恐ろしい日々が数日続き、まるで全面的な戦争が再び始まったかのようだった。アメリカ市民は、ジルも含めて全員が退去した。彼女が出発するとき、私は泣いた。

イザヤ書五四章で、「山が移り、丘が揺らぐこともあろう。しかし、わたしの慈しみはあなたから移らず」と神は約束された。ジルがアメリカに帰ってから数週間後、シカゴから手紙が届いた。ジルが知り合いの女性何人かに私のことを話すと、その人たちは私を助けたいと思ってくれたようだ。封筒に入っていたのは、学費を払うのに必要なお金だった。ジルは精神的にも私を助けてくれた。ジルと交わした長い会話は、ある種のセラピーのようなものだった。自分のなかのすべての毒を吐き出したわけではなかった——それには数年かかった。でも、楽になったと感じられただけで十分だった。まるで、不可能なくらい息を止めていたあとに、ようやく吐き出したような感じだった。

学校が始まると、目が回るような日々が続いた。午前中はトラウマヒーリングの仕事をし、バスに乗って学校へ行き三時からのクラスに出る。授業は六時か七時まで続き、トゥンデが迎えに来てペインズビルまで送ってくれる。ヌークは六歳になる前、アンバーは四歳半で、アーサーは二歳、プードゥは七カ月だった。昼間は母が子供たちを世話してくれたが、夜は私が面倒を見た。両親は発電機を買う余裕がなかったので、子供たちが寝たあと、私はランタンかロウソクの灯りで宿題をやった。

アーサーはかなりの早産で生まれてきたため、正常には育たないだろうと医師から言われてきた。――座れるほどの力がないかもしれない――。でも、アーサーは座れた。――歩くことはできないだろう――。アーサーは歩いた。しかし、発熱やマラリア、全身の発疹など、常に病気に苦しんでいた。あるときアーサーとヌークは、予防接種をしていたのに、はしかにかかった。アーサーの具合がとても悪くなったので病院へ連れて行くと、輸血が必要だと言われた。母が政府の病院で働いたことがあったため、コネがあって血液をもらうことができた。だが、その血液がＨＩＶの検査を受けていたかは聞かなかった。その後アーサーが体調を崩すたびに、私はそのときの血液のことを考えた。九年後、ようやく検査を受けるお金と勇気を持てた。結果は陰性だった。

学校に通った三年間を振り返ると、暗闇でノートの上にかがみ、子供のうなり声に注意を向けていた自分を思い出す。今度は誰？　床に吐いたものがあり、オムツから下痢が染み出してベッドの横に流れ落ちている。私は立ち上がり、オムツを替え、シーツを替え、床を掃除して、薬を飲ませ、具合の悪い子を眠らせて勉強に戻る。五時に目覚まし時計が鳴るが、ベッドから起きられる気がしない。

それでも私は勉強が大好きだった。戦争の前に数週間大学に行っていた頃のように、頭を使うのが大好きだった。よい成績を取ったときや、トゥンデが私のレポートを読んで「よくできている」と言ってくれたとき、私は自信をつけていった。職場でも教育は続いていた。ＢＢは私の力を伸ばそうと決めたようだった。

ＢＢは素朴で、控えめな人のように見えた。スーツとネクタイを身に付けた姿は一度しか見ていない。でも彼は大学の学位を持っていて、大学では解放の神学〔ラテンアメリカで誕生した神学。貧困や抑圧からの解放を目指す〕を学び、学生運動にかかわっていた。政治の話をするのが好きで、根っこの部分は急進的だった。彼によると、トラウマヒーリングのミッションは、私たちが公式に行っていることを遥かに超えたものだという。「この国のすべての人が、さまざまな形で被害を受けており、すべての人が癒される必要がある」とＢＢは切迫した様子で言った。「自分の経験を話しなさい。あなたは生き延び、被害を乗り越えた。次は、ほかの人を助ける必要がある。ただ一人ではなく、社会を助けるのだ！」

なぜ、彼は私を選んだのか。私は情熱的で意欲があり、彼と同じくらい話すことが好きだった。また、ＢＢは女性に関して、自分が受けてきた伝統的な教育に反抗していた。「アフリカ女性のほとんどは、やりたいことを受け入れてくれる男性と仕事をするチャンスがない」と彼は言い、私にそのチャンスを与えようとしていた。

しかし、私はまず〝学術的能力〟を身に付けなければならなかった。ＢＢは私の学校のレポートを読んだ。私が昼休みにお金がなくてお昼を買えずにオフィスに残っているのを見つけ出すと、彼は新聞記事を私の机に投げてよこし、「これを読んで君の考えを言いたまえ」と命じた。思い切って意見を言うと、「甘いな」と一蹴し、説明してくれた。「たしかに、戦争は悪だ。ではリーマ、そもそもなぜ戦争が起こったのか。リベリアは悲惨な状態だ。では、どのようにしてこんな状態になったのか。歴史を見てみなさい！　特権階級による先住民への一世紀にわたる抑圧を見てみなさい！」ＢＢは迫った。「誰が権力を持ち、それをどう使っているか考えてみたまえ。考えるんだ、リーマ」

　ＢＢに促され、私は社会の変化に関する書籍を読んだ。「政治だけではなく、経済についても知っておく必要がある」と彼は言った。「この分野で活動するなら、理論武装しておきなさい」。私は『イエスの政治』〔ジョン・Ｈ・ヨーダー著、佐伯晴郎・矢口洋生訳、新教出版社、一九九二年〕を読んだ。この本ではキリストを、不正と戦い、弱者に声を与える革命家として描いている。ほかにも、マーティン・ルーサー・キング・ジュニアやガンジーの著書、ケニア人で紛争と和解の専門家のヒスキアス・アセファの著書も読んだ。アセファは、犠牲者と加害者の和解が紛争を解決する唯一の方法であり、とくに現代の内戦においてはそうであると考えていた。さもなければ、一方が謝罪か復讐を待ち、他方が報復を恐れているという状況が永遠に続くことになるという。

　これまで、ＢＢほど難題を突き付けた先生はいなかった。私の頭は活動し始めた。世界の真の複雑さを初めて知った若者のようだった。このとき私は二七歳近くで、死を知っていることに関しては年齢以上だったが、知的には子供だった。自分の無知を知れば知るほど、学びへの欲求が高まっていった。

地方への旅も続いた。南東部では、ココナツを育てるのをやめた農民や、市場が戦争で崩壊してしまったため獲った魚を売れない漁師などに会った。長引く戦争のあいだ、森に隠れていた家族にも会った。彼らは植物の根を食べて生き、子供たちの目には生気がなく、クワシオルコル［タンパク質の不足を原因とする栄養失調症］のためお腹が膨れていた。私は村人から戦時の記憶を聞き、地域のリーダーや若者グループの指導者と一緒に、今後についての計画を立てた。地方への旅を続ける一方で、モンロビアでも新たなグループに対してトラウマヒーリングを行うようBBから言われた。障害を負った元少年兵だ。

「リーマ！」BBは大勢の聴衆に話すように言った。「我々は彼らを社会に戻すのだ。リベリア共和国の責任ある市民として！」

「なんでここに来たんだ？　スパイか？」タブマン通りを少し外れたところにある、国立退役軍人援助プログラムの暗いオフィスから、敵意を持った目がこちらを睨んでいた。その少年はせいぜい一〇代くらいだったが、声は凄みを帯びていた。部屋には彼のような少年が一〇人ほどいた。見るからに悪そうなグループで、体に傷があり、ボロボロの汚い服を着ていた。彼らは何年間も欲しいものはすべて略奪してきたので、物を使い続ける方法は学んで来なかったのだ。人を脅すような雰囲気を漂わせており、普通の人なら、彼らを見かけたらなるべく遠くに行こうとするだろう。腕がない者もいたし、足がない者もいた。

「白人の男が来て俺たちの話を聞いて、たくさん金を稼ぎやがった」とその一〇代の少年は続けた。

「奴はビデオを送ってきたけど、金は一銭もよこさない。どの白人がお前をよこしたんだ？」

「俺たちを笑いものにしたいのか？　俺たちをバカだと思ってんだろ？」と別の声が言う。「くたばれ！　お前らみんなくたばれ！　目をくり抜いてやるぞ！」

　私は恐怖や軽蔑を見せなかった。テーラーの子供たち。少年部隊を組織して、リベリアの戦争に最初に子供たちを巻きこんだのはテーラー〝パパ〟だった。やがて、すべての反政府組織が子供たちを使うようになった。何万人もが戦闘に加わった。なかには八歳ほどの子供もいて、ようやく持ち上げられるかどうかのAK－47［歩兵用の自動小銃］を持ち歩いた。この少年兵たちは大人を喜ばそうと必死で、自分が何をしているかも分からず、家族と切り離されて、もっとも残忍な殺戮者になるまでアルコールや麻薬で気分を高揚させられた。地方で開いたワークショップでは、彼らについてあらゆることを聞いた。ゼンロビアでダニエルと逃げた日、血だらけの少年が川でナイフを洗っていた姿も忘れられない。

　では、私がこの子たちを社会に〝復帰〟できるようにし、この先やっていくための生産的なことを何か見つけさせられるのか？　この任務は自分で選んだものではなかったが、リベリアには「仕方がない」という表現がある。私にはこの仕事が必要だったから、仕方なかった。

　元兵士の少年たちとは、一年以上一緒に活動をした。彼らは何も持っていなかった。少年兵がケガをして役に立たなくなると、テーラーは彼らを追放した。追放された子供が両親を見つけたとしても、両親は引き取ろうとしなかった。子供たちは無人の建物に住みつき、物乞いをして生きていた。私はそうした子供たちに向けたワークショップを始めたのだ。ワークショップでは、食べ物や薬など、日々必要なものを手に入れられる社会福祉サービスについて教えた。また収穫できる作物を育てるなどのプロジェクトにも取り組み、戦後の将来について考えられるようにした。

ときには、少年たちは五日間続けて協力し合って計画を立て、私は何か成果が上げられるのではないかと期待する。すると、残忍な言葉で冷水を浴びせられる。「俺たちが何人レイプしたか知ってるか？　ありゃ最高のゲームだぜ……」一〇代の少年たちはふんぞり返って、私の反応を見る。「年寄りのほうがいいんだ。ずっとやってないから、処女みたいなんだ」

オフィスや近隣の誰かから電話が来ることもある。私の〝息子たち〟が政府高官の家に現れて、「お前たちのために戦ったんだから、分け前をよこせ！」と叫んで石を投げていると……。そのたびに私の希望は打ち砕かれる。

私は必死の思いで言う。「あなたたちが悪ではないことを、私は知っている。だから、社会にもそれを分かってもらえるように行動して欲しいの」

すると、誰かが笑って、誇らしげに言う。「俺たちゃ悪だぜ」

ある週には、テーラーの兵士が少年たちのところに来て、お金をやるから敵を攻撃しろと言った。騒動が起こり、電話がかかって来た。私は激怒した。

「あなたたちは奴らに利用されたのよ！　なのに、またあの人たちのために働くの？」私は叫んだ。

「誰かがご飯をくれると言ったら、犬みたいにかぶりつくわけ？」

「くたばれ！」と誰かが言う。「お前に何が分かるんだ。あいつらはテーラーを殺そうとしている。だから、俺たちがあいつらを殺すんだ。お前なんかくたばれ！」彼は私の横に来てこぶしを振り上げた。なぜか分からないが私はひるまず、ただ彼の目を冷たく見て、立ち向かった。彼は大声で笑い始めた。

「この女、震えもしないぜ！　銃を持ってたら殺し屋になったんだろうな。この女は将軍だ！」

少年たちが私を将軍と呼び始めたこの日から、彼らは私を真に受け入れ始め、私は彼らについて恐ろしい外見からは分からないことを知るようになった。中年女性をレイプするのがいいと自慢した少年は、一二歳のときに反政府グループに参加した。男になれると思ったからだ。いまや彼は足を切断され、母親は一本足の子供を産んだ覚えはないと言って、彼に背を向けた。

クリスチャン・ジョンソンは、昔はとても背が高かったのだろう。だが、彼はいま両足を失っている。サム・ブラウンは、自分の家族が村から逃げ出したとき八歳か九歳だった。家族には子供が大勢いたので、サムが取り残されたことに母親は気付かなかった。村に移って来た兵士が彼を水汲みとして働かせ、一〇歳のときに少年部隊に入った。あるとき、待ち伏せされて腕を撃たれ、細菌に感染して腕をなくした。いまは一五歳でアルコール中毒だ。

「サム、飲んだら死んじゃうよ」。朝、すでに酔っ払ったサムが現れると、私はたしなめた。

「俺には腕が一本しかないんだ。リーマ姉さん、俺は何のために生きればいいんだ」ジョセフ・コリーには足が一本しかなかった。ジョセフは母の居場所を知っていたが、自立するまでは村に帰らないと言っていた。彼は靴屋になるのが夢だったが、コカインとマリファナで日々を過ごしていた。「やめられないんだ」と彼は言った。「やめると、いろいろなことを思い出すから」

少年たちとの仕事は、通常の勤務時間を超えることもしばしばだった。ある晩、トゥンデと夕食に出かけようとしていると、悲しげな「リーマ姉さん！」という声が聞こえた。ジョセフが一文無しで、話したそうにしていた。私はすぐに一緒に歩道に座った。一時間が経ち、トゥンデが怒ってレストランから出てきた。少年たちを家に来させることはなかったが、私が彼らの家を訪問し、恋人や妻にも会った。彼女たちも同様に荒々しかった。クレオという名の女の子は妊娠していてお腹が大きかったが、夫を蹴ったり殴ったりし、言葉は夫より汚かった。「あんたも奴らと同じだろ」と彼女は言った。

クレオも元兵士だった――このとき初めて、反政府勢力のなかに女性兵士がいたことを知った。少女たちが銃を持つようになったのは、レイプから身を守ることが理由の一つだった。元兵士の妻や恋人の多くが、若い頃に誘拐され、繰り返しレイプされていた。暴力だけが、彼女たちが知っている言葉だった。それでも……ときには自分の子供たちに、私が自分の子供にするように、愛情を込めて話をするのだった。私と同じように、彼女たちも子供にはよりよい人生を歩んで欲しいと願っていた。私は彼女たちのなかに若い頃の自分――破れた夢と怒りを見た。

私は彼らを助けられたのだろうか。その時点での答えは、イエスだ。彼らの赤ちゃんに食べ物やオムツを持っていった。病気のときには、医者に連れていった。だが、彼ら自身を変えることはできず、人生を転換させるためのわずかなお金も見つけてやれなかった。六〇〇アメリカドルあればジョセフは靴づくりの事業を始められただろうが、そんな努力に喜んでお金を出そうとする人はいなかった。

元少年兵らが行った悪行を許すことはできない。でも私は、必ずしも心地よい感情ではなかったものの、彼らに対して哀れみや同情を感じるようになった。リベリアの誰もが少年たちを嫌っていた。モンロビアでは、彼らが物乞いをしていると人々はツバを吐いた。「チャールズ・テーラーに金をもらえ！　足を取り戻して働け！」私が彼らを助けていると分かると、「なぜ？　奴らに親を殺された子供たちが大勢いる。その子たちを助けたら？」と言われた。

私も自分の頭がおかしいのではと感じるときがあった。だが、少年たちは、自分がなぜレイプしたのか、略奪したのか、殺したのか分かっておらず、あまり覚えてもいなかった。それほどアルコールや麻薬でハイになっていたのだ。彼らは利用され、使い尽くされ、捨てられた。戦争は、私の子供時代を破壊したのと同様に、彼らの子供時代をも破壊した。私たちの怒りを受けるべきなのは、チャールズ・テーラーやプリンス・ジョンソン、ルーズベルト・ジョンソンやアルハジ・クロマーらだと思う。戦争を始めて泥沼化させ、自分の権力への野望のために、あらゆる世代の生活を滅ぼした人たちだ。

第9章　ジェニーバとの新しい家

一九九九年の五月、トラウマヒーリングのプロジェクトに参加してから一年が経ったとき、BBは私のこれまでの働きを認めて、一カ月に一〇〇アメリカドル払ってくれることになった。初めて手にした安定的な収入だ。私はこのお金で寝室二部屋の安いアパートをモンロビアに借りた。両親は私がペインズビルを離れることを怒り、きちんと子供たちの世話ができる訳がないと言った。出て行くとき、両親とは口をきかなかった。

新しい家は、私と子供たちの家になるはずだった――トゥンデは常に別の居場所を持つ約束だった。でも、引っ越したときには八人になっていた。増えた一人はいとこのベイビーで、ダニエルと私がオールドロードで一緒に暮らしていた叔父と叔母の娘だった。叔父は酒飲みで、叔母は常にベイビーをけなしていて、ベイビーはある週末にやって来るともう自分の家には帰らなかった。あとの二人は姉のジェニーバとその娘のリームだ。

一九九六年の激しい戦闘のなか私とモンロビアの船着場で別れたあと、ジェニーバは二年間をナイジェリアで過ごし、婚約者がアメリカで学校を終えて一緒に暮らせるようになるのを待っていた。ところが、もう戻って来ないとの手紙が届いた――彼は別の女性と結婚していたのだ。心破れてジェニーバは故郷に戻り、最初はおばあちゃんと暮らし、そして私と暮らすことにした。婚約者に拒まれたことで、内気な姉のなかで何かが壊れた。姉はジョン・F・ケネディ・メディカルセンターで医療記録の仕事に戻ったが、本当はただ家にこもっていたかった。

その小さなアパートに必要なものを十分に買うお金はなかった。そのうえ大勢が一緒に暮らしていたので、眠ろうとベッドに行ってみるともう満員で、結局は床で眠ることもあった。子供たちが着ていた服はすべて中古品で、学校に持って行くお弁当は毎日、ビスケットの一種のショートブレッドとグレイビー、クールエイドだった。それでも私は、自分だけの場所が持てたので幸せだった。それに〝マミー〟が加わったことで（子供たちもジェニーバをそう呼ぶようになっていた）、すべてが変わった。子供たちの世話に関して両親が私に言ったことは誤っていたが、私は母親という役割にとどまるべきではないことに気付き始めていた。

トラウマヒーリングの仕事は刺激的だった。課題、紛争解決、転換、平和構築――この仕事は、毎日新たなことを学び、新たな人々に会い、その人たちにとって重要な問題を話すことだった。私は昔、小児科医になることを夢見ていたが、少年兵と仕事をしているとき、私は自分が医師であるような気がした。子供たちを、子供たちの心を癒すよう最善を尽くしていたからだ。地方に行くとケガをした人を助け、心の傷を癒した。

ジェニーバは私の子供たちを愛していた。子供たちを抱き締め、話しかけるとき、愛がその目に浮かぶ。子供たちはジェニーバといるとき、何も求めない。その春、私と彼女はある取り決めをした。二人のシングルマザーが、ある意味で結婚のような家族形態をつくるのだ。私が働いて家族を支える。ジェニーバが育児のほとんどを担当し、私の子供と彼女の子供に、無限の母の愛を与える。

それから七年間、私たちみんながジェニーバに頼ることになった。トゥンデは彼女に〝マネージャー〟というニックネームをつけた。彼女がいなかったら、私がこれまで成し遂げたことは、どれも実現できなかっただろう。

――仕事、学校、子供たち――。ときどきファータがペインズビルからやって来ると、みんなが居間に集まって討論したり、〝才能発掘〟の会を開き、歌ったり踊ったりした。ジェニーバが〝知性の夜〟を開催することもあった。スペリング（英単語の綴り）競争では、ジェニーバのお気に入りだったヌークがリームと組み、アンバーとベイビーのチームと戦って、毎回勝利を収めた。お金があるときは、そのあとアイスクリームを食べに出かけた。

――学校、子供たち、トゥンデ――。私はトゥンデを〝チーフ〟と呼んだ。トゥンデといると、私はダニエルと一緒のときとは別の女になった。セックスは私のなかで暴力とつながっていたので、以前とは別のものに変わっていた。寒気がしたのだ。でも、トゥンデと私は親しい友人どうしだった。彼はあらゆるニュースを読んでおり、グローバルな問題やNGOの世界に詳しく、彼らしい静かで優しいやり方で、私から話を引き出した。私は退屈することなく、また彼を退屈させていると感じることなく、ずっと彼と話をしていられた。

トゥンデは国連の世界食糧計画（ＷＦＰ）で働くようになっており、職場まで私を迎えに来て、夜には家まで送ってくれた。そこで一緒に食事をし、話をした。私は彼を尊敬し、完全に信頼していた。彼はいつも私を励まし、私たちは一切ケンカをしなかった。でも、いくつかの点で二人はとても違った。私は何年もとても貧しい身なりをしていたが、自信を取り戻すにつれ、自分の美しさを再発見するようになった。外出すると男たちは私に注意を向け、四人の子供がいるほどの年齢には見られなかった。トゥンデは着るものに一切関心を示さなかったので、私が代わりに彼をよりハンサムに見せる服やコロンを買った。週末でさえ、トゥンデはお酒もタバコも飲まず、家で本を読むのを好んだ。私は、とくに大変だった週のあとには、外出したくてたまらなかった。

ときどき、同級生の男性数人と金曜日の夜にビールを飲みに行った。一杯か二杯。私の頭の中は元少年兵の子供たちの強烈なイメージでいっぱいだった。ジョセフ・コリーの悲しげな目。泣いている、体の汚れた赤ちゃんを私の机に置くサム・ブラウン。「リーマ姉さん、俺じゃこの子を食べさせてやれない。引き取ってよ」。お酒を飲むと、すべてが受け入れやすくなるのだった。

――学校、トゥンデ、教会――。両親は私が子供を大勢産んだことを最初は怒っていたが、子供たちを愛しており、私たちが引っ越すことを嫌がった。それでも、次第に二人はモンロビアまで会いに来るようになった。「この子たちのために、これからも来るわ。だって、あなたには責任感がまったくないんだもの！」と母は言い、プードゥが痩せていないか、あからさまに体を触った。

でも、そんなことを気にしている時間はなかった。子供たちも週末にはペインズビルに行くようになり、次第に私と両親のいさかいも収まっていった。

一九九九年春、母はその年の〝女性の日〟計画委員会の委員長に誰もなりたがらないと文句を言っていた。私はまだセントピーターズでは目立たないようにしていたが、バイバと新たな友人三人の協力を得て、挑戦してみることにした。私たちは数千アメリカドルを集め、その後、私は女性組合の代表に選ばれた。毎週土曜日、ミーティングや資金集めのパーティについての打ち合わせがあり、とても楽しかった。

――トゥンデ、教会、トラウマヒーリング――。ある日、サム・ドウ(元大統領とは無関係)がオフィスにやって来た。彼は細身の真面目な若者で、短く刈ったひげを生やし、メタルフレームの眼鏡をかけていた。まさに地元のヒーローだった。高い教育を受け、経済学とファイナンスを学んだが、戦争の初期に飢死しかけている七歳の男の子に出会ってから人生が変わった。彼はWANEP(西アフリカ平和構築ネットワーク)を設立。そのミッションは、国境を越えて草の根団体をつなぐことにより、平和を促進することだった。WANEPはガーナに本拠地を置き、非暴力の戦略を用いることを強調し、暴力や戦争、人権侵害などの問題解決に女性が参加することを勧めていた。

その日、私は取り組むべき課題をBBから与えられており、それについて質問するためにBBのところに行った。するとサムがそこにいた。BBは私を追い払った。「いま忙しいんだ! 大事な人と話をしている」

私は言い返した。「相談もできないなら、どうやって仕事をしろって言うんですか」。口調は丁寧ではなかった。

「サム・ドウが来ているんだ」。ＢＢはサムのほうを示して言った。

「どうも」と私は冷たく言って、足音を立てて離れた。

「だから、君が好きだよ」とＢＢは叫んだ。「まったく、恐いもの知らずだな！」

――両親、おばあちゃん、家族――。ある日、教会の敷地内で、父がヌークによく似た九歳の男の子と一緒に座っているのに会った。男の子は泣いていた。「誰なの？」と私は尋ねた。

父は怒った様子で私を見て「お前の弟だ」と淡々と言った。「金をもらいに来たんだ。役立たずの母親のところに行けと言ったところだ」

私の弟。どこからともなく、ある記憶がよみがえって来た。高校三年生の頃、父が私を学校まで送ってくれたときのことだ。小学校を通りかかると、小さな男の子がフェンスから父に手を振っていた。父は外で産ませた子供を家に連れて帰って来たことはなかったが、だからといって、そうした子供が存在しないわけではなかったのだ。三人の女性とのあいだに五人の子供がいることを知った。リベリアの男性が外で子供をつくることは珍しくはなかったので、ほかに子供がいることにはショックを受けなかった。それでも、父がそれを巧妙に隠してきたことには驚いた。

私は父を責めなかった。おそらくは自分が犯した過ちのために、私は他人の決断を批判する資格はないと感じるのだ。それでも、父がその子供たちを養っていないことには失望させられた。

とくに、その少年、ダイヤモンドに辛く当たっていることにはがっかりした。ダイヤモンドは母親と一緒に暮らしてさえおらず、母親の友人のところに住まわせられていた。彼は両親から手放され、誰も彼のことを大事に考えようとしていなかった。

次第に、私は父のほかの子供たちとも知り合うようになったが、そのなかでも一番親しかったのがダイヤモンドだ。靴や服を買ってやり、学費の支払いも引き受けた。ダイヤモンドは多くの時間を私の家で過ごすようになった。イザヤ書五四章で、神は「あなたの天幕に場所を広く取り、あなたの住まいの幕を広げよ」と言う。二年も経たないうちに、ダイヤモンドは私の家で暮らすようになった。

「この子たちはいったい誰なの？」と叔母の一人が尋ねた。私が母親違いの兄弟全員を初めて家に招いて、私の姉妹に合わせたときだ。

両親のあいだで、この件に関してどのような会話が交わされたのかは知らない。母はとても厳しい人生を送ってきた。困難な子供時代、困難な一〇代。そして、愛情をほかの女性とも分かち合う人を愛し、結婚した。だが、母も自らを近づき難い存在にした。父の秘密をばらしたのが私だったので、母は怒った。「自分を殺す毒は、ときには自分の腹から出てくるのよ」と母は叔母に言った。

——私のアパート、家庭生活、職場——。私にはまだ、ガーナで義姉の食べ残しのイモを食べた記憶が残っていた。だから、戸棚には買える限りの食料を入れておくようにしていた。ポケットにはいつも現金を持っていて、お金がもらえる仕事を断ることはなかった。アンバーが幼稚園を卒園する日、私にはワークショップの予定があった。キャンセルすることは考えもしなかった。私はアンバーを幼稚園に送って仕事に行き、大急ぎで卒園式に戻って、両親にアンバーを家に連れて帰ってもらった。あとでお祝いをして、娘と時間を過ごさなかったことを償った。

——トラウマヒーリング、地方への旅——。ときどき、私たちのグループは金曜日に村に入り、週末じゅう滞在することがあった。ときには、一週間滞在することもあった。私は実務担当の指導員だったので、村の年長者やリーダーなど、指導対象としてふさわしい人たちを探し出し、また食事の準備をしてくれる地元の女性を雇った。セントピーターズの保安責任者として父も同行したが、父はこれを臨時の新たな女性の〝友人〟をつくる機会として利用していた。私は父を避けた。

私はグループを指導していたが、やがてチームのなかで女性が私だけなのはなぜか、私たちのトレーニングを受ける〝リーダー〟がすべて男性なのはなぜかと思い始めた。ワークショップが終わると、私は自分がよくキッチンの辺りにいて、働いてくれた女性たちと座って話をしていることに気付いた。私たちはたいてい、ただ喋って、笑って、冗談を言っていただけだった。でも、疑問が浮かんでくる。なぜ、私たちはここに、外側に座っているのだろう。それに、私が町のプロジェクトで仕事をしていると、誰かが私を指して「あの人は料理人ですか？」と上司に聞くのはなぜだろう。なぜ、平和の実現について男たちが議論しているあいだ、戦争の辛さに耐えてきた女たちが、黙っていることを求められるのだろう。

リベリア中央部への旅で、私はまた別の少女に会った。この子はおそらく一〇歳くらいだったと思う。彼女は私と同じくらい肌の色が薄く、赤い髪をしていた。村の子供だった——母親は出産のときに亡くなり、父親はおらず、地域で面倒を見てきたが慈しまれたことはない。学校へは行かず、町を裸足で歩き、とても不潔だったので〝ブタ〟と呼ばれていた。彼女は老婆のような声で、私に話しかけてきた。「リーマ、私もあなたのように書くことを勉強したい。リーマ、私も文字が読めるようになりたいよ」。私はその子にズボンとドレスを買い、体を洗って、髪を編んでやった。

「一緒に連れて行って！」とその子は必死にせがんだ。でもこのときも、神の支えでこの子を養えるとは考えられず、彼女を残して私は帰った。この子のことも、決して忘れることはできない。なぜなら彼女も失望させてしまったからだ。私にもっと信念があったなら、私は二人の女の子に「イエス」と言っただろう。二人はまだ私と一緒にいたかもしれない。何か偉大なことを成し遂げたかもしれない。

第10章　女も声を上げよう

一九九九年終盤、女性の参加を推進していたWANEPから、ガーナで開催される会議に招かれた。アクラに到着すると感情が高ぶるのを感じた。私はそれまで二回この町に来たが、二回とも船で来て、二回とも体調が悪く貧しかった。今回は飛行機で到着し、上等のホテルまで車で行く。ホテルのロビーを歩いていると、現実ではないような気がした。私は本当にここにいるの？　これは本当に私なの？

会議の参加者で、私のように肩書きも学位もない人はわずかだった。最初はトラウマヒーリングのオフィスに初めて行ったときのような感じがして、ただ座って話を聞き、自己紹介をした以外は一言も話さなかった。ここで受けた訓練は〝初期警告（early warners）〟というものだ。これは、地元の人たちが奇妙な出来事や行動に気付くのを活用して、問題が起こりつつあることを察知するというものだ。たとえば、市場で働いている女性が、市場が開く日に男性が異常に多くいることや、見知らぬ人が大勢いることに気付いたら、兵士が町に来ていて戦闘が間もなく始まるサインかもしれない。

みんなが話しているのを聞いていると、平和構築に関して重要な仕事が多数計画され、考えられていることが分かった。私は誰かに、どの手法が使えるかだけでなく、その手法を選ぶ根拠となる理論を教えてもらいたいと思った。オフィスから支給された日当のほとんどを使って、あらゆるパンフレットや本を買った。議論の複雑さにはたじろいだが、一方で非常に興味深くもあった。トラウマヒーリングで私がやっていた仕事は、傷ついた人々や地域社会を修復することが焦点となっていたが、そもそも初めから傷つくのを防いだほうが合理的ではないか？　この仕事について学べば学ぶほど、私がやりたいのはこれだと思うようになった。

　早く帰って、トゥンデやジェニーバに話したかった。でも、もう一つガーナでやるべきことがあった。ヒスキアス・アセファによると、真の和解には四つの側面が求められるという。神との和解、自分自身との和解、自分の環境との和解、そして最後に自分を怒らせた人との和解。私はトラウマヒーリングのワークショップで、このコンセプトを私なりのやり方で説明しながら使っていた。
「あなたは〝不幸の谷〟にいます」と私は言う。「怒りと絶望と苦痛の場所です。あなたを傷つけた人――あなたをレイプした人、家族を殺した人もここにいます。もし、あなたがその人に対してまだ怒っているなら、まだ許せないなら、あなたはその人に鎖で縛られているのです」。誰もがこの真実を感じ取れる。誰かがあなたを怒らせ、あなたがそれを忘れられないなら、その人に会うたびに息遣いは荒くなり、鼓動は早くなる。トラウマがあまりにも大きい場合、復讐を夢見るようになる。「あなたの頭上には〝平穏と繁栄の山〟があり、だれもがそこに行きたいのです」と私は続ける。「でもその山を登ろうとするとき、あなたがまだ許していない人が重荷になります。許すか許さないかは、あなたが決めることです。どのくらい長く死を嘆き、レイプへの怒りを抱くかは誰も指図できません。でも、その鎖を断ち切るまでは、あなたは前に進めないのです」

これは私にとっても真実だった。重荷となっている過去はダニエルだ。私はまだこんなことを考えていた。——学校に行って大成功して、彼に目に物見せてやる！——鎖はまだ存在していたのだ。私はホテルを出てタクシーに乗り、ダニエルのお母さんの家に行った。家には誰もおらず、埃っぽい道で遊んでいた子供たちのほかは、誰も私に気付かなかった。周囲の荒れた家々をしみじみと眺めた。もし「あんな人生を二度と歩まない」と自分に言い聞かせなかったら、いまの私はなかっただろう。ダニエルの義理のお兄さんが近くの教会で牧師をしており、私はダニエルが彼と一緒にいるのを見つけた。ダニエルは私を見て驚いた。

「子供たちはどうしてる？　もう一人生まれたって姉さんから聞いたけど、俺の子か？」

「まさか、違うわよ」と私は言った。

「姉さんがお前から写真を送ってもらって、その女の子が俺たち家族によく似ているって言ってたよ」

「いいえ。あの子はジョセフィーンに似ているわ」。会話は意味のないものになっていった。数分経つと私は我慢ができなくなり、ただ悲しくなった。「私がなぜ今日ここに来たか知ってる？」

ダニエルは首を振った。

「あなたと別れるためよ」

「ふーん。もう何年も前に別れたと思ってたけど」

「私の心のなかでは、そうじゃなかった。まだ怒りがたくさんあった。だから、今日はあなたを許すと言いに来たの。私はあなたを許します。そして前に進むわ」

沈黙があり、そして「ありがとう」とダニエルが言った。


私の小さなアパートの賃貸契約が終了したとき、両親はまたオールドロードの家に住んだらどうか、と言ってきた。父は私に浴びせた言葉を詫びることはなかったが、かつては私に辛く当たった母が、私を応援し続けてくれた。

「その調子よ。頑張って。神様が助けてくれるわ」

そして私たち八人は家に戻った。

＊＊＊

リベリアは戦争状態にはなかったが、平和でもなかった。チャールズ・テーラーはシエラレオネの反政府グループ〈革命統一戦線〉のリーダー、フォディ・サンコーを積極的に支援し、ダイヤモンドと引き換えにリベリアの兵器をサンコーに渡したとして国際社会から非難された。リベリアは国際社会ののけ者で、経済も機能せず、仕事もなく、破壊されたものも修復されず、極貧の世帯への支援もなかった。ロファ州では反テーラーを掲げるグループが組織され、ＬＵＲＤ〈リベリア和解・民主連合）と称した。一九九九年終盤、戦闘が勃発した。テーラーが支配する町や村をLURDが攻撃、政府軍が反撃した。

　誰も占領地を長期間維持できなかった。再び市民が板ばさみになり、ロファ州はリベリア最大の難民地域となった。

　テーラーは大統領に就任して以来、リベリア国家警察と国軍に自分の軍隊の兵士を多数入れていた。地方でトラウマヒーリングを続けるうちに、抵抗と絶望の声が大きくなっていった。「仕事がないのに、どうやって心を癒せるのか」。「家族も養えないのに、どうやって先のことを考えられるのか」。また、こんな声もあった。「こんなことをしても時間の無駄だよ。戦争中に僕らを犠牲にした奴らが、いまは軍隊にいる。警察にもいる。奴らがまた来て同じことを繰り返すから、あなたはまた僕らを癒しに来なきゃならないだろうな」

　トラウマヒーリングは新たな展開を始めた。地方の保安担当者――警察や移民局、税関職員などに向けたワークショップを行うのだ。そうすることで、彼らに「自分たちの役割は社会から搾取することではなく、社会を守ることだ」と認識して欲しいと考えたのだ。私の出張は増え、すべての州に行った。ときには、幼い子供たちから離れるのは、罪の意識を感じながらもホッとするものだった。だが、私が出かけて、戻って来て二日だけ家にいて、また出かけると言わなければならないとき、子供たちのがっかりした顔を見るのは悲しかった。ヌークとジェニーパはとても仲がよかったので、ときどき親子だと思われることがあった。あるとき家に帰ると、みんなでくだらない歌をうたって、プードゥを喜ばせていたと聞いた。私もうたってみたが、プードゥは口をとがらせた。歌詞がまったく間違っていたのだ。

「マミー、これでいいのかしら」と私はジェニーバに言った。

「ほかにどんな方法がある？　私たちはみんな、あなたに頼っているのよ」

ほかに方法はなかった。子供たちを貧困のなかで育てたくないなら、両親やトゥンデに頼りたくないなら、ほかに方法はなかったのだ。ある日、モンロビアで女性だけのセッションを開くことになり、私がファシリテーターの一人になった。私は標準的なアジェンダに沿ってセッションを始めた。つまり、参加者に個々人の問題について少しずつ話してもらい、続いて紛争解決の方法や、敵を許すことの大切さ、破壊的な関係を断ち前に進むことの重要性などについて議論を行う。

「行き詰まっていると思いませんか？」と私は参加者に問う。「この地域を見てください。雑草は伸び放題。不潔な環境で暮らしている。子供たちは悲惨な状態です」。ワークショップのあとで何人かが私のところに来て、過去は忘れて行動を起こし、草を刈り家をきれいにすると言う。参加者は気分がよくなる。会話のなかで癒しと改善の気運が生まれたと知って、私は満足する。

それでも、トラウマヒーリングのこうした進め方には不完全で苛立たしい点もあった。ときおり、ワークショップの参加者が自分の話をしている途中で泣きだし、話し続けたがるときがあった。彼らは「大切な話だ」と主張するが、そのための時間は設けていないので、私は話を打ち切らなければならない。

その日、私が受け持っていたのは警備担当の女性たちで、通常のアジェンダはまったく使えなかった。私の話に割り込み続け、自分の話をすると言ってきかないのだ。まず、この女性たちに言いたいことを言わせなければワークショップは続けられない、と判断した。私はセッションをいったん終わりにして、「みなさんの仕事が終わったら、今晩もう一度ここに集まって、話をしましょう」と言った。

その夜、四〇人ほどが戻って来て、椅子を輪に並べて座った。発電機が何度も止まったので電気は消すことにして、話を始めた。みんなが順番に話し、話す人は全員から顔が見えるようにキャンドルを持った。私は戦争の話が語られるのだと思っていた。でも、この先何度もそうなるように、女性たちが話したがっていた内容は、戦争以前にさかのぼるものだった。最初の人は自分の夫について話した。果てしなくセックスを求められ、子供が多くなり過ぎて苦労していること。港の警備責任者は、自分が個人として何の価値もないと思っていることを告白した。四人の子供の母親は、一〇代で結婚し暴力的な関係が続いていることを話した。話を終えると、みんなホッとして涙を流し、同じことを言った。「誰かにこの話をするのは初めてです」。女性たちは五時間話し続け、終わったのは午前三時だった。

トラウマヒーリングの仕事をした日はなかなか眠れず、横になったまま考えを巡らせる。その夜はさらに、私の頭は火がついたようだった。何か桁外れのことが起こったと分かったからだ。次の日、オフィスに行ってBBに話すと、私がとても重要な何かを学んだということにBBも同意見だった。それ以降、私がトラウマヒーリングを行うときは、相手が警備の女性であれ牧師の妻であれ、夜に時間と場所をとっておくようにした。毎回、同じ結果が得られた。

「これまで経験したことを話しましょう」と私は言う。私はコッファについて話し、オールドロードで近所に住んでいたジョージについて話した。ジョージはクペレ族だったが、クラン族と間違われて殺されたのだ。私は心に抱いていることを、聞き手にインパクトを与えながら話す方法を身に付けつつあった。また、なかなか話し出せない人から話を引き出す方法も学びつつあった。

「私が訪れたリベリアのある地域では、自分の赤ちゃんが飢えるのを見ているしかない母親たちがいました。みんなレイプされたことがありました。でも、この部屋にはそんな経験をした人はいないと思いますが」

押し殺したような泣き声。「何ですって。でも、私は……」

「分かりました」。私は静かに話しかける。「では、あなたの経験を話してもらえませんか」

女性のグループに話をするとき、私は自分をコントロールできた。力強く、自信のある別の人物になるのだ。恐ろしい夜もあった。涙が流れるばかりの夜もあった。家族にレイプされたために妊娠した女性たちの話を聞いた。子供の死の話も聞いた。そして常に、戦争の話があった。

「兵士が難民キャンプに来たんです。『持っている金を全部よこせ』と言うから、渡しました。全部あげたんです。そうしたら次に『服を脱げ』と言うんです。言われた通りにしました。全員が私とセックスしました。一人を除いて。その人が最後で、俺のペニスはお前にはもったいないと言って、代わりにナイフを使ったんです」

これが、女性が公に話せるささいな話に聞こえるだろうか？　ささいではない。驚天動地だ。アフリカでは母親たちは、セックスについて娘にさえほとんど話さない。レイプされた女性の多くが家族にも言わない。それが汚点となり、違う目で見られてしまうからだ。誰もが一人で痛みを抱えている。

私は母のことを考えた。お米を少しあげたために、その人が殺されるのを見た母。政府の兵士に殴られ、行き先も分からない船に乗って子供たちを連れて逃げた母。絶対に明かさないという、子供時代の秘密を抱えたままの母。その一部でさえ、誰かに話したことはないと思う。時間がないのだ。生活は続いていき、みんなが母に頼っている。――女はスポンジだ――と、私は思う。すべてを自分のなかに吸収する――別れた家族のトラウマも、愛する人の死も。子供や夫の話を聞き、社会や信念の体系が破壊されるのを見て、その痛みまでも吸収する。女は強くなければならず、愚痴を言うことや経験を誰かに話すことさえ、弱さを示すことだからと全部を抱え込んでしまう。だが、そうした悲惨な経験を抱え込むのは、怒りを抱え込むのと同じくらい重荷となる。私はそれを絞りだす方法を見つけた。

二〇〇〇年一〇月、私は再びガーナで開かれたＷＡＮＥＰの会議に行った。このときは非暴力が論点となっていた。ある晩、映画『ガンジー』を見た。この偉大な平和構築者の物語を、同様に悪や不正と戦うことに生涯を捧げている人々と一緒に見ると、心が奮い立つ思いがした。

「暴君や殺戮者が存在し、彼らを決して倒せないと思える時期があるかもしれません」とガンジーは言う。「しかし最後には、彼らは必ず滅びます。必ずです」

　私は銃の威力を自分の目で見てきたので、非暴力を戦略として用いることには疑問を持っていた。だが次第に、ガンジーは正しいと思うようになった。暴力を用いるリーダーの栄光は、その政権と同様に短い。ヒットラーやスターリンが権力を握ってからわずか数十年後には、彼らは世界から非難されるようになった。一〇年後、誰がチャールズ・テーラーを尊敬するだろうか。でも、私たちはいつまでもガンジーを尊敬するだろう。ネルソン・マンデラやダライ・ラマ、ローザ・パークス［アメリカの公民権活動家］も、いつまでも尊敬する。リベリアにいま必要なのは、こうしたタイプのリーダーだ。ビジョンと強さを持って、平和を推進する人だ。国連や平和維持軍が力を貸すのは一時だけ。結局彼らも、生きて故郷に帰りたいのだから。私たちは自らの力で国を救う必要があるのだ。

　リベリアのガンジーとなるのは誰だろう。BBだろうか？　BBは即座に人を見抜くことができる。社会を本当に救おうとしている人なのか、あるいはお金と名誉のためだけの人なのかを判断できる。それとも、情熱的で知的なサム・ドウか？　WANEPの理事を務めるトーノラ・バーピラか？　彼らは謙虚だが恐れを知らず、雄弁でものごとに全力を傾ける。権力者にも真実を語る。私は彼らに国を救って欲しかった。

　私も彼らのようになりたかった。

　会議のあいだじゅう、ある美しい女性が気になっていた。私と同じ二〇代後半だったが、彼女はずっと洗練されており、欧米スタイルのビジネススーツを着て、髪は後ろでポニーテールにまとめていた。その女性、テルマ・エキヨーはナイジェリア出身だった。高い教育を受けており、裁判外紛争解決を専門とする弁護士で、すでにそのテーマで論文を発表していた。テルマは明らかに自分の人生を思い通りに歩んでいた。議論ではいつも何を言うべきか分かっていた。何人かでホテルのバーに飲みに行ったとき、テルマは座ったままで、サム・ドゥに飲み物を頼んで持って来てもらっていた。でも、私たちは言葉を交わさず、彼女は私に気付いてもいないようだった。お高くとまったイヤな人だと、私は決めつけた。

そして最終日、サムは私たちを車に乗せ、地元のナイトクラブへ連れて行った。テルマは中へ入ろうとしなかった。あとで知ったのだが、彼女はそんな遊びが好きでなかったのだ。私も気が引けて入りたくなかったので、野球帽をかぶった。そうしたら問題は解決した。クラブのほうが私の入店を拒んだのだ。私たちは車のなかに残された。時間が過ぎていった。もしテルマが最初に口を開かなかったら、サムとほかの人たちが戻るまで、私たちはただ沈黙したまま座っていたかもしれない。私はサムの目の前でBBに言い返せるほど〝恐いもの知らず〟だったかもしれないが、いつも男性に対してのほうが、女性に対してより自信を持てるのだった。男性が私を美しいと思い　話をしているときは頭のなかを評価していないことに、私は気付いていた。

だが、テルマは口を開いた。「ねえ、どんな仕事をしているか教えてくれる?」その後二時間、私たちは話し続け、話が止まることはなかった。そして、いまでも話し続けている。

いろいろな点で、テルマと私は正反対だった。私がダニエルと一緒にいて子供を産んでいた頃、テルマはイギリスの法律大学院に通い、スタンフォード大学の特別研究員だった。私が騒がしいのに対しテルマは物静かで、落ち着きがない私に対し、テルマは集中力があり勉強好きだった。彼女は未婚で子供もいなかった。だが、女性を支援する仕事への情熱では、二人は共通していた。一九九〇年代初期に、テルマはニジェール川デルタ地帯に行った。地元の少数民族が、海外の石油会社に搾取されていると感じている場所だ。そこでテルマは女性が苦しんでいること——女性の声が聞かれていないことを知った。

最初に話した夜から一〇年以上が経った。いまではテルマはただの友人ではない。私の姉妹であり、双子の片割れであり、ほかの誰も知らない私の政治的な面を理解している人である。彼女になら、恥ずかしいと思うことなく何でも話せるし、彼女が決して私を批判しないことも分かっている。いつも互いに正直なので、私たちはこんなジョークも言う。「もし誰かを殺したら教えて。私が埋めて、ウソをつくから」。テルマは知的な面で私の背中を押した。「あなたは能力の半分しか使ってない！」最初の頃からこう私を叱り、私が自分でも活かしていなかった能力に最初に気付いた。ケンカもしたが、神が私たちのあいだに定めたのは愛だった。

アクラでのその夜には、私がリベリアの農村部でトラウマヒーリングを行う際の課題について話した。とくに、誰も村の女性のことを真剣に考えず、私が男性の同僚のお手伝いとして見られることについて話した。

テルマは私に秘密を教えた。「ＷＡＮＥＰのような平和構築のためのネットワークを始めようと思っているの。ただし、女性のためのネットワークをね」。それは斬新で、完璧にタイムリーな計画だった。国際的にも、女性が平和と交渉のプロセスから取り残されている、という認識が高まっていたからだ。二〇〇〇年一〇月、国連の安全保障理事会は決議一三二五号を採択した。ここでは「民間人、とりわけ女性と子どもが、武力紛争による被害者の圧倒的多数を占めている」ことを指摘し、性別に基因する暴力から女性を守る必要があることを認め、また「紛争予防と解決にかかわる意思決定における女性の役割を高める必要がある」とした［決議の日本語訳は『女たちの２１世紀』ＮＯ三三（アジア女性資料センター、二〇〇三年）より］。しかし、決議の採択だけでは、現実に何かが行われることにはならない。

「すごい！　もっと教えて」。私は言った。

テルマはこの計画をＷＡＮＥＰに提案し、そこから資金を得られないかと考えていた。彼女は連絡すると約束してくれた。

家に帰ると、私の頭はフル回転していた。――テルマはＢＢやサムのように思索家で、ビジョンを持った人だ。だが、私と同じように、女性でもある――。

第11章　新しい平和組織を立ち上げる

二〇〇一年の夏、私はマザーパターン大学を卒業し、文学士の学位を取得した。盛大な卒業式だった。私はアーサーとヌークに黒のスーツを買い、二人はその朝着替えると、オールドロード地区の人たちに、「ママが今日卒業します！」と知らせた。大学のグラウンドには丘があり、卒業生はホールで卒業証書を受け取る前に、全員がその丘から行進することになっていた。プードゥは小さかったのでジェニーバと一緒にいたが、卒業生の通り道のすぐ下のところに、ベイビーがほかの子供たちを並ばせて、私から顔が見えるようにした。丘を下りてくると、スーツを着たアーサーとヌーク、赤と白のドレスを着たアンバーが大きな笑みを浮かべて手を振っていた。いまでも、私の記憶のなかにその光景が刻みつけられている。

その夜、オールドロードの家でも盛大なパーティを開き、何十人もが集まった。両親、トゥンデ、バイバ、教会の友人、地域の少年たち。私がトレーニングを担当した警備担当の女性たちが大勢来てくれたのには感激した。アサトゥ・ベン・ケネスが連れてきてくれたのだ。

アサトゥを初めて知ったのはワークショップの最初の晩だった。彼女は明らかに女王蜂的な存在で、ほかの女性は彼女の周りに集まり、代表《プレジデント》の意味で〝プレソ〟と呼んでいた（当時アサトゥは警察の広報責任者で、リベリア女性法執行協会の代表だった）。アサトゥは私より何歳か年上のイスラム教徒だった。積極的で強い人で、静かな威厳をたたえていた。社会学の学位を持ち、結婚していて、子供が二人いた。片足にわずかな障害を抱えながら警察学校を修了し、そのことから相当な努力家だということがうかがえた。キャンドルを灯したセッションでは個人的な経験は話さなかったが、後日私が開いた女性のためのイベントで声をかけてくれた。

「あなた、ジェニーバとマーラの妹じゃない？」

アサトゥは私の姉二人と内戦前の学校で知り合いだった。ワークショップのあと、私たちは連絡をとり合うようになった。現場に出るとき、私はアサトゥに頼んで付き添ってくれる警備の女性を見つけてもらった。彼女は知的で優しく、話しやすかった。母親どうしも知り合いだと分かった頃には、友人になっていた。

卒業パーティでスピーチをする時間となったとき、私はまず母に向かって言った。「支えが欲しいときに支えてくれて、子供たちの面倒を見てくれてありがとう」。そして父を冷たく見つめて、「侮辱してくれてありがとう。あんなふうに侮辱してくれなかったら、私は変われなかったかもしれない」と言った。父は恥ずかしそうにし、目には涙を浮かべていた。

もう大昔のように感じられる高校の卒業パーティよりも、この夜の私にはずっと達成感があった。病気の子供を抱えながらの勉強、ロウソクの灯りでの読書、仕事と勉強のバランスをとるストレスと緊張感、能力不足でやり遂げられないかもしれないという不安。それらをすべて乗り越えたのだ。優等での卒業だった。

学位を取得してすぐ、トラウマヒーリングのオフィスが私をフルタイムの正職員とし、給料をそれまでの倍の二〇〇アメリカドルにしてくれた。テルマからも連絡があった。女性のためのネットワークを始める助成金を、WANEP（西アフリカ平和構築ネットワーク）が出してくれることになり、アクラで開かれる創設会議にテルマが私を招待してくれたのだ。

WIPNET（平和構築における女性ネットワーク）の初会合の熱気は大変なものだった。シエラレオネ、ギニア、ナイジェリア、ブルキナファソ、トーゴなど、西アフリカ一六カ国のほとんどから女性が集まった。テルマはトレーニングマニュアルを手書きしており、そのエクササイズは女性を表舞台に立たせ、巻き込み、紛争と紛争解決について教え、また、そもそもなぜこうした問題の解決にかかわるべきなのかを理解してもらうものだった。最初のセッションは、個々人の経験を話すというものだ。女性どうしで、正直に話すのだ。まさに、私がリベリアでやっていたのと同じもので、テルマにもそう言った。「出会う前にお互いの心が読めるとは、私たちは魔女だね」とあとで冗談を言い合った。

経験を共有し、打ち明けること、これをリベリアの女性たちは〝肩の荷を下ろす〟と言うようになった。この会議でのセッションは午後七時に始まり午前二時過ぎまで続いた。私の前に話した人は全員が、何かの修士を持っているとか、どこかの運営責任者だと自己紹介をした。でも、私はもう自分の経歴を恥ずかしいとは思わず、こう言った。「私はただのリーマ、四人の子供の母親です。最近、文学士の学位を取りました。女性と平和構築にたいへん興味を持っています」。そして、みんなが話を聞こうと静まるなか、この会議に来るまでのすべての経験を話した。これまで誰にも話さなかったことも話した。アーサーと病院の廊下で一週間過ごしたことだ。言葉があふれ出てきて、止まらなかった。夜遅い時間で、私が長時間話したために途中で眠ってしまう人もいた。目を覚ましても、まだ私が喋っていた。話し終わると、私の恥は一掃されていた。私が行ったワークショップに参加した女性たちのように、自分のなかの大きな傷が癒されたように感じたのだ。

その部屋のエネルギーといったら！　大勢の女性の集まりにいるだけでも、力がみなぎった。楽しさ、冗談、幸せ。家に食べ物がないことも忘れてしまう。熱い思いと計画がたくさんあった。より多くの女性に参加してもらう必要があり、リクルート活動を表現するために〝呼び寄せ、正面から向き合い、参加させて、目覚めさせる〟というフレーズを使った。私たちはそれぞれの国に帰り、参加しそうな女性を探して一緒に活動し、五年間かけてネットワークを築くのだ。

アフリカでは誰もこうした活動をしていなかった。つまり、女性と平和構築だけに焦点を当てた活動だ。国境を越えて活動家の女性を組織していた人もいなかった。この活動が持つ潜在的な力は計り知れなかった。私は元兵士の恋人や妻たちを思い出した。自分を暴力でしか表現できなかった人たち。それから、キリスト教の雑誌で読んだ話についても考え続けた。それはボスニア戦争のあいだ、サラエボで活動した二つの女性グループの話だった。一つはセルビア人のグループで、もう一つはイスラム教徒のグループ。包囲された町でそれぞれ別の場所に住んでおり、一方には電気があり、一方では水が手に入った。水がある人たちは電気がある人たちのところにバケツで水を運び、洗濯機を動かして洗濯ができるようにした。この間、互いに話をするなかで、両グループは共通点があることを発見した。夫や息子が戦闘に出かけて戻って来ないこと。家族が傷つき弱っていること。女性たちは銃の威力を凌ぐ共同体を形成した。

ＷＩＰＮＥＴにより、私にとってのすべてが一つにまとまった。暴力行為が続いているあいだは、トラウマを癒すことはできない。だから、最初にすべきなのは平和に向けての活動だ。女性を巻きこまなければ、永続的な平和についての交渉はできない。しかし、女性が平和構築者となるには、まず自分の強さの認識を阻んでいる痛みから解放される必要がある。感情面の解放だけでは平和を構築することはできないが、ＷＩＰＮＥＴはその新たなエネルギーを政治行動につなげる。こうしてすべてがまとまるのだ。

会議ではその実行役を買って出た。ほかの人たちが座ってコーヒーを飲んでいるあいだ、私はテルマを探し出して尋ねた。「何か手伝うことはない？　部屋を準備しましょうか？　ほかにやることは？」私たちは一緒に夜遅くまで起きて、資料のホチキス留めをした。「本当にやりたいのよ」。会議が終わる前に私はテルマに言った。「トレーニングになる機会があったら、どんなことでも私を呼んでね」

のちにテルマは、私が正直で謙虚で、とても一生懸命に働くので、私にほれ込んだと言った。彼女は私の訓練役を買って出た。それ以降、テルマが会議や平和構築のトレーニングに招かれるたび、それがガーナでもナイジェリアでも、セネガルでもシエラレオネでも、彼女は一緒に行かないかと誘ってくれた。ときには、自分でトレーニングをしなさいと言い、あとで評価してくれるのだった。これは対処の仕方が難しかった——テルマは友人だったが、こうしたときには完全に変わった。まるで、四〇歳の女性が一〇代の少女を教えているようだった。

「もっと焦点を絞って」と彼女は叱る。「バラバラなことをやっているわ」。でも、テルマは私のなかにリーダーとしての素質を見出した。そして、それにより私の自分自身の定義も変わり始めた。もはやソーシャルワーカーではなく、平和構築者《ピースビルダー》だ。WIPNETの会議から帰って間もなく、WIPNETが第一支部をリベリアに開設し、テルマが私をコーディネーターに任命したことを知った。

事態は急速に動いた。最初に直面したのは女性団体の政治的な問題だった。私はかかわっていなかったが、リベリアにはすでに確立された女性運動があった。MARWOPNET（マノ川同盟女性平和ネットワーク）は、リベリアとシエラレオネ、ギニアの三国が隣接する地域での紛争を終結するために活動していた。LWI（リベリア女性イニシアチブ）は、早くも一九九四年には戦争の終結と武装解除プロセスへの女性の参加を求めて、ストライキと抵抗運動を行っていた（友人のアサトゥはLWIで活動していた）。

両グループとも、戦争が女性と子供にどう影響するか、また戦争終結と平和構築に女性がかかわる必要性を世界に訴えようとしていた。ともに、ある程度生命の危険を冒しながら活動しており、それに誇りも感じていた。だが、両グループのメンバーの多くは、高い教育を受けた特権階級の人たちだった。チャールズ・テーラーは社交行事に彼女たちを招待し、「リベリアの傑出した女性」と呼んだ。彼女たちはやや偏狭なところがあり、自らの領分を守ろうとする傾向があった。

テルマがリベリアに来たとき、WIPNETの立ち上げと私のコーディネーターへの指名を発表する場として、彼女はLWIの集会を選んだ。集会はLWIのリーダーの一人である、エトゥイダ・シュガーズ・クーパーの家で行われていた。発表に対して、よい反応は得られなかった。

「何ですって？　ダメよ！」女性たちは冷たかった。「いったい、そのリーマってどこの誰？」私は部屋の隅で聞いていた。「その人、女性運動にかかわったことがないんでしょう。身元を調べて、承認を受ける必要があるわ。画期的な活動なのだから、すでに運動に加わっている人が運営するべきよ」

「残念ながら、そうはできません」とテルマが言った。「彼女は私たちが選んだ人物です。決定を変えることはできません」

「自分が適任だって、どんな根拠でその人は言っているの？　どんな経歴を話したの？」

私は離れて立って、震えていた。涙が出てきた。自分でそのポジションを求めたのではなかった。誰かを出し抜こうとしたわけではなかった。

突然、私の腕に誰かの手が触れた。シュガーズだった。シュガーズは単なるLWIの活動家ではなかった。女性運動のゴッドマザーとでも言うべき人だった。このときシュガーズは五〇代で、二人の子供の母親だった。特権階級の家に生まれてスイスで教育を受け、その後、特権的な生活に背を向けて、平和と女性の権利のために勇敢に戦っていた。反対運動を行ったため何度も逮捕された。徹底的なフェミニストで、LWIのなかではもっとも急進的。あらゆる種類の残虐行為に激しく反対し、弱者を利用する者とは誰とでも戦った。そのシュガーズが、私を脇へ連れだした。

「涙を拭いて、泣きやみなさい！」と彼女は命じた。驚いて私は涙を止めた。「恐がっていることを知られたら、あの人たちは生涯あなたを利用するよ」

「この役目を果たせるのか、分からないんです」と私は言った。「こんなことは、いままでまったく経験がありません」

「それを言っちゃダメ。あなたが一緒に仕事をしている男たちを知っているけれど、強くなければ、あの人たちとは働けないよ」。シュガーズは決意に満ちていて、同時に母性的でもあり、白髪が交じったブレイズの下の目は険しかった。LWIのメンバーは信念に忠実ではあったが、そのほとんどが五〇歳を過ぎていた。シュガーズは、前進するためには活力とスタミナがある若い人が活躍するべきだと考えていた。彼女が自分の立場を決めたら、それが揺らぐことはない。チャールズ・テーラーには決して付き合わず、のちにテーラーに「彼女は絶対に譲らないから尊敬している」とまで言わしめたほどだ。

「あなたを支持する」とシュガーズは言った。「アドバイスが必要だったら、私のところへ来るのよ。何か必要だったら、私のところへ来なさい」。彼女は私の腕を揺さぶった。「さあ、戻って。堂々としていなさい」

ＷＩＰＮＥＴのコンセプトは素晴らしかったが、組織としての資金はわずかだった。ようやく借りられたオフィスは、キリスト教保健協会に属する敷地内の建物のなかにあり、ＷＡＮＥＰのオフィスもそこにあった。オフィスには部屋が四つと会議室が一つあり、家具はＷＡＮＥＰのネットワーク内の組織から寄付されたものだった。私の机には穴が開いていた。

コーディネーターの給料では家族を養えなかったので、私はトラウマヒーリングの仕事も続けなければならず、日々の運営を手伝ってもらうためアシスタントを雇った。バイバが推薦してくれたのはセルー・ガルロで、以前ルーテル世界連盟で働いていたが、その頃は失業していた。

二〇〇二年二月、セルーと私はガーナを訪れ、会議に参加した。今回のセッションは〝指導者のトレーニング〟だった。そこでのＷＩＰＮＥＴの目標は、それぞれの国で私たちが指導を行えるようになることだった。それにより戦争と平和の問題が起こったときに、指導を受けた人たちが声を上げられるようにするものだ。西アフリカ各国で、それぞれ新たに年間二〇人をネットワークに加え、五年間で一〇〇人に、またリーダーとなる活動家が各地域に一人はいるようにすることを考えていた。

私たちはテルマがつくったトレーニングマニュアルを使った。そのエクササイズは女性に教えるというより、女性を変えようとするものだった。全員がWIPNETの構築にそのマニュアルを使い、私を含めた大勢が、その後何年もそのマニュアルに頼っている。

〝女性であること〟というエクササイズでは、参加者各自が「私にとって、女性であるということは……」という考えをまとめる。参加者は自分自身の絵を描き、グループに説明する。ほとんどの女性が、自分の嫌いな部分――痩せている、飛び出した目、縮れた髪などを中心に描き、グループは笑い転げる。でも、小さな手鏡とキャンディ一つで、自分を正しく評価できるようになる。「目を閉じて、キャンディを味わいましょう……。甘みが広がるのが分かりますか？　では目を開けて鏡を見て、どんな顔をしているか見てみましょう」

エクササイズの終わりには、誰もが自分のなかに好きな部分を見つける。

〝冠とイバラ〟のエクササイズは、また別の質問で始まる。「女性として、あなたの冠は何ですか？　あなたのイバラは何ですか？」［キリストがかぶせられたイバラの冠にちなんだものと思われる］この強力なセッションの終わりには、イバラと冠は同じものであることが分かる。私のイバラは、四人の子供の面倒をきちんと見られないことだが、私の冠はまさにその子供たちで、子供たちの愛だ。そのことに気付くと、自分の人生の見方が変わる。

自分の痛みを話すグループで女性たちが互いの共通点を理解するのと同様に、こうしたエクササイズでは、普通の女性が自身の力を感じとる。

「女性として、あなたの役割は何ですか？」

「私は何者でもありません……母親です。子供たちの母親です」

「母親として、あなたは何をしますか？　お子さんのために、お金を稼ぎますか？」

「ええ……」

「では、あなたは扶養者でもありますね」

笑顔。「そうです。私は扶養者です」

「教会でも活動をしていますか？」

「はい……」

「では、あなたはリーダーでもありますね。教会や地域で、問題の解決に当たりますか？」

「はい。やっています」

「なるほど。では、平和構築者ですね」

「そうです！　私は平和構築者です！」

このときの会議も熱気があふれていた。一方で、戦争はまだ身近なものだった。ある日の午後、みんなでアクラに買い物に出かけたときのこと、近くの車がバックファイアを起こした——パンパンパン！　反射的に、セルーと私、それにシエラレオネから来た人たちが地面に伏せた。ナイジェリアの人たちは立ったままで笑っていた。


そしてその直後、セルーと私は、今度は本当に恐ろしいニュースを聞いた。テーラーに反対するＬＵＲＤ（リベリア和解・民主連合）が少しずつ力を増し、モンロビア近郊で銃撃戦が行われたあと、テーラーが非常事態宣言を発したのだ。命令に抵抗する者やグループは誰もが罰せられる。再びリベリアに影が差し始めていた。それなのに私は、子供たちから一一〇〇キロも離れた場所にいる。家に帰らなければ。私はパニック状態だったが、それでも新しい仲間とのきずなを感じた。リベリアから会議に参加したのはセルーと私だけで、会議が終了する前に、ほかの参加者が私たちの緊急事態を助けるために寄付を集めてくれたのだ。

すべてが張り詰めていた。テーラーが非常事態を宣言したあと、モンロビアの新聞社が一社閉鎖され、記者が逮捕されて殴打された。テーラー大統領の特殊作戦部隊や反テロリスト部隊がモンロビア周辺で奇襲作戦を行い、市場や国内避難民キャンプを襲った。家々は略奪され、反対派と疑われた人々が殴られるか殺された。若者や少年たちが無理やり軍隊に入れられていると聞き、親は子供が捕まらないよう学校に行かせなくなった。

私は仕事を続ける必要があったが、そうすると、ジェニーバが一人で子供たちと家に残ることになる。彼女は走れないし、うまく歩くこともできない。何か大変なことが起こったら、どうしようもなくなる。最善の策は、またガーナへ逃げることだ。そのためには、トラウマヒーリングとWIPNETを離れなければならない。

「仕事を辞めるから、みんなで逃げましょう」と私はジェニーバに言った。

「ダメよ。誰もお金を稼がなかったら生活できないわ。それに――あなたは何もせずにただ座っていられない人よ。少なくとも、もうしばらくは仕事を続けて様子を見ましょう。家族の世話は私がするわ」

ジェニーバが正しいことは分かっていた。私は一〇日間の休暇をもらい、ベイビーとダイヤモンド、ファータと母も一緒に、全員で土曜日にバスに乗ってガーナのアクラに向けて三日間の旅に出た。午前一時に到着すると、リベリア人の牧師が母と子供たちを自分のアパートに泊まらせてくれ、ジェニーバとファータと私は安ホテルに泊まった。私は借りられる家を見つけた――寝室二部屋とキッチンにポーチが付いていて、荒れた地区ではあったがフェンスで囲まれた敷地内に建っていた。一カ月の家賃は五〇アメリカドル。バス代などの旅費を払うと家具に使えるお金はほとんど残らず、マットレスと椅子を数脚、冷蔵庫とガスレンジだけを買った。金曜日に引っ越しをし、土曜日の夜に子供たちと眠ると、日曜日にはリベリアに戻るバスに乗った。

再び長い旅だ。アクラ、コートジボワールのアビジャン、モンロビア、そしてオールドロード。ガーナへの引っ越しは、子供たちの安全だけを考えて決めた。でも、ヌークは九歳になったばかり。アンバーはまだ八歳にもならず、アーサーは六歳でプードゥはわずか四歳。それなのに離れ離れになって、私は一人きりだった。夜、家にいるのは耐えられず、辛さを和らげる方法はお酒しかなかった。最初はビールだったが、だんだん強いお酒を飲むようになった。トゥンデが一緒のときは、彼が私を見ていてくれて、気分が悪くなったら助けてくれた。トゥンデがいないときは、付き合ってくれる友人となら誰とでも出かけた。誰もいないときには、ブロード通りにあるスポーツ・コミッション・スタジアムに一人で行った。高校生のときに、プロバスケットボールの試合を見に来た場所だ。私は観客席の後ろのほうに、とても短いショートパンツを着てサングラスをかけて座り、ビールを飲んだ。

ある晩、三試合を見終わったときには、あまりにも酔っていて立ち上がれなかった。「昔ほど若くはないんだわ！」私は息を切らし、泣きだしそうになりながら、笑いが止まらなくなった。その前の年に私はついに携帯電話を手に入れ、それを使って一日二回ガーナに電話をかけた。テーラーによる非常事態宣言は長くは続かなかったので、たまにガーナに行くこともできた。でも、子供たちの住む家を訪れるのは、一緒に住むのとは違った。何カ月ものあいだ、オールドロードの家に帰るたび、正面のポーチで私を迎えてくれる子供たちがいないのを見ると、私は家のなかに入って泣いた。空っぽの子供部屋に足を踏み入れることはできなかった。

第12章　「絶対にやめないで!」

ある国内避難民キャンプを訪問したとき、小さな小屋に五〇人の女性を集めて戦争中の経験を語ってもらった。女性たちが痛みを打ち明けるのを聞くのはいつも辛かったが、その日はとくに、暴力や悔しさや悲しみが多く語られ、たくさんの涙が流されて、もうこれ以上は誰も受け止められないというところまで来た。

「もうやめましょう」と私は言った。「もう話さなくてもいいですよ」

すると、かなり高齢の女性が杖をついて立ち上がり、「やめさせないで!」と言った。「国連は食べ物や避難場所や洋服をくれるけれど、あなたがやってくれたことは、それよりもずっと価値があります。あなたは私たちの心の底からの話を聞いてくれた。これまで誰も聞こうとしなかった話を。どうかやめないで。絶対にやめないで」

私はトラウマヒーリングでの仕事を続けていたが、あまり本気で取り組んでいなかった。標準となっているやり方では役に立たない、という思いがどんどん高まっていたのだ。私たちは、ある村で効果があったというだけの理由で、別の村で同じプログラムを立ち上げ、村人が積極的に取り組まないと言って批判した。家を失い、子供がお腹を空かせている人々の話を同情しながら聞いたが、新しい住居を提供することはできず、食料を買うためのお金が稼げる仕事を紹介することもできなかった。二年間、元少年兵のカウンセリングをしてきたが、彼らにも何も具体的な援助はできなかったし、月に何度もジョセフ・コリーが酔っ払って、店の脇に目的もなく立っているのを目にした。

私は自分のエネルギーをWIPNET（平和構築における女性ネットワーク）の活動に注いだ。夜には提案書を書き、自分の経験を総動員して、どうすればリベリアで女性による平和構築のネットワークが機能するかをイメージし、プログラムやトレーニングを考えた。どんなトレーニングをすれば、必要な人数を集められるだろうか。誰が寄付をしてくれそうか。ときには、毛布と枕をWIPNETのオフィスに持ち込んで、夜遅くまで仕事をしてオフィスで眠った。そしてその春、オフィスで夢を見た。

場所はどこだか分からない。真っ暗だ。顔は見えないが、声が聞こえる。その声は私に話しかけていた――命令していた。「女性を集め、平和を求めて祈りなさい！」

――女性を集め、平和を求めて祈りなさい――。震えながら目を覚ましたとき、まだその声が頭に響いていた。午前五時。何が起こったのだろう。どういう意味なのか。それはまるで、神の声を聞いたかのようだった――だが、そんなことはあり得ない。たぶん飲み過ぎたのだろう。私は既婚男性と付き合っているのだ。神がリベリアの誰かに話しかけるとしたら、それが私であるはずがない。

その日の朝、トラウマヒーリングのオフィスに行くと、私はバイバにこっそり夢のことを話した。彼女は息をのんだ。「BBを探して、話さなくては！」二人でトラウマヒーリングのオフィスの入り口にある部屋に立ち、BBは私の話を聞いた。教会の伝道師である修道女のエスター・ムサーも話を聞いていた。「お祈りをしましょう」と彼女は言った。

ある意味で、この夢が、その瞬間がすべての始まりだった。私たちはすり切れた茶色のカーペットにひざまずいて目を閉じた。「主よ、ビジョンをお送りくださり、ありがとうございました」とシスター・エスターは言った。「祝福をお与えください。その意味を理解するため、お導きください。お守りください」

私の夢はCWI（女性キリスト教徒による平和イニシアチブ）として形になった。二〇〇二年四月に、各地のルーテル教会から二〇名ほどの女性が集まり、私に送られたメッセージに従って、毎週火曜日の正午に、セントピーターズの施設の二階にある小さな教会で祈りを捧げ始めた。ときには断食もした。やがて、ほかの教会の女性も参加するようになった。

主よ、お助けください。あなたこそ、真の平和の王子です。
私たちに平和を与えることができる、唯一の方です。

それは真剣だが静かな宗教的行為だった。六月には、町で不穏な空気が感じられるようになった。LURD(リベリア和解・民主連合)が北部で力を増すにつれ、テーラーは都市部の締め付けを厳しくするようになり、再び生活が耐え難くなってきたのだ。あちこちが通行止めになり、武装した兵士を大勢乗せたトラックが走りまわって、昼日中に子供が連れ去られて無理やり軍隊に入れられたという話が伝わってきた。

毎朝毎晩、大統領は裕福なコンゴタウンとキャピタルヒルにある派手なェグゼクティブ・マンションのあいだを、ボディーガードとともに車列をなして行き来した。その間、タブマン通り全体で車が止められ、通りを歩いている歩行者は背を向けるか、さもなければ暗殺者と思われて撃たれる危険を冒さなければならなかった。

毎週火曜日に集まって祈りを捧げる女性たちも、行動せずに祈るだけでは不十分だと感じ始めた。世界教会協議会の代表団が、七月にリベリアに来る予定だった。CWIの参加者は、代表団が来たら、平和を実現するにはもっと具体的な行動が必要だということを公に宣言しようと決めた。

ちょうどこの頃、私はWIPNETのリベリア支部を正式に立ち上げた。振り返ると、その目標は驚くほど限られていた。目指していたのは、平和と社会正義のために活動する女性のネットワークを築くこと。誰も〝運動〟や〝ムーブメント〟といった言葉を使っていなかった。私は各地の女性団体に対して代表を一人送るよう頼んだ。私がアクラで受けたようなトレーニングに参加させるためだ。具体的には、非暴力に関するセッションや、自らの経験を活用して男女の役割を考えるセッション、また自信を持つためのエクササイズや、コミュニケーションや交渉や仲介などの方法を教えるエクササイズなどを行う。ここで学んだ人たちがそれぞれの地域に戻って、各自のグループで指導をしてもらう計画だった。

私たちは可能な限り幅広く声をかけたいと思っていたが、とくに草の根レベルで活動している人たちにアプローチしたかった。LWI（リベリア女性イニシアチブ）の実績は素晴らしいが、排他的であるために実現できることが限られていると思った。さらに残念なことに、LWIは地位が確立されていくにつれ視野が狭くなり、新たな意見に耳を貸さなかった。そうした過ちを繰り返したくなかった。

設立当初の中核メンバー――WIPNETの最初の〝クラス〟には、次の人々がいた。トラウマヒーリングを代表する同僚のバイバ、女性法執行協会のアサトゥ、WIPNETのセルーとシシリア・ダヌワリ、女性ジャーナリスト協会代表のジャネット・ジョンソン、NGOの〈コンサーンド・クリスチャン・コミュニティ〉を運営し、難民に対する活動を行うマリアマ・ブラウン。ほかに中核メンバーは一三人おり、そのなかにはグレース・ジャーザーがいた。グレースはモンロビアのルーテル教会に所属し、非常に貧しく苦労している若い母親で、人生においてもっと何かを成し遂げたいと切望していた。グレースはCWIの代表として参加した。テルマがアクラからやって来て、彼女と私でトレーニング・セッションを開始した。全員がタブマン通りのコリーナホテルに滞在した。からし色の低層のホテルで、ピースコア（平和部隊）のボランティアが退去するまで滞在していた場所だ。

セッションを行った週の途中で、ＣＷＩと世界教会協議会との会合に手を貸すため、私たちはセントピーターズ教会へ行った。ＣＷＩの創設者として、私はスピーチをする予定になっていた。スピーチの準備をする自分なりの方法はすでに編み出していた。まず資料を読み、情報を集めて、言うべきことをメモする。そのあとで、スピーチの最中にインスピレーションを得られるよう神に祈る。――主よ、どんなメッセージを聴衆に聞かせたいですか？――この日、私は教会いっぱいに集まった人々の前に立った。手を組んで座っている男たち、暑さのなか赤ちゃんに風を送っている女たち。多くの顔に疲労と心配が浮かんでいた。すると、言葉が自然と出てきた。

「まったくひどい生活。もうウンザリです！」

「その通り！」と女性たちが答えた。

「もうウンザリです。いまこそ、立ちあがって声を上げるべき時です。私たちだけではなく、ほかのキリスト教の教会も招いて声を合わせましょう……。きっと『あの女たちは誰だ』と聞かれることでしょう。私は答えます。普通の母親、おばあちゃん、叔母さん、姉妹だと。私たちにとって、これは始まりに過ぎません！」

拍手。歓声。私はＷＩＰＮＥＴのメンバーが全員一緒に座っている辺りを見た。すると、アサトゥが手を上げていた。彼女は立ち上がって、前に出て言った。

「神を讃えましょう」

「アーメン」。何人かの女性が声を上げた。

「驚かせるかもしれませんが、お伝えします」と彼女は続けた。「私はこの教会のなかで、唯一のイスラム教徒です」

「ハレルヤ！」女性たちが言う。「神を讃えよ！」

「私はＣＷＩの活動に心を動かされ、強い印象を受けました」。アサトゥが言う。「神は立ち上がられた。私たちはみな同じ神に仕えています。これはキリスト教徒に限ったことではありません。私は今日、イスラム教徒の女性たちとともに動き出すことを約束します。私たちは同じ答えを見出すでしょう。リベリアに平和をもたらすために、みなが一緒に活動するのです」

　驚くべき瞬間だった――アサトゥの手が、はるか昔からの分断を越えたのだ。リベリアのイスラム教徒はほとんどがマンディンゴ族だった（一部、バイ族、バンディ族、メンデ族もいた）。内戦前、ドウ大統領が民族のアイデンティティーにこだわって各民族がバラバラになるまでは、キリスト教徒とイスラム教徒はうまくやっていた。隣人であり、友人だった。私の家族にもいたが、相互の結婚も行われた。だが、イスラム教徒でないリベリア人の多くは、マンディンゴ族を少し違うグループと見ていた。キリスト教徒とイスラム教徒の女性が共同で何かを行うことはなく、とくに政治的なことでは一緒の活動はあり得なかった。アサトゥは、これまで誰も考えもしなかった協力関係を提案したのだ。

　数日後、ＷＩＰＮＥＴのトレーニングが終了するとき、ほかの中核メンバーがさらに活動を拡大しようと提案した。中核メンバーの二一名はトレーニングの評価を書くために集まっていたのだが、私がその用紙を集めに来ると声をかけた。

「リーマ、話したいことがあるの。ここで得られた知識はあまりにも豊富で、トレーニングに活用するだけには留められない。行動を起こす必要があるわ」

「たとえば、どんなこと?」と私は尋ねた。

その日、〈平和追求プロジェクト〉が誕生することとなった。リベリアの女性は、平和条約の交渉や作成は〝男がやること〟と考えていた。戦争終結に向けて、最後に公式な努力が払われたのはいつなのか、答えられる人はほとんどいなかった。また、そのプロセスに女性がかかわれると考える人はさらに少なかった。私たちは、こうした状態を変えるのだ。

このプロジェクトの仕事をするとき、私は心が躍った。平日はトラウマヒーリングのオフィスで過ごしていたのだが、以前よりもさらに苛立ちは募っていた。その活動に対してだけでなく、以前は崇拝したリーダーに対しても。ただ受け入れることだけを学んだ人たちが、どれだけ多いことか。戦闘は町では行われていなかったので、誰もが自分のことだけに集中して、まったく問題がないという振りをしていた。

問題はあった。チャールズ・テーラーは、自分の富を増やし、自分の権力を守ること以外は何もやっていなかった。戦争で破壊されたものが再建されることはなく、いまだに町には照明も水道もなかった。だれも意見を言えなかった。テーラーは、自分がコントロールできないラジオ局やテレビ局は閉鎖した。音楽さえも検閲された。ある歌手がこんな歌を発表した。「何という人生だ……」。この歌の人気が出ると、テーラーはラジオに出演して、この歌を聞いたと言った。「みんな新しい歌が好きなようだな。音楽を聴く電池が買えなくなるよう、給料を止めてやる」。その年のクリスマス、財務大臣は政府の仕事をしている者に給料を支払わなかった。歌手は亡命した。

私たちは閉じられた箱のなかに住んでいて、まったく普通の行動ですらひどく罰せられることがあった。バスケットボールの試合を見て帰って来るとき、検問所できちんとヘッドライトを下げなかったタクシー運転手が、縛られて兵士たちに杖で殴られているのを見た。誰も、何もしようとはしなかった。教会ではサム・ドウとBBとトーノラ・バーピラが話し合っているのを何度も見たが、結果はいつも同じだった。悲嘆の声。スローガン。私は彼らを揺さぶりたかった。「話し合いはもう十分！」

そして、ついに女たちの行動が始まった。

週三日、六カ月間にわたり、WIPNETのメンバーがモンロビアの女性たちに会いに出かける。金曜日の正午、祈りの時間のあとにモスクへ。土曜日の朝は市場へ。日曜日には二つの教会へ。いつも二人組で行動した。市場でテーブルを出すときには、そこに二人のチームを置く（仲のよくない人どうしを、罰として一時的に組ませることもあった）。いつも同じメッセージを伝えた。リベリアの女たち、平和のために目覚めよ！

「こんにちは。私はWIPNETのリーマ・ボウイーです。始めたばかりのキャンペーンについて話したいの。戦争はとても、とても長く続いていて、みんなが苦しんでいます。これまで戦争を終わらせようと大きな会議も開かれてきましたが、答えは女性にあると私たちは思っています。前へ一歩踏み出して、かかわっていく必要があります」

「さあ、どうかしら。いったい何をやるの？ どうして私たちが？」

「なぜ、あなたに関係があるのか。それは兵士にレイプされるのは女性だからです。夫が殺されているからです。無理やり兵士にさせられるのは、あなたの子供たちだからです」

「そうね……」。徐々に理解されていく。「子供たちが連れ去られていくのに、私は座っているだけだった。一緒にやるわ！」


いつも簡単にいくわけではなかった。女性たちは苦しみばかり経験してきたから、前を向かず下を見るようになっていた。それでも活動を続けると、前を向いて話を聞いてくれるようになった。誰もこのように語りかけられた経験はなかったのだ。

ビラも配った。「もうウンザリです！ 子供たちが殺されるのにはウンザリ！ レイプされるのにもウンザリ！ 女性のみなさん、目を覚ましましょう――平和に向けて声を上げるのです！」接触する女性の多くが文字を読めないことは分かっていた。だから、少年を雇って私たちのミッションを説明するカラフルな絵を描いてもらった。ある絵は、一人の女性が兵士のグループに向かって話をしている場面を描いたものだった。私たちは何時間も辛抱強く質問に答え続け、週を追うごとに女性たちの意識が高まっていくのを感じた。

市場で商売をする女性は自分の売り場にビラを吊るし、余分を顧客に配った。中核メンバーはそれぞれの組織で進捗を報告した。私たちが外へ出て活動を行うたびに、参加する女性が増えていった。
私たちは女性が暮らす世界で活動し、女性のネットワークを使って連絡をとり合っていた。市場で商売をする女性は野菜や果物を仕入れるときに農村部の女性にメッセージを伝え、町で商品を売るときにも顧客にメッセージを伝えた。私たちは静かに活動した。だから、報道機関にも気付かれず、報道もされなかったが、そのほうが都合がよかった。このとき私たちはある基盤を築いていたのだが、それが何の基盤となるかはまだ分かっていなかった。

平和追求のキャンペーンを続けているあいだも、キリスト教徒の女性たちは祈りの集会を続け、アサトゥはイスラム教徒の仲間を組織していた。だが、二つのグループを一緒にすることは難しかった。新たな反政府グループのLURDはメンバーの大半がイスラム教徒だったから、戦争を長引かせているのはイスラム教徒だとささやかれるようになっていた。キリスト教徒の女性のなかには、イスラム教徒と一緒に祈ると信仰が「希薄になる」と考える人がいた。その人たちは聖書の「コリントの信徒への手紙二」のなかの次の一節を指した。

あなたがたは、信仰のない人々と一緒に不釣り合いな軛《くびき》につながれてはなりません。
正義と不法とにどんなかかわりがありますか。
光と闇に何のつながりがありますか。
〔『聖書』コリントの信徒への手紙二六章〕

そこで、私たちは新たなワークショップを始めた。キリスト教徒とイスラム教徒が一緒に〝女性であること〟のエクササイズを行うのだ。

「紙にあなたの肩書きを書いてください」。参加者が部屋に集まると、私は言う。「弁護士、医者、母親、市場の商人などです。書いたらこの箱に入れてください」。私は箱を掲げる。「いいですか、この箱にカギをかけて向こうに置きます。もう私たちは、キリスト教徒でもイスラム教徒でもありません。クペレ族でもロマ族でも、クランでもマンディンゴでもありません。先住民でも特権階級でもありません。みんな単なる女性です」

〝冠とイバラ〟のエクササイズも行った。私は黒板に大文字で「NONSENSE（意味がない）」と書く。そして線を引いて「NON（がない）」を消す。「ここで話すことは、すべてに意味があります。だから、話すことを恐れないでください。あなたにとっての真実を話してください」。〝肩の荷を下ろす〟もやった。いつものように、何が語られるかは分からなかった。参加していたある女性には、夫がいるのに若い男性と出かけているとの噂があった。話し始めると彼女は泣きだした。新婚初夜に夫が彼女に近づいても夫は勃起しなかったという。何度もそうなった。二〇年間の結婚生活のあいだ、二人は一度もセックスをしたことがない。村の誰もが、この女性がほかの男と付き合っていると非難したが、その理由を誰も知らないという。

――この話を誰かにするのは初めてです――。このエクササイズのあいだは話をしても安心だという空気が広がった。それには昔からのルーツもあった。女たちはサンデ［リベリアの伝統的な秘密社会。第一章参照］で、男が入れない秘密の場所を持っていたのだ。それでも、個人的な打ち明け話を組織づくりに使うというのはまったく新しい試みではあった。しかし、私たちの運動が強いものになったのは、これが要因の一つだったと言える。何年ものあいだ行った〝肩の荷を下ろす〟のセッションのなかでは、二人の仲のよい友人どうしが互いに性的な裏切り行為をしていることを知ったり、娘を守ると約束した隣人に娘がレイプされたことを母親が知るといったことがあった。ある活動家は割礼の記憶にさいなまれ、思い出すと叫んだり、足を地面に突っ込もうとしたりしたという。セッションのあと、私たちは真にお互いを知り合い、単なる仲間ではなく姉妹のような関係になった。

ＷＩＰＮＥＴの中核メンバーは、ともに立ち上がることの重要性を示したスローガンをつくった。「弾丸はキリスト教徒とイスラム教徒を区別するでしょうか。弾丸は相手をえらびますか？」参加者はワークショップが終わるころには、イスラム教徒とキリスト教徒はそれぞれ違うリーダーを持つものの、ともに活動することができるという合意に至った。当初は、リベリアでのＨＩＶ感染率の上昇と戦うことを新たな活動の目標にしようと参加者は考えた。しかし、戦争は拡大し日ごとに近づいていた。取り組むべきもっと大きな問題があることは明らかだった。平和を求めることだ。

二〇〇二年一二月、私たちは〈平和追求プロジェクト〉を終了とし、キリスト教徒とイスラム教徒の連携を宣言した。そして、タブマン通りを行進してモンロビアの人たちを驚かせた。〝ラッパ〟を着たキリスト教徒と頭にスカーフを巻いたイスラム教徒が交互に並んで、二〇〇人の女性が町を歩いたのだ。歩きながら讃美歌をうたい、イスラム教の歌をうたい、また讃美歌をうたった。このときは報道機関に知らせたので、彼らが来ていた。私はグレースが書いた平和へのビジョンを読んだ。

「私たちは平和を思い描きます。平和的な共存を実現しましょう。それが平等や共同所有を育み、また紛争防止や安全の推進、社会経済の発展に関する意思決定プロセスに、女性が全面的にかかわることにつながるのです」

人々は熱心に聞いており、何百人もがうなずいていた。私たちの連携がその先どこに向かうのかは、まったく分からなかった。それでも、一つ分かったことがある。私は長いあいだ恐怖のなかで生きてきた。戦闘が止まると恐怖感は薄れ、再開すると恐怖感はさらに大きくなって戻って来た。友人や家族全員が消し去られるのを見てきたし、次は私の番かもしれないという意識が消えることはなかった。長いあいだ抑うつ状態にもあり、自分の世界で一人ぼっちだった。子供たちを遠くに行かせると、最悪とも言える孤独を感じた。

でも、WIPNETのメンバーが集まったいま、恐怖や抑うつや孤独は、ついに、完全に去っていった。同じように感じている人たちが隣にいる。私はもはや孤独ではなかった。そして、私がくぐり抜けてきたすべてのこと、すべての痛みが私をここまで導いたことも分かっていた。私が人生をかけて行うのは、女性たちを導き、平和を求めて戦うことだ。

この頃、リベリアは一三年間におよぶ内戦で荒廃しており、これ以上のひどい事態は想像できないほどだった。だが、そんな事態がまさに振りかかろうとしていた。二〇〇三年初め、LURDから分離したまた別の反政府グループ、MODEL(リベリア民主運動)が南東部の町村を支配していった。新たな暴力の嵐がその地方を席巻した――殺戮、略奪、レイプ。何万人もが子供を背負い、荷物を頭に載せて、モンロビア近郊の厳しい貧困状態にあった国内避難民キャンプや、モンロビア内部に入って来た。ある地域では、州全体が無人となり、兵士が人のいなくなった町を略奪していた。

モンロビアは掘立小屋や難民、ゴミや犯罪や絶望であふれ返った。ジェニーバと子供たちがいなくてよかったと思った。オールドロードの家の近所には、プードゥと同じ年頃の女の子がいて、プードゥがリベリアを離れる前はときどき一緒に遊んでいた。その女の子、ルシアはいまや半分孤児のようになっていた。母親は消えた。父親は何時間も家を留守にし、午前二時にフラフラと酔っ払って帰って来る。まだ四歳のルシアは近所を一人でさまよい、食べ物と寝る場所を求めて私の家に来るのだった。

ここでの暮らしも危険だった。テーラーの反テロリスト部隊が、近くの空港に本拠地を構えていた。幼なじみの友人とポーチで夕食をとろうとすると、スプーンを持ち上げると同時に銃声が聞こえ始める。家のなかに駆け込むと、兵士がやってきて食べ物を盗んでいく。あるときは、バンダナと大き過ぎるジーンズを身に付けた少年たちが家々の前を通り、銃を抱えて、私たちを上から下まで眺めてニヤッと笑いながら言う。「いつか戻って来て、お前たちをファックしてやる」

ガーナでは、以前より環境のよい地区にある、もっと大きな家に家族を移すことができた。子供たちはきちんとした学校に通っており、ジェニーバは近所で店を構える仕立屋で働いていた。みんな元気にやっていた。私は行けるときには訪ねたし、頻繁に電話もしていた。それでも……溝が広がっていくのを感じていた。ヌークは美術が得意で、アンバーはよく勉強し、プードゥの歯が初めて抜けたことなどを、私はジェニーバに教えてもらわなければならなかった。母親なら知っている、子供たちの人生を構成する日々の小さな出来事をジェニーバは知っていて、子供たちが言ったおかしな言葉も、悪い夢を見たときに何を恐がったかも知っていた。

ある晩、アーサーが転んで額を切り、何針か縫わなければならなかった。ジェニーバが病院から電話してきた。アーサーが泣き叫んでいるのが聞こえたが、私は抱き締めてやることもできなかった。

BBが学校に戻るため、トラウマヒーリングの責任者を辞めることになった。新しい上司にはビジョンが欠けているように感じた。依然としてトラウマヒーリングが収入源だったが、職場での不満をもっと公に口にするようになった。イノベーションの欠如、予算の使われ方などだ。上司は、私が十分に現場に出ていないから不満が生じるのだと判断し、私を再びモンロビアの外へと派遣するようになった。

すぐに、私たちのチームは危険にさらされた。南東部のリバー・ジー州のある村へ向かっていたとき、政府軍の大きなトラックが同時に到着した。突然、混乱状態となった。少年や少女が逃げ出し、銃を持った男たちが追いかけて捕まえ、トラックに放り込む。彼らは反政府勢力と戦う兵士となるのだ。私たちができたのは、その場で凍りついて見ていることだけだった。そして慌てて退散し、その現場を目撃したために殺されなくて幸運だったと思うのだった。

その後まもなく、ある問題を調停するため同じ地域へと出かけた。運転手一人と協力者三人が一緒だった。モンロビアの外で仕事をするときは、料理などの仕事をしてくれる村人にお金を払うため現金を持参する。お金はたいてい少し余るので、旅行バッグに入れて持ち帰る。だがその日は、とくに理由もなく、内戦初期に食料を探しに出かけたときのようにした。お金を包んで股にはさんだのだ。

モンロビアに帰る途中、私たちは〈アドラ〉［ADRA。キリスト教を基盤とする国際援助団体］で仕事をしている三人の男性に出会った。彼らも現場に出ていて、モンロビアに帰る前に食料を手に入れるつもりだと話していた。ニンバ州とグランド・ゲデー州の州境にはバリケードが設けられており、テーラーの軍隊が待機していた。通常、私たちのような非営利団体のトラックはそのまま通過できることになっていて、これまで問題はなかった。だがその日、彼らは私たちを止めた。

「トラックから出てこい！」と一人の兵士が叫んだ。「荷物を全部下ろせ！」音楽が鳴り響いていた。兵士たちはマリファナを吸っており、目が赤かった。

「全部出すんだ」。私たちはバッグをトラックの荷台に乗せており、ビニールのシートをかけていた。急いで荷物をほどき、バッグを開けて、テーブルの上に中身を一つずつ並べた。

心臓が高鳴っていた。頭に浮かんだのは、――お金を車に置いていなくてよかった――ということだけだった。私たちは大丈夫だろう。ただし……私がそこで唯一の女だった。レイプの危険性は常にあった。ようやく彼らは私たちを通してくれた。

その晩七時に家に帰ると、ニュース速報が流れた。ニンバ州とグランド・ゲデー州の州境近くで、アドラの車が燃やされているのが見つかったという。スタッフは行方不明だった。数日後、私たちが出会った人たちの遺体が見つかった。のちに聞いたところでは、彼らは現金を車に置いていたそうだ。彼らが通った最後の検問所は、私たちが調べられたのと同じ検問所だった。そこの兵士は、「反政府軍が攻撃した」と報告した。

もう少しで、子供たちに二度と会えなくなるところだった。神がはっきりと、「この仕事には価値がない。辞めて、本当にやりたいことをやりなさい」と言っているのだと思った。一週間も経たないうちに、私はトラウマヒーリングを辞めた。ほかの社会サービス機関で臨時にコンサルティングの仕事をして少しお金を稼ぎ、トゥンデも子供たちのためにお金を出してくれた。何とか生きていける。こうして、WIPNETでの仕事が中心となっていった。

第13章　歴史を動かした座り込み

リベリアでは二〇〇三年に大統領選挙が予定されていたが、テーラーがＬＵＲＤ（リベリア和解・民主連合）とＭＯＤＥＬ（リベリア民主運動）から攻撃を受けているため、選挙は行われないと思われた。国際的に停戦への圧力が強まっており、とくにアメリカからは大きかった。政党一八党のメンバーとリベリア諸宗教評議会は、政府とＬＵＲＤに対して対話と停戦宣言を求める決議に署名。リベリア諸宗教評議会は、国際コンタクト・グループとＥＣＯＷＡＳ（西アフリカ諸国経済共同体）の支援を得て、和平交渉が行える場所——アクラか、セネガルの首都ダカール——を探していた。

だが、テーラーは耳を貸さなかった。反政府勢力はテロリストであり、テロリストとは交渉しない。大統領として民主的に選ばれたのだから辞任しない——。テーラーが拒否したことで、ＬＵＲＤにも交渉に参加しない言い訳ができた。彼らはテーラーの追放以外は何も受け入れないという。いまや三六万人が家を追われ、五つの州にある一二の難民キャンプの粗末なテントで暮らすか、五つの国に散らばっていた。戦闘は続き、モンロビアにどんどん近づいていた。

二〇〇三年四月一日、給料をもらえる仕事がなくなった最初の日、私は一人で家にいてＷＩＰＮＥＴ

の資金集めの心配をしていた。マラリアが再発しており、熱っぽく気分が悪かった。そこにアサトゥから電話がかかってきた。モンロビアから一六キロも離れていないポー川で、戦闘が勃発したという。「集まらなくては」。彼女は慌てた様子で言った。「明日、みんなで会いましょう」

情報は伝わり、翌日WIPNETのオフィスに行くと、取り乱したメンバーが全員そこにいた。アサトゥ、セルー、バイバ、グレース、ジャネット、マリアマ。シュガーズは別の部屋で打ち合わせをしていたが、私たちのほうへ連れてきた。アイディアがあふれ出た。「活動を強化しましょう。街頭へ出て、政府に圧力をかけるのよ。マジックはどこ？　ポスターは？」

小さなスペースにあまりにも大勢がいたので、廊下の向こうの空き部屋も使った。マリアマはアメリカから帰ったばかりだった。亡命したリベリア人たちが「その女性グループは何をしているの」と彼女を問い詰めたという。

「考えてみて」とマリアマは言った。「男たちが失敗したから、すべての日が私たちに注がれているのよ」

「公式の声明をつくりましょう」。アサトゥが提案した。

声明はすべての勢力が行った暴力行為を非難し、たった一つだけ要求をするものとした。「リベリアの女性は、ただちに平和の実現を求める！」そこに全員の名前を書いた。テーラーが電波をコントロールしているなかで、どうやってこのメッセージを伝えるか。アサトゥは地元紙の『エンクワイア』の編集者と知り合いで、ジャネットはキリスト教会がコントロールしている『ベリタス・ラジオ』を運営していた。翌朝、私たちのメッセージは『エンクワイア』紙の一面記事となった。

そして、わずかな人しか電話を持っていない崩壊したリベリアでは誰もがラジオを聴いていたので、モンロビア市民の多くが私たちの声明を聞き、WIPNETのミーティングへの誘いも聞いた。

突如、私たちは大きな注目を浴びるようになった。記者は話を聞きたがり、グレースらはさまざまな地区に出かけてビラを配った。マリアマは、報道陣と話をしたいという国内避難民キャンプの女性たちに交通手段を提供した。四月五日、一〇〇人近くの女性がモンロビアに集まった。これほど早く事態が進展するとは誰も考えていなかったので、具体的な計画はつくっておらず、その日その日で考えていった。毎晩ミーティングを開いた。四月九日、モンロビア近郊の国内避難民キャンプで、政府軍と反政府勢力の戦闘が起こった。その夜、WIPNETのオフィスは満員で、全員が入りきれないほどだった。攻撃を受けた地区に住む何人かは、破れて泥だらけの服を着ていた。

私たちは再度、声明を出すことを決めた。四月一一日に市庁舎で集会を開くのだ。大統領により街頭行進は禁止されており、テーラーは「何者も、誰一人として、街頭へ出て私の政府をはずかしめてはならない！」と警告した。私たちは、いずれにしろ集まろうと決心していた。ジャネットのラジオ番組を通じて、「平和を求めるなら、午前八時に必ず市庁舎に来てください。白い服を着て来てください」とメッセージを発した。テーラーに対しても別々に三通の招待状を送った。「お聞かせしたい声明があります」

一一日の朝、市庁舎前の階段は真っ白だった。そこには数百人、もしかしたら千人ほどの女性がいた。モンロビアの宗教界のリーダーもやって来た。テーラーの支持者や兵士も群衆のなかにおり、至るところに地元の報道関係者がいた。戦争により何が自分の身に起こったかを示そうと、立ち上がった女性たちの感情は高ぶっていた。WIPNETが集会をコントロールできなくなるのではと少し心配した。リベリアには「急に雨が降ると、羊もヤギも同じ屋根の下に入る」ということわざがある。そこには、子供を亡くして怒りに満ちた人、テーラーを追放することだけに関心がある政治的急進者、ただの酔っ払いなどが入り乱れていた。

私たちの要求は超党派的で、単純明快だった。政府と反政府勢力は、ただちに無条件で停戦を宣言すること。政府と反政府勢力は話し合いを行うこと。仲裁を行う勢力が軍隊を配備し、リベリアに派遣されること。

「これまで私たちは口を閉ざしていました」。私は群衆に向かって話した。「しかし、戦争で人が殺され、レイプされ、人間性を奪われ、病気に感染し、子供や家族が傷つくのを見て学びました。私たちの未来は暴力に『ノー』と言い、平和に『イエス』と言うなかにあるのだと。平和が実現するまで、私たちは決してあきらめません」

「平和《ピース》！　平和《ピース》！」女性たちは叫んだ。

大統領は現れなかった。おそらく、そのほうがよかっただろう。もし来ていたら女性たちの叫びは非難の声にエスカレートしたかもしれず、そうなると護衛兵が何をしたか分からない。のちに聞いたところでは、もし私たちが街頭行進を始めたら攻撃するよう、兵士らは命じられていたという。

要求に答える期間として、私たちはテーラーに三日間の猶予を与えた。それまでに返事がなかったら、座り込みを行う計画だ。テーラーからは反応がなく、私たちは計画の実行にとりかかった。意図して挑発的な動きをとった。テーラーは、誰も自分をはずかしめてはならないと言った。だから、私たちは反対に彼をはずかしめる。劇的で目に見える行動をとり、女性による要求を無視できなくするのだ。

短期間で慎重に計画を練った。WIPNETのミーティングは二四時間体制で行われ、ようやく横になったときには頭のなかをスローガンがぐるぐる回っていた。座り込みの場所として選んだのは魚市場近くのグラウンドで、私が子供の頃にはサッカーやキックボールをして遊んだ場所だ。そこには大勢が集結でき、タブマン通り沿いにあってモンロビア市民の多くが日に一度は通る。テーラーも一日に二回、キャピトルヒルへの行き帰りに通過していた。私たちはこの抵抗運動が政治ではなく平和に焦点を当てるよう注意し、私たちが自ら作成した超党派のポスターやプラカードしか認めないこととした。非暴力の活動だけを許可する。全員が平和を象徴する白い服を身に付ける。WIPNETのロゴが入った白いTシャツと、白いヘアタイ［頭に巻く布］だ。

リベリアの女性はおしゃれが好きだが、グラウンドに来るときはまったく化粧をせず、宝飾品も身に付けない。勇敢な王妃が国民を絶滅から救う、聖書の「エステル記」で描かれるように、「粗布をまとって灰をかぶった」ような姿になるのだ。そして、メッセージが揺るがないように広報担当者は一人、公に見せる顔は一つとした。WIPNETのコーディネーターとして、私がその役割を担うこととなった。

私たちが行おうとしていることは危険だろうか。チャールズ・テーラーに反対することは、いつでも非常に危険だった。テーラーの特別治安軍と、息子のチャッキーが運営する反テロリスト部隊は、反対者を軍事基地の刑務所に入れ拷問して殺した。エグゼクティブ・マンションの背後には牢獄があって、そこでは若い女性がレイプされていると噂されていた。だが、私には選択の余地はなかった。夜に夢を見ると、それはゴツゴツした丘を登ろうと苦しんでいる夢か、高速道路に果てしなく設けられたバリケードを急ハンドルでかわしていく夢だった。人生を振り返ると、失われた子供時代があった。いまは毎晩、空っぽの子供部屋の前を通り過ぎている。また新たな戦闘が起こったら、みんながまた死に近づくことになる。

もう一つ、言葉にしにくい何かもあった。リベリアの女性は、肉体的にも精神的にも、宗教的にも限界まできていた。でも、過去数カ月間で、私たちは新たな力と強さの源を見出した。仲間だ。私たちは壁際まで追いやられ、二つの選択肢しかなかった。あきらめるか、力を合わせて戦うか。あきらめることは考えられなかった。生き残るには平和しかない。平和を実現するために戦うのだ。

オールドロードの家から、魚市場近くのグラウンドまで歩いてすぐだった。座り込みの初日となる四月一四日の朝、私は夜明け前に起きて暗いなかを歩いていった。一番乗りだった。空が明るくなってくると、不安になって周りを見回した。抵抗運動を成功に導くには、少なくとも数百人が必要だった。ついに最初のグループが到着した。また別のグループ。太陽が上った。いくつものディーゼルエンジンの音が聞こえ、私のほうに向かってバスが並んで走って来た。トラックも交じっている。女性をいっぱいに載せたトラックだ。グラウンドには一〇〇人が集まった……三〇〇人、五〇〇人……そして一〇〇〇人になった。

涙があふれ、私は祈り始めた。次々と女性が集まっていた。一五〇〇人……。私たちは参加者がどこから来たのかを尋ね、一部の政府機関がその日を休みにしたことを知った。女性向けのプログラムを展開するNGOは、スタッフに参加を要請したという。大学生や女性教授もいた。二〇〇〇人以上がグラウンドに集まっていた。市場の商人。難民キャンプから来た避難民。なかには何時間も歩いてきた人もいたし、あまりにも服が古びていて白には見えない人もいた。ある女性は頭にカーテンの布を巻いていた。白いものはそれしかなかったそうだ。

WIPNETのスタッフが参加者にTシャツとプラカードを渡し、座り込みを行うため全員を集合させた。しばらくすると、チャールズ・テーラーが自宅を離れ、間もなく付近を通過するだろうとの情報が入った。道路にいる人は背中を向けるか、さもなければ撃たれる覚悟をしなければならない時間だった。誰もすすんで決めたわけではなかったが、女性たちは立ち上がり、道路わきまで歩いて、大統領の車列に向かって大きな横断幕を掲げた。「リベリアの女性は平和を求める！　いますぐに！」

テーラーはスピードを緩めたが止まらなかった。彼が私たちを見たことは分かっていた――全員を見た。私たちはまた座った。正午には気温は三二度となり、四時には三八度を超えていた。水が足りなくなり、私は家から運んで来なければならなかった。みんなで歌をうたった。通りかかる人がじろじろ見た。夕方には、再びテーラーの車列が通った。私たちはまだプラカードを持ってグラウンドにいた。大きなことを始めてしまった。もう止められない。この過程を終わりまで見届けることになるだろう。

返答のためにテーラーに再度与えた三日間が過ぎた。何も連絡がなかったので、私たちは国会の外へ集まった。大統領からの反応はなく、私たちはグラウンドへ戻った。座り込みはいつも夜明けに始まり、お祈りからスタートした。

主は羊飼い、わたしには何も欠けることがない。〔『聖書』詩編　二三〕

慈悲あまねく慈愛深きアッラーの御名において。
万有の主、アッラーにこそ凡ての称賛あれ。〔『クルアーン』開端章。以下、クルアーンの日本語訳は『日亜対訳・注解　聖クルアーン　改訂版』（日本ムスリム教会、一九八二年）より〕

さらに三日が過ぎると、報道機関にテーラーの持ち時間はなくなったと伝え、国会に戻って駐車場を埋め尽くし、誰も出入りできないようにした。その日は激しく雨が降っていたが、私たちはじっと雨のなかに立っていた。衣服は肌に張り付き、プラカードは破れた。地元のメディアはその様子を撮影し、写真に撮った。国会の議長が出てきて、その光景にとまどった様子を見せた。彼は私たちが屋根の下に立てるように、車を何台か動かすよう警備員に言った。だが、私たちは動かなかった。

「このグループのリーダーは誰だ?」と議長が尋ねたので、私が前に出た。「なぜ、自分の個人的な利益のために、この女性たちを利用するのだ」と彼は言った。

私は激怒した。「もし、誰かが誰かを利用しているとしたら、それはあなたたちでしょう。あなたたちが自分の勝手な利益のために、リベリア国民を利用しているんだわ!」

再び、私たちはテーラーが面会するまで三日間の猶予を与えると公式に宣言した。「大統領から連絡があるまで、私たちは日差しのなかでも、雨のなかでも座り続ける」。グラウンドに戻ると、通りにいた女性たちも加わった。

また座り込みが始まった。この〝平和への大衆行動(Mass Action for Peace)〟は、自然発生的な運動と見られるかもしれない。たしかに、人々の感情によって、女性の極度の疲労と絶望によって促進されたものではあった。しかし、何一つとして自然発生的なものはなかった。連日行われる大規模な抵抗運動を管理するのは複雑な仕事で、私たちはすべての動きを計画した。CWI(女性キリスト教徒による平和イニシアチブ)と〈平和を求める女性イスラム教徒〉のメンバーが、グラウンドで行われる日々の活動を担当した。彼女たちが歌の時間だと言うと、みんながうたった。また、さまざまな仕事を受け持つ各種の委員会も立ち上げた。たとえば、参加者を国内避難民キャンプからグラウンドまで運ぶバスを手配する委員会などだ。毎晩、中核となっているWIPNETの二一人がオフィスでミーティングを開き、その日にあったことを何時間もかけて見直した。このミーティングが終わったあとに、バイバ、アサトゥ、シュガーズが残り、さらに話し合いをした。

みなそれぞれに役割があった。私は行動の戦略を練り、コーディネーターとしてメディアと接触し、みんなが意欲的に戦い続けられるようにした。バイバは背後に控えているのを好み、小さなグループになるまでは決して意見を言わなかった。だが、彼女はどの戦略に効果があり、どれがそうでなかったかを鋭く見極めており、それを率直に口にした。セルーはお金の管理に長けていた。グレースは参加した当初はとても無口でみすぼらしい姿をしていたが、次第に身なりもよくなり発言も増えてきた。仕事への情熱が顔に表れていた。彼女は計画を立てるのがうまく、恐れを知らなかった。手紙を届けて欲しいと頼んだら、たとえ歩いてでも必ず届ける。参加者を集める必要があれば、誰にでも話しかけて集めてくる。

目を上げて、わたしは山々を仰ぐ。
わたしの助けはどこから来るのか。
わたしの助けは来る、天地をつくられた主のもとから。
［『聖書』詩編　一二一］

慈悲あまねく慈愛深きアッラーの御名において。
わたしたちを正しい道に導きたまえ、
あなたが御恵みを下された人々の道に、
あなたの怒りを受けし者、また踏み迷える人々の道ではなく。
［『クルアーン』開端章］

夜明けから日暮れまで、一二時間。さまざまな方法で時間を過ごした。ときにはダンスをした。ときには神の教えを説いた。私たちの行動のスローガンはシンプルだった。「平和が欲しい。戦争はいらない」。グラウンドに集まった女性たちはこのスローガンを歌にした。

平和が欲しい。戦争はいらない。
子供たちが死んでいく——平和が欲しい。
苦しみはもうウンザリ——平和が欲しい。
逃げるのはもうウンザリ——平和が欲しい。

国会に行ってから約一週間後、議長がグラウンドに座っていた私のところまで来た。「メッセージがあります」と彼は言った。「四月二三日にエグゼクティブ・マンションに来てください。テーラー大統領がお会いになります」

中核メンバーは興奮し、神経質になりながらミーティングを開いた。またとない機会だから、最大限に活用しなければならない。テーラーから日付は知らされたが時間は聞いていない。だから、早い時間にキャピトルヒルに行くことにした。大学に参加者を集め、一緒にタブマン通りを渡ってマンションに行く。何が起こるかは想像しにくかった。

大統領は私たちに何を求めるだろう？　何と言うだろう？　シュガーズやアサトゥら何人かが、メッセージを明確にするため、話すのは一人だけにしたほうがいいと言った。また、私が話すことになった。

四月二三日、私が午前六時に大学に到着したときにはすでに参加者が集まっていて、すぐに二〇〇〇人を超えた。私たちは通りを渡ってマンションに行き、金色に縁取られた鉄の門を通った。不安とパニックに飲み込まれていた。これから怪物に会うのだ。トイレに行きたくなったり、息が荒くなる人も、気を失いそうになる人もいた。連れてきたボランティアの看護師がグループのなかを動き回って、血圧を測ったり、冷たい水を与えたりした。

ついに内部に招かれ、中央階段に集められた。テーラーのスタッフに椅子を勧められたが、私たちは床に座ると言った。「爆弾が落ちてくるときは、椅子を持って逃げません。私たちは仲間の経験をすべて共有するのです」

階段の上に演壇が設けられていた。私は階段を上ってその前に立った。私の後ろには、テーラーが鈍い黄緑色の軍隊式のスーツを着て、布張りのソファに座っていた。テーラーはサングラスをかけていたが、彼が私を観察しているのが感じられた。この男を憎むどころでは済まない地点まで達していたことに、私は気付いた。この男をよく見る必要がある。あれほどの死と苦しみを引き起こした人間をよく見る必要がある、と思った。この苦悩を伝える言葉を彼に言う必要があった。

用意した原稿は単に、私たち女性は無条件の停戦を求め、政府と反政府勢力との話し合いを求め、国際部隊の介入を求めるというものだった。だが、この言葉を言うあいだに、神がもっと多くを――もっと実感のこもった言葉を語らせたいと思っているのを感じた。私の前にいる女性たちは、手を組んで祈っていた。

彼女に強さを与えたまえ。彼女を弱くする悪魔は私たちが戒める。

演壇は私がテーラーのほうを向かないように設置されていた。テーラーから私の顔が見えるように私は横を向き、上院議長のグレース・マイナーに向かって話した。彼女はその部屋のなかにいた唯一の女性政府高官だった。私は女性としての彼女に話したかったのだ。「上院議長、女性として、私たちの信念に沿う方として、この声明を大統領閣下にお伝えいただけますよう、お願いいたします」。私は強い声で言った。「国内避難民を含むリベリアの女性は、戦争に疲れました。逃げるのにも疲れました。ブルガー小麦を乞うのにも、子供たちがレイプされるのにも嫌気がさしています。私たちが立ち上がったのは、子供たちの未来を確かなものにするためです。子供たちが将来、『ママ、戦争のあいだ何をしていたの?』と尋ねると思うからです」

大統領は無表情で聞いていた。彼は滑らかに、その日は具合が悪かったが、ともかく私たちに会うことにしたと答えた。「私をベッドから起こすことができるのは、リベリアの女性グループだけだ。自分の母親のように思えるからな」。そして、テーラーは挑戦してきた。和平交渉には積極的に臨むが、私たちの活動が真に公平なものなら、同じことを反政府勢力にも要求すべきではないかと。

大統領と報道陣が去ると、グレース・マイナーが私に近づいた。「大統領はあなたたちの活動に寄付をしたいと言っています」

この瞬間が来ることは予想していた。中核メンバーのミーティングで、シュガーズなど昔からテーラーをよく知っている人は、彼はいつもお金を与えようとすると言っていた。忠誠心、あるいは義務感を買うことは、よく使われる戦術だった。メンバーの何人かは、それを受け取らなければならないと言った。なぜなら、偉い人を訪ねて贈り物を受け取らないことは、文化的にあり得ないからだ。

「私は興味がありません……」

「どうか受け取って」

「もらっておきましょう」と会計責任者のセルーがささやいた。グレースは新札で五〇〇〇アメリカドルを私たちに手渡した。たしかに、そのお金は必要だった。遠くから運動に参加する人たちに交通手段を提供し、参加者に水を提供するために、毎日五〇〇アメリカドル近くがかかっていた。だが、これは汚れたお金だ。このときは受け取ったが、別にして保管しておいた。

主よ、今日という日をありがとうございます。私たちの活動をお導きください。

暑さのなか、夜明けから日暮れまで。暑い日に仕事をするのと、太陽がじりじりと照りつけるなか、動かずにじっと座っているのとはまったく別物だ。一種の拷問とも言える。私は生涯でもっとも色黒になり、多くの参加者にひどい湿疹ができた。だが、痛みのなかに抑えきれない思いがあった。体は痛めつけられているが、理由があるからそうしているのであり、心は静けさのなかにあった。――主よ、私は自分の時間を捧げます。ここでの座り込みを無駄にしないでください――雨のなか、夜明けから日暮れまで。リベリアは地球上でもっとも雨の多い国の一つで、消防車のホースから噴き出てくるような強さで雨が降ってくる。グランドの砂っぽい土に大量の雨水が染み込むなか、私たちはみじめに座っていた。

モンロビアの人々は毎日グランドを通りかかって、汗をかき、びしょ濡れになった私たちを見た。まるで行動しないことを恥じるかのように、屋根をつくろうかと言ってくれる人がいた。いつも断った。「戦闘が始まったら、傘を持ちだす時間はないですから」

中核メンバーは、計画を練るためにWIPNETオフィスでのミーティングを続けていた。シュガーズは私たちのアドバイザーで、LWI（リベリア女性イニシアチブ）で何が機能したか、何を変える必要があるかを知っているベテランだった。

「座り込みはいいと思う。でも、ほかの戦略も合わせて行う必要があるわ」

「ピケを張るのはどう？」アサトゥが提案し、シュガーズはその経験がない人の訓練にあたった。すぐに何チームかをブロード通りやベンソン通りに派遣して立たせた。プラカードには、「平和が欲しい。戦争はいらない」と書いた。

通りかかる人のなかには私たちを無視する人もいたが、しばしば誰かが近づいてきて「お母さん、ありがとう」と言いながら、少しお金をくれた。

四月の終わりに、LURDの指導部がテーラーと和平交渉を行うことに合意した。ただし、どこで会談を行うかは決まっていなかった。リベリア教会協議会の代表団はLURDとシエラレオネで会談する計画を発表した。両者は和平交渉の場所を見つけようとしていた。私たちはお金をかき集めてシエラレオネにメンバーを派遣した。一人はイスラム教徒のアサトゥ。一人はＬＵＲＤの指導部と民族的につながりがあるグレース。もう一人はＬＵＲＤのリーダーの一人を知っているシュガーズ。ＬＷＩのメンバーがそのＬＵＲＤリーダーのいとこだったのだ。

三人はフリータウンに滞在し、グレースはリベリア人の難民キャンプに行って、会談の場でピケを張るボランティアを集めた。女性たちは彼女を喜びいっぱいに迎えた。

「平和運動の人たちが来るって聞いていたわ。その人たちに会いたい！」

「私がその一人よ」。グレースは誇らしげに言った。

ＬＵＲＤの指導部がリベリア教会協議会の代表団に会うため到着すると、白い服を着て何列にも並んだ女性たちのあいだを通り抜けなければならなかった。プラカードには「リベリアの女性は平和を求める」と書かれていた。グレース、アサトゥ、シュガーズは彼らと個人的に会うことができた。

「あなたは私たちの子供でしょ！」とグレースは若者たちを叱った。「私たちがあなたを産んだのよ！　もうウンザリ！　ガーナに和平交渉に行って！　人が死んでいるのよ。私たちの話を聞きなさい！」

驚いたことに、アサトゥは同級生を見つけた。「ここで何をやっているんだ」と彼はアサトゥを問い詰めた。「俺に何も言うなよ」

アサトゥは引き下がらなかった。「私に会えて嬉しくないの？　あなたのお母さんやお姉さんのような人が、こんな遠くまであなたと話しに来たのよ！　あなたが和平交渉に行かないと、モンロビアで人が死ぬのが分かってる？　その人たちの死はあなたの罪だとは思わないの？」

シュガーズはただ彼らの自尊心をもてあそんだ。「とっても重要な方々ですもの……。リベリアを救ってくれるよう、誰もがみなさんを頼っているんですよ」。話し合いが終わるころには、LURDの指導部は和平交渉に参加することに合意していた。
「俺たちのお母さんが、はるばるリベリアから会いに来てくれた」と指導部はアサトゥ、グレース、シュガーズに言った。「そうだな、お母さんがた。あんたたちのために、和平交渉に行くよ」
そして、わたしたちはグラウンドでの座り込みを続けた。

平和が欲しい。戦争はいらない。
子供たちが死んでいく――平和が欲しい。
苦しみはもうウンザリ――平和が欲しい。
逃げるのはもうウンザリ――平和が欲しい。

ときどき、何人かがモンロビアを離れて、国内避難民キャンプでそこの女性たちと連帯して座り込みをした。私たちは言った。「女性として、単に女性として、団結しなければなりません。私たちはみな女性であり、その点で違いが生じることはありません。金持ちの女性が体を洗うとき、目にするものは何でしょうか。乳房であり、女性器です。貧しい女性が体を洗うとき、目にするものは何でしょうか。乳房であり、女性器です。まったく同じです。兵士がレイプしようとするとき、何を求めるでしょうか。子供たちが死んで、悲しむのはいつも母親です」

やがて、九つの州の一五のグループが、白い服を着て、平和を求めるプラカードを持って座り込みをするようになった。

外側から見ると、私たちの団結は簡単に成し遂げられたように見えるだろう。だが、活動のすべてで果てしない努力が必要だった。女性運動の人間関係はとても疲れるものだった。アメリカやほかの国々と同じように、リベリアでも何よりも多くの時間を言い争いに費やした。シュガーズはWIPNETの中核メンバーだったが、ほかの年配の女性活動家と私たちとの関係は、テルマが私をWIPNETの支部のコーディネーターに選んだ日から厳しいものだった。LWIやMARWOPNET（マノ川同盟女性平和ネットワーク）のメンバーを、私たちはいつも活動に招待したが誰も参加しなかった。階級的な反感が明らかだった。彼女たちは教育のある特権階級で、私たちは貧しい先住民だ。シュガーズは私たちと組んだとき、社会的な地位をきっぱりと捨てたのだと思う。年配の女性活動家たちは私たちを未熟な若輩者とみなしていたのだという気がする。WIPNETのメンバーは彼女たちを疑っていて、利用されるのではないか、成果を横取りされるのではないかと恐れていた。

五月に、私たちは資金集めのため〝ピース・フェスティバル〟をグラウンドで開いた。設置した舞台の上で民族的なパフォーマンスが行われ、歌があり、食べ物が販売された。地元の大司教が演説を行った。ほかの女性運動のグループもすべて招待したが、「まだ抵抗活動を行っている最中なので、参加するならば全員が地面に座るつもりで来てください」と書き添えておいた。

だが、年配の活動家たちは椅子を持ってきた——それだけでなく、その椅子を最前列に並べた。

怒りが噴き出し、とくに国内避難民キャンプの人たちは怒った。何人かが立ち上がって、私のところへ詰め寄ってきた。

「あの椅子をどけないなら、私たちは帰る！」

私はやむなく年配活動家と対決し、聴衆の後ろ側、食品販売スタンドの近くへと移動してもらった。彼女たちは椅子を持って移動した。その後、ほかの女性運動グループが私たちのイベントに参加することはなかった。一方で、イベント終了後にＷＩＰＮＥＴのメンバーで反省会を開くと、私が彼女たちを追い払えなかったのは、私が「お金をもらってスパイをしている」からだと何人かが言った。

内部のもめごとも一筋縄では解決しなかった。集まり、言い争い、ようやく何かについて決定を下し、それが上手くいかなかった場合、誰もが突然記憶喪失になるのだ。

「どうしたっていうの？　誰がこうするって決めたのよ。私は認めてないわ」

個人間のぶつかり合いも常にあって、解決しなければならなかった。毎晩の事務局ミーティングには、不満や非難でいっぱいの女たちがやって来て、「今日はこんな侮辱を受けた」「あの人はテーラーのスパイだ」「あなたのお気に入りだから、あの人をかばうんでしょ！」などと、果てしなく話すのだった。すべてをうまく進ませるのが私の役割だったのだが、こうしたことが嫌になってしまう日も多かった。リーダーであることに大きな満足感を得られるときもあれば、後ろに下がって問題は全部誰かに解決してもらいたいと思うときもあった。

最悪だったのは、私への個人攻撃になるような争いだった。トゥンデはまだ離婚していなかったので、私が慈善的な活動をしているように見せかけて、実は悪であり不道徳なのだと噂されることがあった。ときどき、私はシュガーズのオフィスへ言って二人だけで話した。彼女が他言しないことは分かっていたので、何でも言いたいことを言えた。

「たぶん、辞任すべきなんです」。また自分の性格を攻撃されたあと、私はシュガーズに言った。「そんな噂は真剣に受け取らないこと」とシュガーズはアドバイスしてくれた。それでも私は悩まされた。本当のことを言うと、いまでも当時の選択に思い悩むことがある。聖書で罪だとされている人生を歩んでいるのに、私はキリスト教徒だと言えるのか。ダニエルやトゥンデとなぜかかわり合ったのかを私は理解しており、自分を責めはしない。でも、既婚男性とかかわりあったのは本当に間違いだったと思っている。

また、仲間たちが「活動に弾みがつく」と喜んでくれるだろうと思っていたことに関しても、問題にぶつかった。CNNは私たちの活動をほとんど取り上げなかったが、BBCの『フォーカス・オン・アフリカ』など、ほかのメディアからは定期的に取材を受けた。私が広報担当だったので、メディアの取材を受けるのはいつも私だった。毎日午前六時にグラウンドに行き、その日に断食などの重要なイベントが予定されていればグラウンドに残ったが、そうでない場合は一〇時にオフィスや、打ち合わせや、ラジオや新聞のインタビューに行った。何週間も経つと、私の名前や声はよく知られるようになっていた。すると、自分の宣伝ばかりして〝スター〟になろうとしていると責められた。

ある晩、ほかのメンバーと意見が食い違ったあとで、「いつも、あなたのことばかり！」と怒鳴られた。「注目されるのが大好きなのよ。昔は何者でもなかったのに」

もう一人が「大変なことは全部私たちに押し付けて、あなたは楽ばかりね！」と言った。「何てことを言うの！」私は叫んだ。もう少しで手を上げそうだった。本当に怒っていた――この嫌な女たち！――同時に、傷ついてもいた。この活動が私のすべてだった。もうほかの人生はあり得なかった。ほとんど眠らず、電話はいつも鳴っていて、常に動いていた。ガーナにはもう行けなかったし、昔のように電話もできなかった。自由になる瞬間を見つけたとしても、それはたいてい昼間で、子供たちは学校に行っていて声も聞けなかった。日曜日でも、教会に行くとほかのＷＩＰＮＥＴのメンバーに会い、活動の話をした。

こうした怒りや、私だけが有名になったという非難は、のちにもっと辛い形で復活することになる。このときは収束した。ほかに選択肢はなかったし、立てるべき計画もあった。前に進み続けなければならなかった。


すべてがあまりに速く進み過ぎているように感じられ、落ち着いて喜びを感じている暇はまったくなかった。これまで、どれだけのことを成し遂げたことか！　ときには、感じられるのは恐怖だけだった。失敗したらどうなる？　この女性たちを恐ろしいことに巻きこんでしまうのでは？　前に進み続ければ、その分プレッシャーは増した。私は一人で飲むのが好きではなかったので、自宅で女性の集まりを開いて一緒に飲んだ。仕事が増えればプレッシャーも増え、アルコールも増えていった。

毎日、グラウンドにいた。

慈悲あまねく慈愛深きアッラーの御名において　［『クルアーン』開端章］

主に申し上げよ「わたしの避けどころ、砦……」　［『聖書』詩篇九一］

兵士に話を聞いてもらい、考えてもらうためには何をしたらいいか。まだ試していないことは何だろう。ある日、アサトゥがジャーナリストと話をしていたとき、こんな冗談を言った。「そのうち、セックスを拒否するところまで行くんじゃないかしら」。全員が笑った。でも、これには考えてみるべきポイントがあった。女には男が欲しがるものを拒否するという力がある。ほかの男たちが戦闘をやめるまで。

私たちはラジオで、男が戦闘に参加し女は戦っていないのだから、戦争を終わらせるようパートナーを説得する方法として、セックスを控えることを女性に勧めた。戦闘が続いている限り、誰も無実ではいられない――戦闘をやめるために何もしないことも罪になる、とのメッセージを発したのだ。

セックス・ストライキは、モンロビアより地方の女性のほうが組織的に行った。彼女たちはすでに、日々座り込みを行うため男性が入れない場所を確保していた。また、神が平和を認識するまではセックスをしないと言って、このストライキを宗教的なものにした。神を話に加えると、男たちは反対することを恐がった。一方、モンロビアでは屈した女性もいた。「ノー」と言ったら夫に殴られたと、あざをつくってグラウンドに来る人もいた。ストライキは断続的に数カ月間続いた。実際的な効果はほとんどなかったが、メディアの注目を集めるうえでは非常に価値があった。一〇年近く経った今日でも、私が〝平和への大衆行動〟について話すと、誰もが最初に「セックス・ストライキはどうでしたか?」と尋ねるのだ。

オールドロード地区に住む、母親のいない少女ルシアは五歳になったが、依然として誰も面倒を見ていなかった。彼女も戦争が投げ捨てた犠牲者の一人だった。私は自分の子供たちから離れていたが、自分が背を向けた村の少女たちが忘れられなかった。

「私がルシアを育てましょうか?」とついにルシアの父親に言った。彼に異存はなかった。私は活動で手いっぱいだったので、家族の友人に面倒をみてもらい、やがてガーナに送ってジェニーバに世話をしてもらった。私が〝マルー〟と呼んだその子は、私の五人目の子供になった。

トゥンデはとても優しく、いつも励ましてくれ、自分の感情を隠すのがとても上手だった。私の取り組みを常に支えてくれた。でも、私は以前のように彼に応えられず、その報いがやって来た。

トゥンデの仕事は忙しかったが五時には終わった。彼が私と過ごそうと私の家にやって来ると、女性がいっぱいで彼が入れる余地はない。私たちを結びつけていた親密で果てしない会話を、いまや私は仲間たちと交わしている。男性との関係に費やしていたエネルギーを、いまでは活動に捧げている。トゥンデと外出しても、私は早く家に帰りたくなる。一緒にベッドに入っても、愛を交わすエネルギーはない。私たちはまだ〝付き合って〟はいたが、彼が浮気をしたことが分かった。悲しいことに、それを気にする余裕すらなかった。

苦しみはもうウンザリ――平和が欲しい。
逃げるのはもうウンザリ――平和が欲しい。

毎日、グラウンドにいた。毎日。毎日。立ち去ることを拒否した。私たちの苦しみを、見えないままにしておくことを拒否した。最初は真剣に受け止められなかったようだが、私たちの〝しつこさ〟が実を結び始めた。バスでグラウンドに来る参加者は、運転手が彼女たちの行き先を知ると料金を受け取らないと話した。こうして認識されていることを女性たちは誇りに思い、この平和活動に参加していることをもっと公に示せるものを欲しがった。

私たちがＷＩＰＮＥＴのＩＤカードをつくると、参加者はそれを誇らしげに身に付けた。とくに、国内避難民キャンプから参加している人には、そのカードは大切だった。意義のある活動に参加することで、毎日、貧困と閉塞感から離れられるのだ。ＷＩＰＮＥＴのＴシャツを着てＩＤカードを首に下げると、何者でもない人から重要な女性へと変わり、道を歩くと誰もが気付いた。

モンロビアの司祭やイマーム［イスラム教の指導者］らが、グラウンドの端で私たちを支援してくれた。メンバーの家族も力を貸してくれた。トゥンデとセルーの夫は自分の車を使って、交通手段のない人を迎えに行った。アサトゥの夫は、ミーティングの予定を彼女にリマインドした。私の母も一時ガーナから来て、水を配るのを手伝った。父は周囲から「娘と話をしたほうがいい――家族を危険にさらしている」と言われたが、首を振った。

「神があの子を遣わした」と父ははっきりと言った。「いずれ、何かよいことが起こるはずだ」

〝平和への大衆行動〟の資金はその大半を教会から得ていたが、一般の男性や女性、兵士や政府の役人さえも、グラウンドに来ては食べ物やお金を寄付してくれた。「ありがとう、お母さん」とみんなは言った。「未来はあなたたちにかかっています」

産業界や政界のトップレベルにいる人たちからも、極秘で寄付をもらった。いまだに名前を明かせない二人――一人はビジネスマンで、一人はテーラーのグループから離れた有名な人――からは、多額の寄付を受けた。そして、上院議長のグレース・マイナーは、大きなリスクを冒しながら自分のお金をたくさん寄付してくれた。あるときは、ベールで顔を隠しながら、キャンドルライトの徹夜祭にも参加したほどだ。

テルマは私がＷＩＰＮＥＴの庇護の下ではなく、自分の名前で助成金を申請するよう勧めた。実際にそうしてみると、〈グローバル・ファンド・フォー・ウィメン〉や〈アメリカン・ジューイッシュ・ワールド・サービス〉、〈アフリカ女性開発基金〉などの資金援助団体からお金が得られるようになった。

活動により、世界の私たちを見る目が変わったが、私たち自身も変化した。変わったのはバイバやグレースらだけではなかった。〝アニー母さん〟と呼ばれた女性は、私が牧師の奥さんを対象に開いたセッションに参加していた。彼女は〝平和への大衆行動〟に加わり、徐々にリーダーとして頭角を現してきた。また、ある日の朝早く、別の運動参加者が私の家を訪れた。殴られていた。雨が降っていて、泥と血にまみれていた。夫に追い出されたのだ。夫婦は家を建て終えたばかりだったが、夫はその家に若い女性と住みたがった。追い出された女性は別の家も使えたが、そこを住めるようにするには藁のマットが必要で、そのためには一万リベリアドル――約二〇〇アメリカドルが必要だった。私は彼女を自分の銀行に連れて行き、必要なお金を渡した。彼女は一週間後に戻って来て言った。「もし私に住む場所がなかったら、人生は違うものになっていたでしょう。私がグラウンドに通い続けるのは、自分は一人ではないと分かるからです」

夜明けから日暮れまで。ときには、この平和運動に参加するようになったいきさつを何人かが話した。小グループで〝肩の荷を下ろす〟エクササイズも行い、みんなが泣いた。ある朝には、雨が降りしきるなか、マンバポイントにある国連の施設の前に裸足で立った。そこでは、国連とECOWAS、アフリカ連合、世界銀行と七つの国の代表からなる〈リベリアに関する国際コンタクト・グループ〉が会合を開いていた。警備員が門を開き、数人の外交官がリムジンに乗り込もうとしたとき、恐れを知らないグレースと若手ジャーナリストのオリーブ・トーマスが走って道を渡った。二人はスウェーデンからの特使の手にポジションペーパー［特定の問題についての立場や考えを述べた声明］を押し付けた。

「あなたに読んでいただきたいんです」

「いいですよ」とその男性は言い、ほかの特使も呼んで雨のなかに立っている女たちを見た。彼らは私たちをじっと見て、いくつか質問をした。

「戦争に反対しているあの女性グループですよ」と国連の開発プログラムの担当官が言った。

特使らは車で去っていったが、私たちの声明は持っていった。

ある朝、オールドロードで近所に住む女性の息子で、高校三年生になる少年が、ほかの四人の若者とともに兵士に拉致された。制服を着た高校生が朝の八時に連れ去られたのだ！　しかし、絶望の代わりに決意と怒りが人々のあいだに芽生え始めていた。その現場を見た人がトラックのナンバーを控えていたので、戦地へ送られる前に、どの警察署に少年たちが連れて行かれたかが分かったのだ。近所の人たちは警察署に行き、子供たちを返せと要求した。

彼らは私に言った。「あの魚市場のグラウンドの人たちを見ているから。あの人たちから学んでいるんです」

私たちはまだリベリアに平和をもたらしてはいなかった。だが、私たちの活動はこの国に勇気を与えていた。活動は神の手に支えられ、私は草の根からこの活動を始めたことの正しさを日々目の当たりにしていた。努力することの必要性を説くことはできる。だが、力を持たない人たちが「自分で状況を変えることができる」と気付き始めたら、誰もその情熱を消すことはできない。

第14章 「奴らを勝たせておくの?」

ある日の午後、霊感の強いある年配の女性が啓示を受けた。「何か重要なことが起こりそうです。祈りましょう」

一時間も経たないうちにニュースが届いた。ECOWASと国連によるコンタクト・グループが、テーラーと反政府勢力のあいだの和平交渉を決めたのだ。六月四日からガーナで行われるという。誰もが思わずうたいだした。キリスト教徒はイスラム教の歌をうたい、イスラム教徒は讃美歌をうたった。

和平交渉はナイジェリアの元大統領、アブドゥルサラミ・アブバカール将軍が仲介し、二週間ほど続けられる予定だった。リベリア人女性を代表して、MARWOPNET(マノ川同盟女性平和ネットワーク)のメンバーが立ち会うよう(のちに参加するよう)招かれた。私たちには声がかからなかったが、ともかくその場に行くことは決めていた。わずかな寄付と、テーラーから渋々受け取った五〇〇〇ドルの一部を使って、シュガーズとバイバと私を含む計七人がガーナへ向かった。

私たちは現地に二週間前に到着し、バイバやシシリアら代表団の何人かが、大混雑している私の家に滞在した。子供たちは私がしばらくいると知って大喜びしたが、実際は子供たちと過ごす時間はほとんどなかった。毎日、私は午前五時頃に家を出て、夜の一〇時過ぎまで帰らなかった。週末にさえも打ち合わせがあった。私が内戦の初期に滞在したブドゥブラム難民キャンプにはまだ何万人ものリベリア人がいたので、そこの女性たちを説得して、和平交渉が行われる会議場での運動に参加してもらおうと思ったのだ。

これは予想したよりも難しかった。テーラーからの支援を狙っている女性たちが、平和主義者と称してすでに人々を説いて回っており、私たちは信用されなかった。キャンプの女性グループの一部は、私たちがキャンプの人々を利用しようとしていると責め、私たちを〝コンゴ・ピープル〟――特権階級だとばかにした。シュガーズさえも弱気になった。それでも交渉が始まる頃には、五〇〇人以上に参加してもらうことができた。キャンプの住人、アクラに住む難民、ガーナ北部のＷＩＰＮＥＴのメンバーらだ。

リベリアの内戦は世界のなかではささいなことに過ぎなかった。だが、戦闘とその影響が、国境を越えてシエラレオネやコートジボワール、ギニアに広がっていくと、国際社会はリベリアを、西アフリカ全体の破壊を引き起こす震源地と見なすようになった。ガーナの和平交渉はアクラで始まり、次に八〇キロ離れたアコソンボに場所を移し、再びアクラに戻って来たが、この和平交渉が西アフリカにとっての最後のチャンスだと多くの人が感じていた。

南アフリカ、ナイジェリア、コートジボワール、シエラレオネの各大統領と米国の代表団が、アコソンボにある三ツ星ホテルのレイクボルタ・ホテルに到着し、そこでＬＵＲＤの代表と合流した。

チャールズ・テーラーも飛行機で到着し、協力的な姿勢を見せた。彼はすでに政府と戦って逮捕された囚人の恩赦を認めており、和平協定を結ぶまではガーナを離れないと発表した。テーラーは辞職の意向まで示唆した。「リベリア国民のみなさん、もしテーラーが大統領を辞したら平和が訪れるでしょうか? そうであるならば、私は辞職します」

こののち、衝撃が走った。三カ月前の三月に、国連とシエラレオネの戦争犯罪法廷は、フォディ・サンコー率いる〈革命統一戦線〉が一〇年にわたり行ってきた殺人や手足の切断、レイプなどに関して、テーラーに「重大な責任がある」として彼を極秘のうちに起訴していた。現職の国家元首がこうした罪に問われたのは、ボスニアのスロボダン・ミロシェビッチ以来で、アフリカのリーダーとしては初めてだった。アコソンボに集まった人々がこの発表のタイミングを推測できずに苛立つなか、法廷は起訴を公表し、テーラーの逮捕をガーナに依頼した。ガーナ当局がのちに述べたところによると、彼らがそれを聞いたときにはすでに遅かった——テーラー大統領は自国の代表団に交渉を委ねて脱出し、飛行機に飛び乗ってリベリアに戻っていた。

このニュースが伝わると、モンロビアではパニックが起こった。テーラーの〝息子〟たちがジープで通りを走り回るなか、人々は急いで仕事から戻ると子供たちを連れ帰り、自宅に閉じこもった。テーラーの兵士は、もし大統領が逮捕されたら「全員を殺し、すべてを焼き尽くし、リベリアを滅ぼす」と断言していた。

和平交渉は延期された。二日のうちにLURDの勢力がモンロビア郊外に迫り、市の中心部からわずか一〇キロほどのところに来た。一〇万人以上が暮らすモンロビア周辺の七カ所の国内避難民キャンプは、反政府勢力の支配下となり、豪雨のなか人々は四方八方に逃げ出した。郊外のすべての人々がモンロビアに流れ込んで来るようだった。

ガーナでは、アブバカール将軍が戦闘をやめるよう訴えた。和平交渉は六月八日に再開予定で、その日にはもっとも新しい反政府勢力のMODEL（リベリア民主運動）が到着することになっていた。MODELが交渉団を組織できるよう、交渉は六月一〇日まで再度延期された。

この間、私たちは座り込みをしていた。最初は一〇〇人で。やがて二〇〇人、三〇〇人となり、白い服を着てプラカードを掲げ、「平和が欲しい」とスローガンを唱えていた。

「私たちは彼らの良心です」と私は記者に言った。「彼らが正しいことをするよう求めています。正しいこととは、リベリアの女性と子供たちが切望している平和を、いますぐに実現することです」

交渉は始まったが進展はなかった。LURDとMODELのメンバーは、「起訴された戦争犯罪人」であるテーラーは辞任すべきだと主張。テーラーの代表団は、辞任の可能性など「ある訳がない」とした。

来る日も来る日も、私たちはプラカードを掲げながら座り込みを続けた。代表団や立会人——その大半が男性だった——が列をなして通り過ぎて行った。ある朝、ナイジェリアの民族衣装のローブ〝アグバダ〟と帽子〝フィラ〟を身に付けたアブバカール将軍が、立ち止まって私たちに声をかけた。

「国際コンタクト・グループと一緒にリベリアに行ったとき、平和を訴える女性のグループを見たのだが、君たちはそれと同じグループかね?」彼は本当に関心があるようだった。

「そうです」と私は言った。

アブバカール将軍はうなずいて微笑んだ。「頑張ってくれたまえ」

数日後、再び将軍がやって来た。「君たちがやっていることは素晴らしい。MARWOPNETと一緒に交渉のテーブルにつくべきだと思う」。彼は私たちのために席を三つ用意したと言った。

私はお礼を述べたが断った。そうした行動は、私たちの活動の意義を無にすると思ったからだ。〝平和への大衆行動〟の女たちは和平交渉の外で座り込みをするために来たのであって、交渉に参加しに来たのではない。それに、MARWOPNETとの連帯を示す必要もあった。MARWOPNETのメンバーは特権階級かもしれないが、それでも交渉の立会人として、すべてのリベリア人女性の利害を代表している。ちょうど、私たちが抗議活動でリベリア人女性の利害を代表しているように。もし私たちも交渉に加わって同じ役割を共有したら、それは彼女たちを信用しておらず、競い合っているということになる。そうなれば、両者のあいだの溝はさらに深くなる。「外にいます」と私は答えた。

私がこう話したことを、誰かが和平交渉に参加しているMARWOPNETのメンバーに伝えた。彼女らは私に会うと感謝の言葉を述べた。

「言い争いはやめましょう」と私は言った。「両グループが協力し合っていることを示さなければなりません。みなさんが交渉のテーブルについているとき、私たちは抗議活動を行います。でも交渉のなかで、リベリアの女性にとって好ましくない話が出たら教えてください。日々のプレスリリースもともに作成し、『女性はこう考える』と訴えていきましょう」。彼女たちは賛成し、合意が成立した。私たちは初めて一つになることができた。派閥のリーダーが交渉を妨げたら――たとえば、選挙の日程提案に反対したら――私たちにもそのことが知らされる。そして、同じ内容が全世界にもプラカードを使って知らされるのだ。

来る日も来る日も、和平交渉に進展はなかった。シュガーズは交渉に参加しているメンバーの多くを知っていたが、そのうちの誰も私には話しかけなかった。「飲みに行かないか」と言われるだけだった。

私は「殺し屋とは一緒に飲みません」と答えた。

六月一六日、和平交渉の場はアクラに戻り、Ｍプラザホテルの会議室で開かれることとなった。一七日、二つの反政府グループとテーラーは、チャールズ・テーラー抜きで暫定政府を設立することを含めた停戦協定に署名した。国連はこれへの支援と部隊の派遣を表明した。その日の午後だけではあったが、モンロビア市街は喜びにあふれ、ＷＩＰＮＥＴのメンバーも幸せだった。私は派閥のリーダーたちと一緒に写真を撮ったりもした。

希望を持つこと以上の苦しみがあるだろうか。ほぼその直後、テーラーは辞任の約束を撤回し、停戦協定は白紙に戻った。ＬＵＲＤはモンロビアに三度の攻撃を行い、それが身の毛もよだつようなものだったので、第一次、第二次、第三次世界大戦として知られるようになった。殺人とレイプの渦が巻き起こり、町中で激しい戦闘が行われた。何日もの砲撃により多くの建物が燃やされ、がれきやゴミ、壊れた家具の破片などが歩道に散らばった。どの家も、どの店も、略奪され破壊された。人々は薬きょうのカーペットの上を走って逃げ、けが人を手押し車や背中に載せて運び、必死になって海外のボランティアが運営する臨時の診療所に向かった。国立病院はただの一つも開いていなかった。

「われわれはモンロビアを放棄しない」とテーラーは叫んだ。「通りの一つひとつ、家の一軒一軒をかけて戦う！」

シエラレオネとギニアに続く道路、モンロビアから西に向かう道路は封鎖された。国連安全保障理事会は、多国籍軍の配備の可能性について話し合う会議を開き、アナン事務総長はアメリカに介入を依頼した。

そしてアクラでは……何も起こらなかった。私たちはプラカードを掲げて、交渉会場の外に座り、並行して〈リベリア女性フォーラム〉を開いて交渉の成果について議論した。ある日の午後、私はエレン・ジョンソン・サーリーフに会った。彼女はここ数年、アフリカ統一機構の依頼でルワンダ大虐殺について調査をしており、〈西アフリカ・開かれた社会イニシアチブ〉の議長も務めていた。テーラーに対しては断固反対の立場をとるようになっていた。彼女は私たちの活動について尋ね、その日同行していたアンバーについても尋ねた。翌日、私を呼び寄せると共著書の『女性と戦争と平和』［Women, War, Peace：未邦訳］にサインをして渡してくれた。同書は国連女性開発基金の依頼で、紛争と平和構築における女性の役割について研究を行ったものだ。

夜には、各派閥のリーダーらはホテルのパティオに出てお酒を飲む。私とシュガーズは近くのテーブルに座り、彼らの会話を聞こうとする。たいていはスポーツや女性や昔の戦争の話だ。だが、ときどき私たちの知り合いが彼らと一緒に座り、彼らが和平交渉をどうやって自分の利益のために利用するかを話していると教えてくれる。彼らにとって戦争とはそういうものだ。権力。お金。たとえば、ある派閥のリーダーは、戦後に魅力的なポジションが得られると約束されるまでは戦いをやめないと言った。私たちは新しいプラカードをつくった。「私たちの子供を殺した奴。欲しいポジションは絶対手に入らない」

権力と富を求める競争は毎日続けられた。平和とは何を意味するのか。再建された政府はどんな姿か。誰がどの州を支配して、どの資源をコントロールするのか。ＬＵＲＤのリーダーの一人はシュガーズに、何が起こってもあまり関係ないと話した。彼らはモンロビアにいる人を全員殺し、自分たちの女を連れてきて人口を増やすのだという。

交渉はまったく進まなかったが、反政府勢力の参加者には明らかな変化が見て取れた。Ｍプラザホテルと、参加者の宿泊場所となっている四ツ星のラパーム・ロイヤルビーチホテルには、くつろいだ、陽気ともいえる空気が漂っていた。派閥のリーダーたちは休暇を過ごしているようなもので、国際社会がそのすべての費用を払っていた。毎朝、彼らは十分に休んで満足し、警察に先導されて到着する。銃を持たず、目の血走った若い兵士の護衛もつけずにいると、彼らの本来の姿がよく分かる。チンピラ、犯罪者、弱い者いじめをするガキ大将、詐欺師、戦争が終わらないようにと願うただの人。なぜなら、戦争がなければ、このような暮らしには決して手が届かないからだ。

そして、私たちは資金切れが近づいているのを心配しながら、まだアクラで抗議活動をしていた。モンロビアでも、戦闘が行われているにもかかわらず、女たちはまだ魚市場近くのグラウンドで座り込みをしていた。だが、その祈りは激しいものへと変わりつつあり、神への称賛が神による懲罰を求めるものになった。

主はこう言われる。
捕われ人が勇士から取り返され、とりこが暴君から救い出される。
わたしが、あなたと争う者と争い……。
あなたを虐げる者に自らの肉を食わせ、
新しい酒に酔うように自らの血に酔わせる。
〔『聖書』イザヤ書　四九章〕

七月にはブッシュロッド島で戦闘が起こった。反政府勢力は橋を占領し、政府がコントロールする市の中心部を港の倉庫街から分断して、食料の供給を止めた。飢餓が広がった。父はルーテル教会の施設で生き延び、トゥンデが国連の仕事をして食料が得られたため、おばあちゃんも何とかやっていた。でも、ほかの人々は体が音を上げるまで、葉や海産巻き貝を食べて生きていた。墓地には行けず、遺体は家族が沼地に沈ませ、海岸は公衆トイレになっていた。清潔な水はなく、コレラの流行が始まった。

八〇〇〇人もが避難場所を求めて、以前は壮大だったビーコン通りのフリーメーソンの寺院に来ていた。いまだにサミュエル・K・ドウ運動競技場と呼ばれている場所には、雨のなか六万人が詰めかけていた。テーラーがそこを公式の避難場所として提供したのだ。恐怖に怯えた家族がモンロビアに入って来る一方で、反対方向に逃げる人たちもいた。国全体が逃げていたが、もう残された逃げ場はなかった。

アクラには毎日、リベリアから苦痛に満ちた電話がかかってきた。「誰も外に出られない。床に座って弾丸を避けている。みんな空腹だ」

シュガーズの息子は、「お母さん、今日は集団墓地を掘るのを手伝ったよ」と話した。

「リーマ！　ああ、神様！」ある日の午後、テルマのオフィスから電話をかけると、セルーは絶叫した。ヒステリーを起こしているかのような高い声で、まるで自分の居場所も、何を話すかも分からないといった様子だった。「銃撃があって、爆弾も落ちてくる。ボン！　ボン！　ボン！」私はアクラにあるテルマのオフィスで無事だった。一方で、爆撃を真似たセルーの声が部屋中に響いた。

私ができたのは、泣くことだけだった。あまりに泣いたので、目は真っ赤だった。資金はほとんどなくなっていて、新たな資金提供者はいなかった。交渉はまだ決着しそうになかった。この膠着状態を表現する言葉はいつも同じだった。交渉は行き詰っている。袋小路に入ってしまった。

この間、LURDとMODELの交渉参加者は、毎朝ホテルのオーシャンビューの部屋で目覚め、階下に降りて朝食をとり、そして完璧なまでに役に立たない話し合いに出かけていた。この自己満足の交渉人は、交渉時間外にはホテルのプールの周りで、真新しいシャツを着て飲み物を手にくつろいでいる。

＊＊＊

ある朝、私のなかの何かが壊れた。もうダメだ。ホテルに行って、抵抗活動に集まった人たちに挨拶したが、白い服は着なかったし、その場に留まりもしなかった。もうたくさんだ。私は打ちのめされていた。

七月二一日は月曜日で、新たな週の始まりだった。その朝、ホテルに行く前に、私はWANEPのオフィスに行ってメールをチェックし、ニュースを見ようと決めた。まだ誰も来ていなかった。私はヤフーニュースのウェブサイトを開いた。また悪夢が起こっていた。一万人が避難していたモンロビアのアメリカ大使館の施設に、炸裂弾が落ちたのだ。女性や小さな子供を含めた数十人が殺された。怒りに満ちた群衆が、大使館の門の前に遺体を積みあげた。白のTシャツと明るい色のラッパ〟、そして血が混じっていた。

「なぜ助けてくれないの！」人々はアメリカ人の警備員に向かって叫んだ。「このままでは無駄死にしてしまう！」

私は自分に嫌気がさして、そこに座った。数人の女で戦争を止められると思うなんて、私はなんてバカだったんだろう。――主よ、私をだましたのですね――。

サイトにはビデオも掲載されていた。ミサイルが落ちたとき、二人の小さな男の子が外で歯を磨いていた。残されたのは、二人のサンダルだけだった。カメラは、昨晩生まれた赤ちゃんを抱いている年配の女性を映した。その赤ちゃんの母親はオムツを干しに外へ出て、二人の男の子の隣に立っており、彼女も亡くなった。

私は赤ちゃんを見た。死んだ男の子たちのことを思った――二人のサンダルはアーサーがいま履いているのと同じサイズだった。私の絶望感はあまりにも深く、泣いても慰めにはならなかった。

「この活動の意味は何なの?」私は数日前シュガーズに向かって叫んだ。「何をやろうとしているの? 人が毎日死んでいるわ! 私たちは人殺しを止めるべきなのに!」

「ほかに何をすべきなの?」シュガーズは私の両腕をつかんで揺さぶった。「リーマ! リーマ! 聞いて! ただあきらめるの? 奴らを勝たせておくの?」

――ほかに何をすべきなの? 奴らを勝たせておくの?――一〇年近くの時を経て、私はシエラレオネの乳房が片方しかない女性の声を聞いた。突然、それまで経験したことがないほどの大きな怒りを感じた。もしAK-47を持っていたら、会議場へ行ってそのなかにいる全員を殺していたことだろう。

WANEPの図書室に、まだ何枚か白いTシャツが残してあった。一枚出して着て、ホテルに戻った。シュガーズに会った。

「昨晩、少しお金が入ったわ」と彼女は疲れた様子で言った。「あなたがいなかったから、バスをキャンプに向かわせて、二〇人くらいを連れてくることにした」

「今日の行動には三〇人では足りないわ」と私は言った。私の声がどうなっていたか分からないか、シュガーズは私を不思議そうに見ていた。「もっと集めましょう。中に入るわよ」


世界がこの一瞬に集約された気がした。私には何をすべきか分かっていた。この日、交渉用の会議室は満員だった。LURD、MODEL、テーラーのグループの代表者に加え、リベリアの政党、市民社会グループが参加していた。ちょうど昼食の時間だった。私は女たちを率いて廊下を進み、会議室の入り口となっているガラスのドアの正面に腰を下ろした。「ここで座り込みをします」。どんどん参加者がやって来て二〇〇人以上となり、廊下は暑くなって、白いTシャツと「リベリア国民の虐殺者、殺し屋――もうやめて!」と黒い文字で書かれたプラカードで埋め尽くされた。

「このドアの前に座って、互いに腕を組みましょう」と私は指示した。「和平協定が結ばれるまで、この会議室から誰も出しません」。私はガラスドアを叩いて、出てきた人に「これをアブバカール将軍に渡してください」とメモを託した。

私は将軍がその紙を読むのを見た。「私たちはこの代表団、なかでもリベリア人の代表団を人質とします。母国で人々が味わっているのと同じ苦しみを感じてもらいます」

突然、将軍の声が拡声装置から聞こえてきた。「紳士淑女のみなさん、この和平会議場はリーマ将軍とその軍勢によって占拠されました」

すぐに警備員が走って来た。「このグループのリーダーは誰だ」と一人が尋ねた。

「私です」と言って、私は立ち上がった。

「正義の妨害だ。逮捕しなければならない」。私の後ろでは会議室のドアが開いて、男たちが顔を覗かせていた。――正義の妨害？　本当に私にそう言ったの？　正義ですって？

とても腹が立って、私は正気を失った。「じゃあ、逮捕しやすくしてあげる。服を脱いで裸になるわ」。頭に巻いていた布をはずした。シュガーズも立ち上がって、同じことをし始めた。〝ラッパ〟を脱ぐと、下に履いていたタイツがむき出しになった。

「やめてください！」運動参加者の夫で、その日交渉に加っていたリベリア人の銀行員が叫んだ。

服を脱ぎ始めたとき、何も計画はなかった。頭が混乱していた。――分かったわ。逮捕して私を侮辱するなら、あなたたちが想像もできないくらい、自分で自分を侮辱してみせる――。私は我を忘れ、やけになっていた。人を守るために存在していると教えられた機関は、すべてが悪者で腐敗していることが分かった。私が大切に思っていたものは、すべてが壊れた。この交渉が最後の望みだったのに、それも崩壊しつつある。でも、服を脱ぐと脅すことで、昔から伝わる力を呼びだしていた。アフリカでは、既婚の女性、または年配の女性が故意に裸になるのを見るのは、恐ろしい呪いになるとされている。母親が子供に対して心の底から怒ったとき、乳房を出してピシャリと叩くと子供は呪われる。この会議に集まった男たちにとって、女性が裸になるのを見るのは、ほとんど死刑宣告のようなものだった。男は女性器を通って生まれてくるから、女は自分の体をさらすことにより、「与えた命を返してもらう」と言うことになるのだ。会議場全体に恐怖が広がった。

「ダメだ!」アブバカール将軍の声がした。「リーマ、それはやめなさい!」

シュガーズと私は服を脱ぐのをやめた。私はその場に立って、怒りと苛立ちのなかで泣いていた。

「あなたの言うことは聞くわ。でも、この人たちは、この人たちは……。ここまでやって来て……。ここに来たときは血の気がなかったのに、いまでは上等なギニア製の服を着ている。うろうろ歩いて、私たちには『お前ら殺すぞ!』って言う。もうここから出さない。私たちが部屋に閉じ込めるの。水もなし。食料もなし。少なくとも、リベリアで普通の人たちが経験していることを経験させるのよ!」

「リーマさん、みなさんを外へ連れ出してください」

「嫌です」

「この人たちが何をしたか知らないの?」運動に参加している女性が泣きながら訴えた。「私のリベリアの家族は飢えているのよ。死んでしまうかもしれない。もう会えないかもしれない」

声が増えてきた。「食べさせない! 食べ物がない辛さを味わいなさい!」

私は叫んだ。「平和を実現するまでは、この部屋から出ることを許しません」

将軍の背後では動揺が広がっていた。派閥のリーダーの一人が、道を妨げている女性たちを乗り越えて前に進もうとした。女たちが彼を押し戻すと、彼は蹴り返そうとするかのように足を上げた。

アブバカール将軍がその男に向けた声は冷酷だった。「やれるものなら、やってみろ」

一瞬の沈黙があった。「お前が本当の男なら、国民を殺さないはずだ」。将軍は続けた。「だが、お前が本当の男ではないから、この女性たちに子供のように扱われるのだ。この方たちとの和平交渉を終えるまで、部屋を出られるものなら出てみなさい」。男は引き下がった。

交渉参加者を閉じ込めておくため、女性たちが廊下に残るなか、シュガーズと私のほか数人が、アブバカール将軍が滞在する部屋に行った。しばらく、私はただ座って泣いていた。

「それほどに憤慨されるのは、まったくもって当然のことです」と将軍は言った。「同じ状況にいたら、私も同様の思いを持つでしょう」

その後一時間で私たちは合意に達し、女性たちが座り込みを続けている廊下に戻った。そして、この交渉を取材しているガーナのテレビ局や海外メディアの特派員など、報道陣を集めた。

「私たちの要求は次の通りです」と私は言った。「和平交渉を前に進めること。全員が毎回出席すること。私たちの邪魔をせず、決して侮辱しないこと。私たちは頭がおかしいのではありません」

「私たちが今日とった行動は、すなわち『ガーナにいるリベリアの女性は戦争に嫌気が差している』というメッセージを世界に送ることであり、『国民の殺害にはウンザリだ』ということを世界に訴えることです。私たちは今日と同じ行動を何度でも繰り返せますし、何度でも繰り返します」

＊＊＊

リベリアの戦争は、私たちが廊下を封じた七月のこの日には終わらなかった。八月四日に西アフリカ平和維持軍がリベリアに到着し、群衆は通りに並んで涙を流し、歓迎した。七日にはナイジェリアの平和維持軍がモンロビア空港で、テーラー宛ての一〇トンものAK－47と携行式ロケット弾を差し押さえた。この兵器が届いていたら、テーラーが戦闘を続けた可能性は十分にある。

　だが、私たちの行動は終わりの始まりとなった。和平交渉の雰囲気は、お祭り騒ぎから厳粛なものへと変わった。交渉はその後遅れることなく進んだ。八月　・日、チャールズ・テーラーは大統領を辞任し、ナイジェリアに亡命することに合意した。彼が出発する日の朝、和平交渉は一時中断され、〝大衆行動〟のリーダーたちは私の家に集まってテーラーが出ていくのをテレビで見守った。私たちは言葉少なく、心配していた。彼が何か恐ろしいことを計画しているかもしれない。戦闘が始まり、人が死んでいくかもしれない。だが、テーラーはただエグゼクティブ・マンションで支持者に向かって演説し、出発に備えていた。

「神のおぼしめしがあれば、私は戻って来る」

「夢のなかでね！」私たちは叫んだ。

　テーラーの飛行機が離陸し、モンロビアでは何も起こらず、たいへんな重荷が下りたかのようだった。八月一四日、反政府勢力はモンロビアの包囲をやめ、アメリカ軍がアフリカの平和維持軍を支援するため上陸した。一五日には最初の国際援助の船が到着した。女性たちは涙を流してゴスペルを歌い、薬きょうで覆われたブリッジを走って、必死で食料を探し始めた。

　三日後、LURDとMODEL、そしてテーラーに忠実な部隊の代表が「アクラ包括和平合意」を締結。ビジネスマンでどの勢力ともつながりのないジューディ・ブライアントを議長とし、移行政府を設立することに合意した。

皮肉なことに、これが決まったとき私はアクラにもいなかった。交渉はあと一週間はかかるだろうと考えて、シュガーズと一緒にコートジボワールで開かれていた西アフリカ女性リーダー会議に出席していた。午前二時、ブライアント議長から電話がかかってきた。「素晴らしいことが起こりました。あなた方のお陰で、実現できたのです」

私はホテルの部屋でひざまずき、祈った。

リベリアに戻ると、大勢の女性が私たちを空港で出迎えた。WIPNETのTシャツを着て歌をうたっていた。

平和が欲しい——戦争はいらない。

シュガーズと私は顔を見合わせて笑った。空港にいた人はみな、私たちに向かってうなずき、セキュリティを通るあいだも、私たちにタッチし、微笑んだ。

「ピース・ウーマンだ！　すごいことをした人たちだ！　ありがとう、お母さん。ありがとう」

内戦のあいだ、政府軍と反政府勢力の戦闘はモンロビアの中心部でも激しく行われた。建物は破壊され、道は薬莢《やっきょう》で埋め尽くされた。（写真：『ロサンゼルス・タイムス』キャロリン・コール）

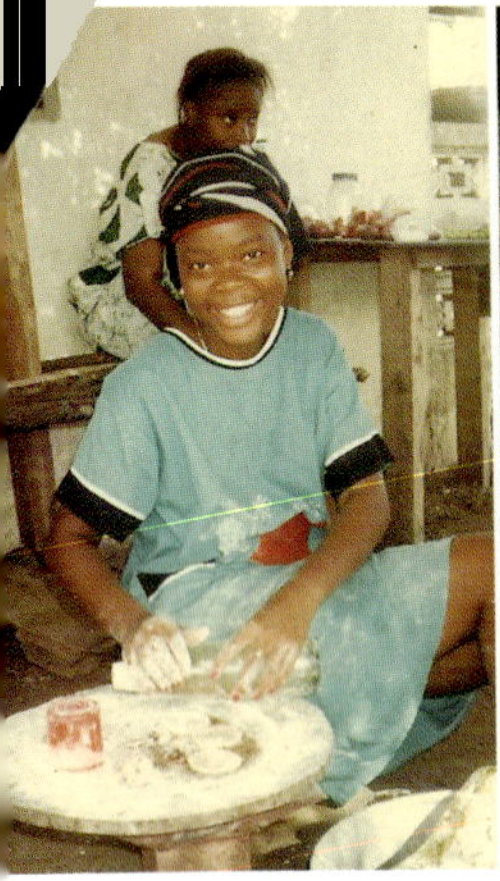

03

02

01

04

01
私たちが遊びまわっていたオールドロードは、開かれた空間と自由な雰囲気に満ちていた。姪のベイビーを抱いているのが姉のジョセフィーンで青いシャツにベストを着ているのが私。前列に立っている小さな女の子がファータ。

02
日曜日の朝には、必ず母を手伝って朝食を準備しなければならなかった。

03
内戦初期に避難したブドゥブラム難民キャンプで、私はドーナツを揚げて売った。これは私が持っている唯一のジェニーバの写真だ（私のうしろ）。彼女はカメラを嫌っていた。

04
卒業式には子供たちも出席し、私はとても誇りに思った。後列にいるのがアンバーとヌーク、前列にアーサーとプードゥ。

来る日も来る月も、「平和のための集団活動」に参加した女性たちは座り込みを行い、引き下がることはなかった。（写真：ピウィ・フロモク）

女性による平和への要求は広がり続け、9つの州で15の座り込みグループができた。父が生まれたボング州の農村部では、活動を立ち上げると数百人の女性が参加した。

2009年5月18日、リベリアの女性平和活動家を代表して、ジョン・F・ケネディの「勇気ある人賞」を受賞。私は聴衆に次のように語った。「目を閉じてください。そして心に描いてください。赤ちゃんが決して道端で死ぬことのない世界を。女性が決してレイプされることがなく、その犯人が罰を免れることがない世界を」

2010年、コンゴで複数の女性グループを連携させるためのワークショップを行った。そこでは勇敢で、決意に満ちた数多くの女性たちに会った。リベリアで私たちが実現したことは、ほかのどこでも実現できる。（写真：アリッサ・エベレット）

第三部

第15章　戦争は本当に終わったのか

グラウンドで、何時間もお祝いをした。歌、祈り、涙。何週間ものあいだ、私たちがＷＩＰＮＥＴの白いＴシャツを着て道を歩くと、人々が立ち止まって握手を求め、ありがとうと言ってくれた。ときには、子供たちが大勢ついて来て、嬉しそうにうたった。「平和が欲しい――戦争はいらない」

それでも、戦争の恐怖は消えていなかった。本当に終わったのだろうか。戦争中、各派は一〇以上の条約に署名した。だから、この最後の合意が守られると信じるのは難しかった。アクラから戻って数カ月は、以前と同じように神経がすり減った。噂が流れる。「兵士が近づいてくる、人々が逃げている、すぐに攻撃が始まる……」。誰も詳しいことは知らなかったし、何を見れば確かかも分からなかったので、一つの噂でパニックが起こった。

一四年もの戦争は、簡単には去っていかなかった。周囲を見渡す余裕ができた頃には、リベリアで起きたこととの重大さに向き合わなければならなかった。二五万人が死亡し、その四分の一が子供だった。三人に一人は家を追われ、うち三五万人が国内避難民キャンプで暮らし、残りの人々はあらゆるところに居場所を見つけて暮らしていた。女性と子供を中心とした一〇〇万人が栄養不良や下痢、はしか、井戸の汚染によるコレラにかかる危険があった。道路や病院や学校など、国のインフラの七五％以上が破壊されていた。

心理的なダメージは想像もできないほどだった。若い男性はみな、銃を持たない自分は何者なのかが分からなかった。さまざまな世代の女性が夫を失い、レイプされ、娘や母親がレイプされるのを目撃し、自分の子供が人を殺したり、殺されたりするのを見てきた。

隣人どうしが背を向け合っていた。若者は希望を失い、老人は苦労して手に入れたものをすべて失った。私たちは心に痛手を負っていた。戦争は切り抜けたが、今度はどうやって生きるのかを思い出す必要があった。平和は一瞬のものではない――とても長いプロセスなのだ。

二〇〇三年一〇月、ジューディ・ブライアントが移行政府の議長に就任した。だが、荒廃したリベリアにジェニーバと子供たちを連れ戻せないことは分かっていた。また、アクラでの勝利のあとも休めはしなかった。内戦の悲惨な最終局面でもグラウンドにとどまった人たちは、まだ抵抗運動をやめるべきではないと考えていた。それについては、WIPNETの全員が賛成していたわけではなかった――〝大衆行動〟への参加は大きな犠牲も伴ったので、参加者のなかには仕事や普段の生活に戻りたいという人もいた。だが、私は運動の継続を支持した。

私たちは、この運動が永続的なインパクトを持つようにする必要があった。これまでも、女性の見事なまでの力を示してきたが、私にとって今回の活動は運動の土台となるものであって、最終製品ではなかった。これからは、女性の不安が脇に押しやられることなく、地域運営に女性が全面的にかかわれるよう、今回の実績の上に積み上げていくべきだ。もしかしたら、権力を握る人々は、平和が実現したら私たちが要求をやめて大人しくなると思っているかもしれない。それは大きな間違いだということを示す必要があった。

すでにアクラでは、運動の拡大を始めていた。私たちとＭＡＲＷＯＰＮＥＴ（マノ川同盟女性平和ネットワーク）と国連女性開発基金は、女性を和平プロセスのあらゆる側面に巻きこむことの重要性を述べた宣言に署名した。モンロビアではＬＷＩ（リベリア女性イニシアチブ）と三日間の会議を開き、和平合意の官僚的な言葉を、一般の女性が理解できる言葉に噛み砕いた。――和平合意が約束しているのは、こういうことです。あなたの地域で、この時期に、このようにして変化が実現します。そうならなかった場合こうすべきで、ここに問い合わせます――。同じ月の下旬、私たちはユニセフとともにキャンペーンを行い、子供、とくに元少年兵に対して、学校に戻るよう呼びかけた。私たちがモンロビアで行ったデモ行進を大勢の人が見に来た。

だが、〈国連リベリアミッション〉など、〝公式の〟平和維持活動とかかわろうとすると、まるで空に向かって話をしているようだった。国連リベリアミッションは人道援助や難民の帰還などにあたるはずだったが、それらの進め方について民間組織の誰にも相談することがなかった。その結果、避けられたはずの悲惨な事態が起こった。

たとえば、その年の初秋、ボング州から大勢の女性が「昨日の夜、攻撃を受けた」と言い、パニックになりながらモンロビアになだれ込んで来た。国連は元兵士には物資を与えない方針だった。

ボング州でも民間人に食料を届けたが、地元の人間と話をしなかったため、その地域に武装勢力がいることを知らなかった。当然のことながら、兵士がやって来て食料を全部持って行った。

国連リベリアミッションのもう一つの問題は、約四万人いると思われる元兵士に兵器を返還させ、彼らを社会に戻すためにとった方法だった（このプロセスは公式には〝DDR［武装解除・動員解除・社会復帰］〟と呼ばれる）。私たちはタブマン通りにある彼らのオフィスに行き、協力を申し出た。私は「具体的な人名や情報を把握している、地元の人間を加えるべきです」と言った。誰も興味を示さず、「ご心配なく。コソボで経験を積んだ専門家を連れてきていますから」と言われた。

基本的には、銃と引き換えにお金を渡す計画だった。一二月七日に予定されたキックオフは、モンロビア郊外のシェファリン基地で、メディア向けのセレモニーとして小規模に行われる予定だった。だが、どの〝専門家〟も元兵士らに、一二月七日は単なるショーであるとは教えなかった。代わりに、国連のヘリコプターが村々を回って、誰も読み書きできない地域にそのイベントを知らせるビラを撒いた。

七日には、私とシュガーズほか一二人でモンロビア郊外のチョコレート市へ行き、二四人ほどの元兵士をシェフリン基地まで先導した。待っているあいだ、銃を持った一二歳くらいの少年が国連の専門家が並ぶテーブルに来た。

「どのグループで戦っていたんですか？」と少年は聞かれた。

「ＬＵＲＤ（リベリア和解・民主連合）です」

「戦った場所は？」

「グランド・ゲデー州です」

シュガーズと私は顔を見合わせ、首を振った。グランド・ゲデー州はリベリア東部にあるが、LURDが活動していたのは北部だ。国連の専門家はうなずき、少年を武装解除の次のプロセスに送った。あとで、私たちはその少年に近づいて尋ねた。

「戦争で、本当は何をしていたの？　LURDで戦ったんじゃないことは、分かっているからね」。少年は知らんふりをしたが、ついに答えた。「えーと……戦ったことはないよ。お金をもらうために、お兄ちゃんがこの銃をくれたんだ」

続いて起こったのは、あれほど恐ろしくなかったら、笑えるような出来事だった。撒かれたビラにはお金の絵が描かれており、それに惹かれて多くの兵器で武装した元兵士が三〇〇〇人以上集まった。ほとんどがテーラーの兵士だった。食料も水もお金も十分に用意されておらず、何時間も暑い日差しのなか待たされた彼らは、お酒を飲みマリファナを吸い始めた。突然、耳慣れた恐ろしい音が聞こえた。パン、パン、パン、パン！　列は崩れ、弾丸が飛び交い、みんな逃げ出した。チョコレート市の元兵士らも収めた武器を取り返して、私たちを逃がせてくれた。その夜は、まったくの混乱状態で暴動や略奪が行われた。国連のスタッフは逃げ、地元の人たちが後始末をした。

WIPNETとLWI、クリスチャン・コミュニティ、その他のNGO団体などが共同で記者会見を開き、混乱が起きた理由を指摘した。その三日後、国連リベリアミッションは武装解除のプログラムを中止した。どのように再開すべきかの議論が始まると、協力を申し出た。「あの人たちとの付き合い方は分かっているんです」と私たちは彼らに言った。

結局、国連リベリアミッションはＷＩＰＮＥＴから二〇人を雇うと言ってきたが、私たちは五〇人以上のボランティアをリクルートした。その後数週間、ラジオ放送を使って、武装解除のプロセスを現地の言葉で簡単に説明した。グレースはリバー・ジー州へ女性のチームを連れて行き、そこで地元の女性たちを対象に活動を実施した。私たちは同様のことをリベリア全土で行った。

それ以降、武装解除はスムーズに進んだ。ただし完璧ではなかった。元女性兵士は、推定された数よりも、はるかに少ない数しか武器を提出しなかった。ときどき私は、トラウマヒーリングの時代に出会ったクレオのような、気性の荒い女性たちはどうしているのかと思った。彼女たちは、武装解除のお金目当ての男性兵士に武器を奪われていた。そうでなければ、非難されるのを恐れて姿を見せなかった。リベリアの女性兵士の大多数は、まるで存在しなかったかのように消えてしまった。

リベリアの武装解除に関する二〇〇四年の国連リベリアミッションの報告書では、ＷＩＰＮＥＴの協力が称賛され、「通常は武装した軍人が受け持つ多数の重要な任務」を担当したと報告された。認められたのはよかったが、特別に言及されるほど予想外とされたのは歯がゆくもあった。

国連などの組織はたくさん価値のある行いをしてくれるが、彼らが決して認識しそうにない基本的な現実もある。そのうちの一つは、たとえ表面的には似ていたとしても、すべての戦争は異なるということだ。国々が戦う理由や戦い方は、その国の歴史や社会の構成と密接に関係している。戦いがそれぞれに異なるのであれば、一つの解決方法がすべてに当てはまることはない。そして、こうした組織が理解し得ないもっとも重要な真実は、外部から入ってきた人に、傷ついた人々が「こう治すべきだ」と教えられることは屈辱的であるということだ。

他国に出かけて行って、その国の計画を立てることはできない。文化的な背景が大きく異なるので、目にしたことの多くを理解できない。私がアメリカに行って何が起こっているか理解できるとは言えないし、アフリカ系アメリカ人の文化についてさえも理解できるとは言えない。悲惨な戦争をくぐり抜けてきた人々は空腹で絶望しているかもしれないが、決して頭が悪いのではない。平和をどう展開していくかについてよい考えを持っていることが多い。だから、意見を聞いてみるべきなのだ。

ここには女性も含まれる。むしろ女性に聞くべきだ。紛争の予防や平和の構築に関しては、女性こそが専門家であると言える点もある。女性が家のなかをどれほど詳しく知っているか、考えてみて欲しい。電気が消えていても、何にもぶつからずに歩くことができる。知らない人が侵入したら、その形跡に気が付く。地域社会についても同様によく知っている。誰がその社会に属し、誰が脅威をもたらす恐れのあるよそものかが分かる。歴史を知っている。人々を知っている。元兵士と話し、協力を得る方法を知っている。なぜなら、その人がどこの出身かを知っているからだ。外部から来た国連などの人々にとっては、元兵士は解決すべき問題の一つだ。でも、私たちにとっては、彼らは自分の子供なのだ。

＊＊＊

武装解除キャンペーンの途中、ＬＵＲＤの拠点の一つだったモンロビア北西部の町、タブマンバーグの近くで、二六歳くらいの若い女性に会った。戦争が彼女の町に迫って来たとき、彼女は年配の男性と結婚していて四人目の子供を妊娠していた。逃げる途中、夫は彼女の目の前で殺された。夫の家族は彼女を妻としては認めず、彼女は国内避難民キャンプに行き着いた。本当に痩せていて服が体からずり落ちており、子供を一人抱いて、一人の手を握っていた。とても疲れているようで、目は虚ろだった。私は彼女に、この先何をしたいと思うか聞いてみた。彼女は家族を養う事業を始めるため、販売用の衣料雑貨を買いたいと答えた。それは小さな夢だったが、彼女の置かれた状況ではほぼ不可能だった。私は五〇〇アメリカドルをかき集め、彼女に渡した。昨年また、別の女性に会った。この女性も同様に若く、絶望していた。彼女はどれだけ夫に殴られたかを話し、顔には傷跡があった。やはり四人の子供がいた。私はこの人にもお金を渡した。リベリアには貧しい人たちが何十万人もいるが、私はとくにこの二人に心を引かれた。助けずにはいられなかったのだ。この二人に会ったとき、何かを感じる瞬間があった。意識を失ってしまいそうな、目まいのような感覚だった。私は自分自身を見ているかのように感じたのだ。

私はオールドロードの家で暮らし、グラウンドとＷＩＰＮＥＴとトゥンデのあいだを行き来した。トゥンデの浮気のあと、私たちは仲直りした。彼は過ちを認め、愛していると言った。私も、自分なりのやり方で彼を愛していた。二人のあいだに何が起ころうとも、友情は残っていた。彼になら、相変わらず何でも話せた。二人とも、以前のような熱い関係に戻る方法が見つかればと考えていたように思う。二〇〇四年のクリスマスのあと、インド洋で起きた地震が津波を引き起こし、一一の国々の海岸を襲った。トゥンデは世界食料計画のプログラムで、壊滅的な被害を受けたインドネシアのバンダ・アチェに派遣された。私たちは毎日電話で話し、トゥンデは帰れるときはいつも帰って来た。

私は毎日アクラに電話し、何とか二カ月に一度くらい、ジェニーバと子供たちに会いに行った。毎回の訪問には決まったリズムがあった。アクラの空港から家に向かう道路に入ると、門の横の決まった場所でジェニーバが大きな笑みを浮かべて手を振っている。「お帰りなさい！　全部話して聞かせて！」私たちは夜遅くまで話をした。午前五時には、ジェニーバの声で目が覚める。「ヌゥーク、プゥードゥー、アーサァー、リィーム、お祈りしますよ！」私が子供たちを学校に連れて行ったあと、ジェニーバと私はキッチンのテーブルで何時間も過ごした。

子供たちは最初は少し恥ずかしがるが、夜には私のほうに寄って来て、全員一緒に寝ることになる。だが、葛藤もあった。母は私がアクラに来ても、「なぜアーサーはスリッパを履いていないの？」などと批判ばかりして、母とジェニーバの大変な努力に私が感謝もしないと思っていた。おそらくその通りだ。感謝が欠けていたのは、私がすでに自分のものではなくなった役割にしがみつこうとしていたからだろう。母は家庭の金銭面を管理していた。ジェニーバは育児を担当していた。ある意味で、私は家族の一員ですらなかった。私が家に帰ると子供たちはとても喜ぶが、その目新しさもすぐに消えてしまう。宿題を見てもらおうと、子供たちがジェニーバではなく私のところに来ると、ジェニーバはむきになる。「今日はお母さんがいることが分かっているのね！」日曜日に朝食をつくる以外、私にはすることがなかった。

国内には国連リベリアミッションの部隊が一万五〇〇〇人以上駐留し、平和は保たれていたが困難は続いていた。武装解除、国内避難民の再定住、経済開発計画、貧困ライン以下で暮らす七六％の人をどうするか。見ているのが辛いこともあった。国連はリベリアに何百万ドルをも投じていたが、その多くが人件費だった。そして、国連のスタッフが常に一番よい食べ物を食べ、一番よい車に乗っていた。そのお金の一部でも地元の人々に分けてくれたなら、大きな違いが生まれたはずだ。

人々の痛みには心理的なものもあったが、かなりの部分が現実的な問題に関連していた。たとえば、ある人は言う。「生涯ずっと、家族を養い、家を建てるために働いてきた。戦争中に息子は殺され、家は燃やされた。私は六〇歳だ。世話をしてくれると思っていた息子はもういない。雨露をしのげると思っていた家もない。子供を取り戻せないのは分かっている。でも、せめて家を取り戻してくれないか？」

大惨事のあとに援助をしに来てくれる組織の大半には、そうした具体的な手助けを行う資金はない。資金援助団体は和平交渉や武装解除には何十億ものお金を投じるが、それで終わりだ。戦後においてもっとも重要な援助、つまり人々に対する社会サービスの提供は行われない。そもそも、そうした資金がないから男たちは戦争に行くのかもしれない。仕事がないから、国境を越えて武装勢力に加わるのだ。現在リベリアには失業中の若者が何十万人もおり、彼らはすぐにでも西アフリカの戦争で傭兵となれる。誰もがこう思うかもしれない。国際社会は賢明で、こうした状況を変えるべきだと分かっているはずだ、と。だが、そうではない。

戦後の〈真実和解委員会〉［内戦や人種隔離政策などにより人権侵害が行われた国で、その事実を調査し、真実を明らかにするための組織］が設立され、私は任命理事に指名された。だが、この役目はその名前ほど名誉があるものではなかった。真実和解委員会は南アフリカでは機能したが、リベリアでは和平合意の条件として設立が課されたものだった。プロセスは政治的なものとなり、私がそこに存在することに異議が出され、私は喜んで早期に辞任した。もっとやり甲斐のあるプロジェクトに集中したかった。

西側のメディアはＷＩＰＮＥＴの成果を取り上げなかったが、紛争解決や平和構築、女性運動の世界では、ＷＩＰＮＥＴは大きな話題となった。同様に、ＷＩＰＮＥＴのコーディネーターというポジションにより、私もほぼ一夜にして一つ上のレベルにジャンプした。地域や準地域の会合に呼ばれ、論文を発表するようになった。ＷＩＰＮＥＴは西アフリカのトップの活動家を集めて毎年会議を開くようになり、ブレインストーミングをし、戦略を教え合った。〝大衆行動〟に資金を提供してくれた国際団体は、ＷＩＰＮＥＴが何をやっているかを報告し、さらにＷＩＰＮＥＴの情報を広めてくれた。私はイギリスの〈オックスファム〉［貧困の克服を目指して活動を行う国際団体］がスポンサーとなっているラジオ番組『ボイス・フォー・ウイメン』で話をした。テルマは『ハーストーリーズ（Herstories）』という出版物を発行し始め、私はできるだけ毎号寄稿するようにした。テルマはいつものように、私をもっと先まで、リベリアの国境を越えて行くよう後押ししてくれた。「知識を広げなさい」と彼女は言った。「焦点を定めて。もっと本を読みなさい」

一方で、リベリアの将来に関する協議では、そのほとんどにWIPNETの意見――多くの場合、私の意見――が反映されるようになった。二〇〇四年に、私は初めてアフリカを出て、ニューヨークで開かれたUSAID（アメリカ国際開発庁）の会議に出席し、リベリアの復興に寄与している国々の代表に向けて、武装解除において女性が果たした役割について発表を行った。私はアメリカのテレビ番組を見て育ったが、アメリカの現実はそれとは違っていて衝撃的だった。予期せぬほどの冷たい風が吹いていた（私が持っていった服ではまったく対応できず、人からコートを借りた）。周りは白人ばかりだった。地下鉄では、三歳の子供を連れた黒人の女性が物乞いをしていた。彼女の周りにはぼろぼろの袋が置かれていて、明らかにホームレスだった。子供の頃、父がアトランタへの出張から戻って来たときに言った言葉を、そのとき初めて理解した。「想像とは違うんだよ」

お金がなかったので、〝大衆行動〟に参加していたメンバーの娘が住むブロンクスの家に滞在した。そうやって、国連が支払ってくれた日当を節約したのだ。その娘はひどくリベリアの食べ物を恋しがっていたので、ある日私は地元のアジア食品の店に行き、魚とカニを買って大きな鍋にいっぱいの料理をつくり、〝フフ〟（ゆでたキャッサバ）と米を添えた。彼女は家に漂うその料理のにおいに喜んだ。

朝になると私は地下鉄に乗り、レンガ造りの住宅街を離れて、清潔で広々とした国連本部へ向かった。たくさんの旗が寒風のなかはためいていた。ガラスとスチールでできた渓谷のような建物。スーツを来た大勢の人たち。WIPNETの武装解除に関するプレゼンテーションが、それほど関心を持たれるとは予想していなかった。だが、人々は休憩時間中に私を探した。「あれほど直接現場にかかわった取り組みは聞いたことがありません……。私たちのチームに加わりませんか？　いま論文を作成しているのです」

気が付くと、複数の機関が合同で行うワーキンググループの会合に招待されていた。会合の場はスイスで、私は本当にスイスに行った。世界が開けてきた。私たちはリベリアで偉大なことを成し遂げ、ほかの国々がそれについて知りたがっていた。何よりも、私には伝えるべきことがあると信じていた。

「そうとも。女性の権利には、いま大きな注目が集まっているんだ」。トゥンデはインドネシアからの電話で言った。「君ならここで、とてもよい仕事を見つけられると思うよ」

ここで、とてもよい仕事。この頃、二人の将来がどうなるのか、二人ともイメージするのが難しくなっていたのだと思う。私たちはさまざまな計画を考えた。あるときは、子供たちと私がインドネシアに引っ越し、トゥンデと一緒に住むという計画。ジェニーバのためにはリベリアに家を建て、彼女の昔からの夢だった衣料品店を開くための資金を提供する。このアイディアをジェニーバに話すと、彼女は泣いた。「子供たちを連れて行かないで！　私の生き甲斐なのよ！」

次の計画は、全員がインドネシアに引っ越すというものだった。ジェニーバは家にいて、私は国連の機関で職を得る。価値ある仕事ながら、WIPNETほど厳しくはなく安定している。完璧ではないか。

そうしたかった。トゥンデは私の友人だ。子供たちにとっても、彼らが覚えている唯一の父親となっていた。彼と家庭を築けば、子供たちに安らぎと安定を与えられる。でも、トゥンデと自分自身に正直になってみると、心ではそれを求めていなかった。たしかに、国連ではよい稼ぎを得られるだろう。でも私はシステムの一部となり、スタッフの一人となる。後世には何も残せない。飛び抜けたことや、人を驚かせるようなことはできない。年をとったら、子供たちに何と話せばよいだろう。現実的になって、情熱は忘れたと？　それに、アフリカ以外の場所にいる自分も想像できなかった。多くの専門家がアフリカから去っていった。誰かが残る必要がある。

もう一つあった。その時点でも、トゥンデは彼の奥さんと法律的には婚姻関係にあった。それまで二人で何度も話してきたように、彼が離婚して私のところに来れば、私はほかの疑念を忘れて彼と結婚し一緒に暮らしただろう。でも、彼は離婚しなかった。だから、インドネシアに引っ越す代わりに私は彼の話を聞いてうなずき、こう言うのだった。「もちろんよ。いいと思うわ。そのときが来たら、どうするか考えましょう」

スイスで、私はあるナイジェリア人に出会った。その人はリベリアの国連プログラムの責任者で、リベリア人はみな何一つ分かっていないと考えているようだった。彼はスピーチのなかで、武装解除のプロセスにおいて、民間人が何も貢献できない理由を挙げた。私は我慢ができずマイクを取った。

「失礼ですが、私は武装解除で民間人がどう貢献できるかを話しに来ました」。このとき初めて、国際的な力を持つ人の意見に口をはさみ、自分の意見を主張し、自分が真実だと思うことを話した。気分がよかった。他国から来て、すべてを知っているかのように振る舞う人たちの意見を訂正できなければ、リベリア人が自国の運営について考えることはできない。

でも、ほとんどの国際会議では、私は自信が持てなかった。周りにいるのは修士号を持ったとても知的な人たちや、強力な機関の代表者ばかりだった。彼らは世界で何が行われているかだけでなく、その理由──行動の背後にある理論も話した。私が話せたのは自分の経験だけで、あまり勉強していないのは明らかだった。南アフリカの会議では、ルワンダの大虐殺とリベリアで起こったことを比較して欲しいと言われた。私はルワンダに関してほとんど知らず、答えに詰まった。もし平和に関するキャリアに真剣に取り組むのであれば、もっと知識と自信に基づいて話ができなければならない。

「もっと本を読みなさい」とテルマは言った。私は紛争解決の理論に関する本を集め始めた。ジョン・ポール・レデラックによる『和解への旅』［*The Journey Toward Reconciliation*：未邦訳］と、『敵対から共生へ──平和づくりの実践ガイド』［水野節子・宮崎誉訳、ヨベル、二〇一〇年］。ルイーズ・ダイヤモンドの『平和の本』［*The Peace Book*：未邦訳］。インターネットにアクセスできるときは――リベリアでは容易ではなかったが――アフリカだけでなく世界中の紛争について調べ、とくに女性と平和の問題に注意を払った。将来、何を聞かれても答えられるように。

会議に出席すると、別の会議に招いてくれる人と出会う。会議でうまく話ができると、さらに多くの会議に招かれる。会議に出かけるときには、日当や報酬で子供たちにおみやげを買った。とくに新しい洋服を買った。お金があるうちは、子供たちが二度と古着を着なくて済むように。ジェニーバにはいつも特別なプレゼントを買った。香水や下着、金の指輪などだ。私たちはこのことを笑いあった。ジェニーバは「まるで、あなたが夫で私が奥さんみたいね」と言った。

これには嬉しさもあり、悲しさもあった。若いときには、ジェニーバは五人姉妹のなかで一番美しかった。でも、彼女はとても太ってしまい、恥ずかしがって外に出なくなった。ときどき、私は頼み込むように言った。「マネージャー、髪を直して。そう……お金をあげるから。一〇〇ドル。アメリカドルでよ。ちょっときれいな服を着て、一緒に出かけましょう！」

いつも断られた。でも家のなかでは、キッチンのテーブルで、私がしてきたことを細かな部分まで知りたがった。「どんなクラブに行ったの？　誰と踊ったの？　ビールは何本飲んだ？」私がスピーチをすると、その様子を細かく教えてと言われた。「何を着ていたの？　拍手をもらったん？　みんな立ち上がったの？」

このことをファータに話すと、ため息をついた。「ジュニーバには自分の人生がないのよ。あなたを通じて生きているんだわ」

WANEP（西アフリカ平和構築ネットワーク）のオフィスを訪問した際、私は何度かイースタン・メノナイト大学について聞いた。平和構築と紛争解決に関して、有名なプログラムを提供しているアメリカの大学だ。キリスト教系の大学で地域社会と奉仕を重視しており、WANEPとは以前から関係があって、アフリカから留学生を受け入れていた。私は以前、一カ月の夏期プログラムに招かれたが、内戦と〝大衆行動〟の真っただ中だったので参加は不可能だった。ようやく時間ができた二〇〇四年の五月、私はバージニア州ハリソンバーグに向けて出発した。

この四週間は、私にとっての変革の時となった。私はヒスキアス・アセファとともに学んだ。ダニエルへの怒りから解放された、あの概念を生み出した人だ（彼にはWANEPを通じてもう一度会った）。ハワード・ゼアからは、〝修復的司法〟の概念を学んだ。これは犯罪行為への対処の手法で、懲罰を避けて、被害者と加害者の協力を通じて被害を修復するというものだ。加害者は被害を修復するための行動をとり、被害者は回復して加害者を許し、両者がともに社会に貢献できるメンバーとなる。この手法はとても私に向いていると思った。村の習わしでは、誰かが誰かを殺したら、殺した人は殺された人の不在を補う。たとえば二人が農民で、一人が一年に一つ作物を収穫していたら、殺した人は殺された人の分も働いて、一年に二つ収穫する。修復的司法は、こうした習わしがもっと大きな規模に適用されたもので、〝私たちのやり方〟として考えられるものだった。西側の人たちに無理に押し付けられたものではない。私たちにはこれが必要だった。伝統への回帰が必要だった。アフリカじゅうで、罰を受けない文化がまん延していた。国民や官僚や政府が悪いことをしても、決して責任をとらない。彼らを罰すること以上に、彼らの起こした被害を元に戻す必要があった。

もっと個人的なレベルでは、修復的司法の考え方によって深い安堵も得られた。ジョセフ・コリーやサム・ブラウンら少年兵に対し、彼らを社会から追放するのではなく社会に戻したいと考えたことは、バカげた考えではなかったのだ！　また、トラウマヒーリングへの不満に対しても同意が得られたような気がした。よいプロセスではあるが、不十分なのだ。痛みを取り除くのは最初のステップでしかない。戦後、とくに内戦のあとに地域社会を復活させようとするのであれば、加害者と被害者が協力し合わなければならない。

プログラムを終えたとき、この大学ではもっと学ぶべきことがあると思った。どうにかして、戻って来る方法を見つけよう。

第16章　前に進むべきとき

妹のファータは、学校に通いながら〈アフリカ女性開発基金〉でボランティアをしていたが、二〇〇五年に健康上の問題が生じた。私たち家族はアメリカのほうがよい治療が受けられると考え、ビザの取得に向けて動き出した。もう一つ、ファータが国を離れるべき理由があった。おばあちゃんは秘密社会のサンデで重要人物だったが、家族の誰もおばあちゃんのあとに続いておらず、母方の親族から、私たちのうちの誰かがあとを継ぐべきだというプレッシャーが強まっていた。家族にもう一人サンデがいると、一家の権力や権威が高まるのだ。ファータは二〇代で自分で決断を下せる年頃だったが、この種の伝統は個人で決められる類のものではなかった。母は現代的な女性だったが、おばあちゃんには反抗できなかった。サンデに入るために必要な儀式が具体的には何なのかは秘密とされていたため、部外者は知らなかった――が、割礼がその一部であることは分かっていた。こうして、私たちはファータを海外へ送り出すことを決め、彼女は喜んだ。フィラデルフィアに住むいとこが出産したばかりで、手伝いが必要だった。ファータは必要な治療を受け、もう戻って来なかった。

二〇〇五年の夏、アクラ和平合意で定められた二年間の移行政府の期間が終わり、選挙が行われることとなった。二二人もの候補者がおり、そのうち当選の可能性が少しでもありそうなのは五人だった。一人はエレン・ジョンソン・サーリーフだ。女性が候補となるのは嬉しかったが、彼女に関しては心を決めかねた。内戦初期にテーラーを支援したことについて十分な説明が行われておらず、彼女を選ぶことで平和が脅かされるかもしれないと思ったからだ。サーリーフが以前、「エグゼクティブ・マンションが破壊されたら、私たちが再建する」と言ったことを私は許していなかった。また、教会の施設でドウの兵士が「サーリーフの仲間だな！」と叫んだことも、いまだに覚えていた。あの一日は、戦争の記憶のなかでももっとも辛いものの一つだ。

一方で、リベリアの女性が投票する必要性は強く感じていた。女性の声を反映させ、選挙をこれまでとは違うものとするためだ。リベリアでは一九四七年まで女性に選挙権がなく、その後も資産がなければ投票することはできなかった。女性のなかでも先住民族や市場の商人や貧しい人たちは、大多数が投票に行っていなかった。一九九七年の選挙では、投票をしようとした人の多くが、事前に有権者登録をする必要があることを知らなかったため追い返された。

ＷＩＰＮＥＴの仲間たちからの情報によると、やはり女性は登録をしていなかった――なぜなら、その意義が感じられなかったからだ。女性の観点から言えば、どの政府も政党も彼女たちの利益を代表していなかったし、大して役に立つことをしていなかった。私は、選挙が公正に実施されるよう監視にあたるＵＮＤＰ（国連開発計画）の担当者に会いに行った。そして彼らに招かれて、選挙の監視にあたるNGOグループの会合で話をした。私は問題を説明し、とくに女性をターゲットとした有権者登録のキャンペーンを行う必要があると話した。何をすべきかはとても明確なのに、役人からはお決まりの反応しか得られない場合がある。このときも誰も耳を貸さなかった。そして、有権者登録が終了する五日前になって、UNDPの担当者から電話がかかってきた。「すぐに来てください！　ご相談したいのです」

「どうにかしなければ」と担当者はまるで偉大な発見をしたかのように話した。「女性が有権者登録をしていないのです！」

私は座って、呆然と彼を見ていた。──会合で私の話を聞いていなかったの？──WIPNETのオフィスに戻り、ごく少数のスタッフを集めた。シシリア、セルー、リンドラ・ディアワラの三人だ。リンドラは事務局全体のアシスタントからスタートし、私のアシスタントになっていた（偶然にも、彼女はチャールズ・テーラーの妻、ジュエルの姪だった）。「いますぐ、ボランティアが必要なの」。声をかけると、すぐにボランティアが集まってきた。一日のうちに、ターゲットとする一〇地域を決め、二〇人の女性で構成するチームを一〇チーム送りだした。それぞれのチームにリーダーを置き、携帯電話を持たせた。私は調整役としてオフィスに残った。

少なくとも五〇〇人の女性が商売をしているモンロビアの市場では、以前から有権者登録の活動をしている男性がいた。五日間で彼が登録させたのは一〇人だった（私たちが会った女性の話によると、彼はその期間寝てばかりいたという）。WIPNETのボランティアは手分けして仕事にかかった。

「こんにちは。もう有権者登録はしましたか？」

「いいえ……」

「あら、どうして？」

「お店を離れられないのよ。代わりに見ていてくれる人がいないから」

「また戦争が始まったら、市場も何もなくなってしまうわ。私たち二人がお店を見ているから——あなたは登録してきて」

「おはようございます。有権者登録は済ませましたか？」

「できないわ。子供を見てくれる人がいないもの」

「私が赤ちゃんをおんぶするから、一緒に行きましょう」

誰もが私たちを知っていた。私たちは〝ピース・ウーマン〟だった。登録締め切りまでに、七四七七人を登録させた。移行政府で性別問題省の大臣を務め、私の友人でもあるバーバー・ゲイフローも、農村部で独自の活動を行っていた。私たちが活動を始めたときには登録有権者のうち女性は一五％だけだったが、終了したときには五一％になっていた。

八月の選挙では、登録有権者のうち七五％以上が投票に来た。有難いことに、暴力行為は起きなかった。票を数えるのに一週間かかった。選挙の結果、サーリーフとサッカー選手のジョージ・ウェアが決選投票に臨むこととなった。ウェアはスラムで育ち、リベリア最強のサッカー選手となってFIFA（国際サッカー連盟）年間最優秀選手にも選ばれている。リベリアの若者は彼を崇拝していた。選挙ではサーリーフよりも得票数が多く、決選投票でも勝つと予想されていた。

地域や教会の友人が、私にサーリーフを支持するよう頼みに来るようになった。そのなかの一人がジョセフ・ボアカイで、サーリーフ政権では副大統領になる人物だった。彼は〝大衆行動〟に資金を提供してくれただけでなく、私たちを公に、かつ称賛を込めて支持してくれた。もう一人がバーバー・ゲイフローだ。私は彼女に、サーリーフ政権が女性の権利を尊重すると誓えるかと尋ねた。「リーマ、もし私たちが戦ってきた権利が脅かされるようなことがあったら、私もあなたと町に出て行動するわ」

おそらく、もっとも強力な説得は息子のヌークによるものだった。選挙の直前、私は南アフリカのケープタウンでの会議に向かっており、数日をアクラで過ごした。いつものように、ジェニーバと年長の子供たちはリベリアの政治について話したがった。私は一回目の選挙で何が起こったかを話し、二回目の選挙でもウェアが勝つと予想されていることを話した。

「じゃあ、みんなはサッカー選手に国を任せるの？」とヌークは聞いた。「学校も中退した人だよね？」

子供たちが小さい頃から、一番大切なのは勉強だと言ってきた。苦労して学位を取ったことで、自分でもそれを示してきた。この会話により、この選挙はエレン・サーリーフに対する個人的な感情が論点なのではなく、私が子供たちに教えてきた価値観の問題なのだと気付いた。

「いいえ、そんなことにはならないわ」。私はヌークに言った。「彼は大統領にはならない」

ＷＩＰＮＥＴが公に特定の候補を支持することはできなかったが、全員が有権者と個人的に話した。私たちは、女性の利益を代表する候補者を選ぶ必要があると強調した。

一一月八日は国際監視団が選挙を見守り、国連軍のヘリコプターが空を埋め尽くすほど飛んでいた。エレン・サーリーフが五九％の票を獲得し、ウェアは四一％で、現代アフリカで初めての女性国家元首が誕生した。サーリーフが大統領に就任したとき、彼女は「投票を通じて、選挙での私の勝利に大きく貢献してくれたあらゆる立場の女性」に感謝を表明した。

わずかに皮肉だったのは、彼女が演説で名前を挙げた唯一の団体がWIPNETや〝大衆行動〟ではなく、MARWOPNETだったことだ。同団体は活動を通じてリベリアに平和をもたらしたとして、その前年に国連人権賞を受賞していた。友人のなかにはこれに激怒していた者もいたが、私は怒ってはいなかった。私が平和のために行った活動、みんなが行った活動は、賞を取ったり栄誉を獲得したりすることが目的ではなかった。国が問題を抱えているから、立ち上がる必要があったから、そうしたのだ。私たちがやるべきだと、神に定められたから行動を起こしたのだ。

――戦争は終わった。大統領を選んだ。女性を選んだ！――だが、サーリーフ大統領が選ばれたあと、私たちを結びつけていた運動への団結や規律が弱まり始めた。グラウンドでの抵抗運動で、WIPNETのスタッフはコントロールを失うようになった。参加者は事務局を通さずに報道陣の取材を受けてしまう。寄付されたお金が消える。そろそろ座り込みをやめる時期だった。〝大衆行動〟の終了を記念して、感動的な式典を開いた。私は参加者の夫やパートナー、家族も含めて、すべての人にその支援を感謝した。サーリーフ大統領も出席し、私のスピーチのあとに声をかけてくれた。「いいスピーチでした」と大統領は言い、私の手を取った。「ランチをご一緒しませんか」

私は大統領に「電話します」と返事をしたが、電話はしなかった。彼女の政権のなかに自分自身の未来は見出せなかったし、もっと言うならば、どんな政権でも見出せなかった。このときは、自分の具体的な未来像がまったく描けなかった。WIPNETのスタッフとWANEP（西アフリカ平和構築ネットワーク）にはこの先の計画を話していたが、私は落ち着かずイライラしていた。当時の仕事では私が求めていた胸の高鳴りは感じられず、成長を強いられ、毎日自分の限界を越えていくような感覚は味わえなかった。私は過去を振り返ってはいたが行動は起こしていなかった。でも、これまでの成果だけに留まっていたくなかったし、小さな社会のボスにもなりたくはなかった。未来は平和構築の世界にあると思っていたが、そこで最大限に活躍するためにはもっと学ぶ必要があった。しかし、リベリアで勉強ができるとは思えなかった。

私は誰にも話さず、結論を出した。一二月にWIPNETはモンロビアの市庁舎で年次会議を開いた。私はここで、どのようにしてWIPNETと関係するようになったかを話し、WIPNETが成し遂げたことや、それが私にとってどんな意味を持つかを話した。また、WIPNETは女性を平和構築に参加させただけでなく、参加者の人生をより実りあるものにしたとも言った。「メンバー数は二〇人から五〇〇〇人以上にまで増えました。リベリアの平和に貢献した団体の一つとしても知られています。始まりは小さくても、このように立派な組織になれるのです」

そして私は、誰も予想していなかったニュースを告げた。私は辞任する。この年次会議が、WIPNETのコーディネーターとして最後のイベントとなる。スピーチの終わりに、後任者としてリンドラを推薦した。優れた管理能力を発揮していると思ったからだ。そして、彼女のアシスタントとしてグレースの名前を挙げた。

部屋は静まり返った。みんながショックを受けているのが感じられた。私は自分自身がドラマチックなので発表もドラマチックにしたのだが、このやり方は逆効果だったとあとで思い知ることになった。私が突然WIPNETを離れること、また事前に誰にも相談しなかったことに対してメンバーが憤り、多くの恨みを買うことになった。私の後継者になることを期待していたかもしれないセルーとの関係は、以前のように戻ることはなかった。

それでも、このとき私が感じたのは安堵感だけだった。WIPNETの仕事から去る直前、最後のプロジェクトの立ち上げを監督した。政治参加を望んでいた村の女性が大きな問題に気付いていた。村の男たちがまるで健忘症にかかったかのように、戦争中の自分たちの行いを反省していなかったのだ。女性たちが集まって、委員会を組織するなどの活動を行う場所が必要だった。そうした委員会が地域の有力者とともに活動を行うのだ。私たちはさまざまな地区に呼び掛け、〝平和の小屋（Peace Hut）〟を建てるための土地をそれぞれに提供してもらった。すでに福音ルーテル教会が二万ドルを寄付してくれており、最初の数軒の建設が始まった。

暗黒の戦争時代に抱いた望みの多くが実現していた。そして、数カ月のうちにはチャールズ・テーラーがついに監獄に入る見込みとなった。三月下旬にサーリーフ大統領がテーラーを亡命先のナイジェリアから送還し、国連戦争犯罪法廷で裁きを受けるよう要請したのだ。三月二七日、テーラーは姿を消し、二日後に外交官車両のナンバープレートをつけたジープに乗っているところを発見された。車は国境を越えてカメルーンに入国しようとしていた。テーラーは拘束されモンロビアまで飛行機で運ばれて、そこで国連の安全保障担当官に逮捕された。

手錠をかけられ、テーラーはシエラレオネに連れて行かれ、そこで同国の内戦において犯した人道上の罪に関して告訴された（安全保障上の懸念から、のちに裁判の場所はオランダのハーグに移された）。私にとって、この瞬間は嬉しくもあり残念でもあった。テーラーが最大の罪を犯した場所はリベリアであり、彼を裁き、罰するのはリベリア人であるべきなのだ。だが、彼の逮捕で一つの章が幕を閉じた。私は前に進もう。

＊＊＊

テルマはこのとき、南アフリカの〈紛争解決センター〉で、あるプロジェクトのシニアマネージャーとして働いていた。彼女と私は日々の細かな出来事を教え合うだけでなく、政治戦略などについてもよく議論をしていた。長いあいだ、ＷＩＰＮＥＴを独立した機関とすることが二人の夢だった。設立当初は、大きな組織の庇護の下で活動することが有効であり、必要でもあったが、いまとなってはそれが制約となっていた。ＷＩＰＮＥＴは誰も想像しなかったほどのスピードで成長し、〝親〟のＷＡＮＥＰは、とくにリベリアではその成長ぶりに追いつけなかった。ＷＩＰＮＥＴがプログラムを実施すると、毎回満員となった。助成金を申請すると、いつも資金が得られた。だが、その組織構造のため、助成金はＷＡＮＥＰという〝親〟を経由して私たちに届く。つまり、女性のネットワークが資金面では男性にコントロールされるという状況になっていた。資金を提供してくれる女性団体はこのことを嫌い、一方でＷＡＮＥＰのプログラム・ディレクターも不満を漏らした。「あの女たちはとても失礼だ。ＷＩＰＮＥＴにいくら提供するのか質問しても、答えてくれない」。私たちはまるで、成功したことを謝らなければならないように感じていた。

でも、もし独立したらどうだろう。私は組織を運営できるだろう。テルマは背後でブレーンとして動くのが好きなので、その役割を果たすだろう。大きなネットワークの一部ではいられるが、指揮を執るのは私たちになる。アフリカ女性のために、優れた活動が行えるかもしれない。

二〇〇六年二月、私は〈国連婦人の地位委員会〉に出席するためニューヨークに来ていた。テルマも参加しており、エコマ・アラガもいた。エコマは二〇〇三年にインターンとしてＷＡＮＥＰに参加したナイジェリア人で、その後テルマが以前務めていたポジションに就いていた。とても寒い日の午後、私たちはホテルの小さな部屋で、この夢について真剣に語り合った。独立して、組織変更を行う。プログラムを増やし、軍隊や警察、入国管理、税関など、保安担当組織の改革を目的としたものを加える。戦争が終わるとこれらの組織は常に再編成されるが、そこに女性がかかわることはない。この点は大きな問題だ。なぜなら、紛争のあいだ女性に起こることは、平和なときに女性がどう扱われるかを反映しており、逆もまた同じだからだ。平和なときに軍隊が暴力行為を当たり前のものと考えていた場合、その軍隊が戦争に行ったらどうなるだろうか。想像もつかないレベルまで、暴力行為はエスカレートする。また、私たちは紛争後の対応と同程度に、紛争の予防にも重点を置く。つまり、火種を消す以上のことをするのだ。そして、従来よりも戦略を書面化して分析し、どの戦略が効果的で、どれがそうでなかったかを明確にして、ほかの活動家が使えるテンプレートもつくる。

さらに、活動地域を西アフリカからアフリカ全土に広げることも決めた。アフリカ全体で、腐敗した政権やひどい内戦により非常に多くの女性が苦しんでいるからだ。WIPNETは、東西南北から女性が集まり、共通の問題について議論し、才能を集結させるための核となる。西アフリカ人は人を動員することに優れており、南アフリカ人は文章を書くのが上手い。ウガンダなどの国々では、勢いを失った女性運動を復活させる。そして、若い女性を巻き込む方法も見つけ、私たちの力が世代を超えて受け継がれるようにする。

強力なビジョンだった。形が見えてくると、私たちは手を取り合って導きを得ようと祈った。「主よ、あなたの思いをお聞かせください。これが望まれる方向でしょうか」

わたしたちはみな、答えは「イエス」だと感じた。そしてその夜、聖書を開いて私にとって特別なイザヤ書五四章を読んだ。次の言葉に目が釘づけになった。

恐れるな、もはや恥を受けることはないから。
うろたえるな、もはや辱められることはないから。

アメリカから戻ると、私たちは新たな組織を立ち上げるための小さな一歩を踏み出した。資金提供者やパートナーになってくれそうな人に連絡をとり始め、トゥンデが提供してくれた六〇〇アメリカドルで、アクラに一部屋だけの小さなオフィスを借りた（リベリアでは運営できなかった。資金提供者たちが、飛行機で簡単に行き来でき、銀行システムが機能している国に本拠地を置くことを求めたからだ）。同時に、WANEPの役員会に手紙を送り、独自の道を歩み始めることを伝えた。

私たちにそうする権利があるかどうかなど、考えもしなかった。そもそも、WIPNETはテルマがつくったものだった。彼女がWIPNETのアイディアをWANEPに持ち込み、最初のトレーニング・グループを組織し、平和構築マニュアルに基づいて指導した。マニュアルにはエクササイズが多数含まれていて、いまではあらゆる紛争解決のための運動で使われている。そのマニュアルも、テルマが何年もかけてつくったものだった。

だから、WANEPがWIPNETは自分たちのものだと言い、独立に向けての活動をやめるよう命令したとき、非常に驚いた。彼らはWIPNETという名称の使用に関して、私たちをアクラの商事裁判所に訴えることまでした。私たちには対抗する手段がなかった。テルマの当初の手法を書き記した資料や、プログラムがテルマによるものだという証拠もなかった。のちに私は、WANEPのこうした反応は恐怖によるものだったのだと理解した。親を越えていく子供に対する恐れである。博士号を取るためにWANEPを離れていたサム・ドウが私たちを弁護してくれた。また、以前は私にとってのヒーローだったトーノラ・バーピラも（彼はリベリアの保健省の副大臣になった）、やがてこう述べるようになった。「私たちはWIPNETが活動を進めるのを後押ししていたが、エンパワーメント（力をつけさせること）の本当の概念を理解していなかった。エンパワーメントをするならば、自分たちの力を一部放棄しなければならないのだ」。だが、私たちは敗訴した。私たちが描いた組織を設立するには、名前を別のものにしなければならなかった。そこで、名称をWIPSEN（女性の平和と安全ネットワーク）とした。

WIPSENを離陸させようと奮闘していた頃、私は家族を以前より大きな家に引っ越させた。アクラにある寝室四部屋の家で駐車場と庭もあり、前に住んでいた人から犬四匹も引き継いだ（子供たちは大喜びだった）。母はリベリアに戻った。そして、トゥンデと私は将来の計画を変更した。彼には健康上の問題が生じていて、援助機関の官僚主義にも疲れたと言っていた。私は長いあいだ学校に戻りたいという夢について話しており、トゥンデは私の教育に投資し、援助すると言ってくれた。修士号があれば、私はずっと高い給与をもらえる。そうなったら、彼は仕事を辞めてアクラに住む。私たちは結婚して、私の給与と彼がコンサルティングの仕事で稼ぐお金で生活する。

いまになってみると、この計画が実現しないことを、私は心の奥底では分かっていたように思う。私はWIPSENで目指したいものがあった。組織作りの初期に持っていた情熱と集中力が再びよみがえってくるのも感じたし、証明してみせるべきことが数多くあるとも思った。やがてWIPSENが私の生活を飲み込んでしまうことは分かっていた。

それでも、私は何も言わなかった。二人で過ごす未来のイメージにしがみついた。私はとにかく学校に戻りたかった。何をするにせよ、学位があれば私の正当性の証明となる。正当性があれば、将来の選択肢も増える。

私はバージニア州ハリソンバーグにあるイースタン・メノナイト大学の紛争転換研究の修士課程に入学を認められた。ジェニーバはとても感激した。ビザが取れたかどうか分かる日、彼女は五分おきに電話してきた。ジェニーバは、私がマザーパターン大学を卒業した日、家でプードゥの面倒を見ていたため卒業式には出られなかったことを話した。

「でも、今回は違うわ！　今回はアメリカまで行って、卒業式に出席する！」

四月一二日は彼女の四〇回目の誕生日だった。アクラの家で、私たちは素晴らしい時間を過ごした。

「マネージャー、一緒に冷たいビールを飲んで」。ジェニーバのベッドに寝そべって、私は言い張った。「もう長いあいだセックスもしてないんだから、少なくともビールは飲んで！」

彼女は笑いだした。子供たちが部屋の入口に集まって来た。「入ってもいい？」

「ダメよ！」と私は大きな声で言った。「女どうしの話なの。出て行って！」

友人たちを集めて、盛大な誕生日パーティを開いた。私たちはジェニーバが以前欲しがっていたデニムのミニスカートを買い、ジェニーバは髪を整えお化粧もした。とてもきれいだった。彼女が部屋から出てきたとき、友人たちは歓声を上げた。

ジェニーバは美しい微笑みを浮かべた。「私は生き始めたわ――人生は四〇歳から始まるのよ」

第17章　大切な人を失う

アメリカに向かう準備は順調に進んでいた。ガーナからの連絡によると、すべてが安定しているようだった。アーサーはサッカーに夢中になっていた。ジェニーバは道を歩くたびに心臓がドキドキするので、体重を減らしたいと言っていた。子犬が何匹か産まれて、子供たちは黄色い小犬に夢中になり〝ナシャット〟と名付けた。

ある晩、私は恐怖で目覚めた。夢のなかで、以前どこかで聞いたことのある声が言っていた――死の知らせ。死の知らせ。伝えるのは誰？

考えられるのは、おばあちゃんだけだった。真夜中だったが、私はアクラにいるジェニーバに電話をかけた。おばあちゃんは本当に病気だということが分かったが、回復していた。

「会いたいわ」とジェニーバは言った。「帰って来て」

六月、アクラ。私はジェニーバと子供たちを訪ねた。シュガーズもアクラにいたので家に立ち寄った。一緒にビールを飲んで話し、そのあと私はシュガーズを車でホテルまで送っていった。家に戻ると、ジェニーバとリームが居間にいた。

「マネージャー」と私は言った。「もう寝るわ」

「まだ早いわよ」。ジェニーバは不機嫌そうだった。「一緒に座って。話しましょう」

「私はあなたの夫じゃないって言ったでしょう。私には睡眠が必要なの」

彼女は笑った。「わかったわ。じゃ、また明日」

しばらくして、リームが私の部屋に駆け込んできたとき、私は半分眠っていた。

「来て！　お母さんが苦しそうなの！」

ジェニーバはベッドの上であえいでいた。「息が……」

「しっかりして！」家に泊まりに来ていた友人と二人で、私はジェニーバを車に運んだ。

「息ができない！」ジェニーバは言った。恐怖に怯えていた。「神様、私を死なせないで」。突然、身をよじり、嘔吐し始めた。

一番近い病院へ急いだ。車椅子を見つけ、何とかジェニーバを病院内に連れ込んだ。

夜勤の看護師はただ私たちを見つめるだけだった。「医師は全員ストライキ中です。力になれません」

ジェニーバは意識が遠くなったらしく、床に崩れ落ちた。

「マネージャー！」私は叫んだ。自分が何を言っているのかも分からなかった。「マネージャー、今日がこの世で最後の日だとしても、この床の上では死なないで！　どうか、神様！」

ジェニーバは何度も目を瞬いていた。彼女をまた車椅子に乗せた。すると……彼女はとても悲しそうな顔で私を見た。とても愛のこもった表情でもあった。まるで「ごめんなさい」と言っているかのようだった。穏やかだったが、とても青ざめていた。

必死になって、私はジェニーバを車に戻した。「別の病院に行きましょう！　医者を見つけなきゃ！」

「休ませて」とジェニーバはささやいた。彼女は後部座席に横になり、友人の〝ラッパ〟を握っていた。

「大丈夫そう？」と私は友人に聞いた。

「ええ。こんなに強く握っているもの……」

スピードを落とすと、奇妙な静けさが訪れた。次の病院に着き、私は看護師を見つけた。「姉は亡くなったようです。確認してもらえますか？」看護師は聴診器を姉の胸に当て、うなずいた。

ガーナの医師は全員がストライキ中で、アクラの遺体安置所には空きがなかった。市内を三時間走り回って、ようやくジェニーバの遺体を受け入れてくれるところを見つけた。すでに夜が明けており、家に帰って子供たちに伝えなければならなかった。リームとヌークは、慰めようがないほどに泣いた。アンバーは頭が変になったかと思えるような微笑みを浮かべた。プードゥは、「さっき男の人がベッドの横に来て、ジェニーバ叔母さんは死んだと言った」と言い張った。その後二日間、プードゥは眠らずに家のなかをさまよい歩いた。

私はスウェーデンに電話し、フランスに電話した。一番辛かったのは、モンロビアへの電話だった。死の知らせ。私が伝えなければならなかった。

私たちはジェニーバの遺体をリベリアに運び、セントピーターズ教会で葬式を行った。お金がなくて、リームとヌークしか連れて行けなかった。ヌークはジェニーバととても仲がよく、ジェニーバはヌークを自分の息子のように思っていた。子供たち全員が弔辞を書き、私たちが教会で読み上げた。ジェニーバ叔母さんとの日々の思い出、つくってくれたご飯、インド映画が大好きだったこと、全員が行儀よく「プードゥのいつまでも終わらない退屈な話」を聞くようにという命令。子供たちの感謝の言葉で、全員が笑った。最後は「審判の日に会いましょう」と、締めくくられていた。

――「大好きだよ」

葬式のあと、ジェニーバのお墓には行かなかった。行けなかったのだ。いまでもまだ、行ったことがない。

＊＊＊

プードゥは夜中に私を起こし、お腹が空いたと言った。コーンフレークを食べたがった。ジェニーバであれば、どうすべきか完璧に分かったはずだ。どのコーンフレークか、量はどのくらいか、どのお皿か、牛乳はどのくらい入れるか。私には見当もつかなかった。全部出して、テーブルに並べた。子供たち全員が出てきて、私を見ていた。

「前はつくってもらってたわ」。プードゥが言った。

無理だ、と私は思った。それでもコーンフレークをお皿に入れ、牛乳を注いで、プードゥに渡した。

誰も泣かず、彼女の名前も口にしなかった。

私が恐かったのは、ジェニーバは知っていたのに私は知らない、いろいろな細かいことだ。誰が牛乳を飲み、誰がジュースのほうが好きか。誰がテーブルのどこに座るか。

「僕たちのこと、何も知らないんだね」と子供たちは言った。


小さな頃、ヌークとアンバーは弾丸から逃げ、空腹を経験し、不潔でひどい臭いのするバルクチャレンジ号で生き抜き、私と一緒にダニエルから逃げた。アーサーとプードゥは学校に入る前に私の下を離れ、ジェニーバと暮らし始めた。リームは父親を知らない。マルーは両親に見捨てられた。この子たちにとっては、ジェニーバだけが、いつも存在する安定的な人生の中心だった。

私は昔からの友人のジル・ヒンリクスと話した。トラウマヒーリングの時代に一緒に仕事をしたアメリカ人のソーシャルワーカーで、グリーフ・カウンセラーだ。「アメリカだったら、子供たち全員にセラピーを受けさせなさいと言われるでしょうね」と彼女は言った。

それは不可能だった。だから、私は彼女がほかに提案してくれたことをした。ジェニーバについて子供たちと話した。いつまでも抱き締めて、キスをした。できるだけのことをすると、何度も念を押した。それでも、状況は変えられなかった。家族を養うために、お金を稼ぐ必要があった。修士号があれば、その役に立つはずだ。学校は数週間のうちに始まる予定で、私は行かなければならなかった。子供たちが苦しんでいるのは分かっていた。でも、すべての心の痛み——ジェニーバの死と私との別れ——を一度に経験してしまえば、あとでその見返りを受けられるのではないか。子供たちの環境を変えたくはなかったので、アクラの家に住まわせておく方法を見つけようとした。だが、母はアクラには戻らないと言った。また、世話をしてくれるのではないかと考えていたガーナの友人たちは、まったく信用できないことが分かった。ジェニーバのお葬式のためにモンロビアに行ったとき、その友人たちに家のことを頼んだのだが、一カ月分の食料が一週間で消え、多くの現金と、ジェニーバにプレゼントした香水や新しい下着も消えていた。

唯一の解決方法だと思われたのは、ペインズビルに行くことだった。両親は、故郷の家族の下に帰ってくれれば子供たちのためになるだろう、と言った。だが、子供たちは行きたがらなかった。ペインズビルに引っ越すと告げたとき、子供たちはあまりに動揺して言い返すこともできず、ただ黙っていた。私がしてあげられたのは犬のことだけだった。アフリカ人は普通、動物を連れて旅行はしない。でも、子供たちはナシャットを熱愛しており、もうすでに多くを失っていた。やっとの思いで五〇〇アメリカドルを払って、ナシャットを一緒に飛行機に乗せた。

私は全員を両親の家に落ち着かせ、バージニアへ飛び立った。できるだけ早く家に戻る、ということしか考えられなかった。私は二年間のプログラムを九カ月で終えたが、私が離れていた期間に全員がボロボロになった。

大学院では、考えが広がり理解が深まるのを感じた。リベリアで直感的に行っていたことも、〝戦略的平和構築〟という公式な名前を付けられることが分かった。〝自己主張と活動〟などのクラスは、以前うまくいかなかったことを理解するのに役立った。たとえば〝大衆行動〟のなかでの内輪もめ。

あるグループにスポットライトが当たると、同じ問題に取り組んでいたほかのグループは注目されず、全員がメディアにアピールする。「私が、私が！」――そうして、その活動を支えていた一体感が崩壊する。

機会があれば、コンサルティングやスピーチを行って生活費を稼いだ。こうした仕事には非現実的なものもあった。エジプトのスザンヌ・ムバラク大統領夫人がアラブ女性の平和ネットワークを立ち上げるための会議を開いたので、私はエジプトに行った。だが、参加者に力の差があり過ぎて、会議は時間の無駄だった。たとえば、サウジアラビア人が話すときにはイエメンの女性はそれを拝聴しなければならなかったが、逆はあり得なかった。パレスチナの女性はほかの中東諸国の人を信用しないそうで、会議には参加していなかった。〝イスラエル〟という言葉は口に出してもいけないと言われた。私と同様にコンサルタントとして参加した人たちは、二日目には地元の市場に出かけたり、ビールを飲んだりハシシを吸ったりしていた。私は政府の特別ゲストだったので一万ドルの報酬をもらい、短機関銃を持った二人のボディガードが、ホテルのドアの外で警備にあたっていた。

大学院の同級生の多くが紛争を生き抜いてきた人たちだったので、そのなかにいると安心できた。WIPNETで活動していた頃は、リーダーなのだからと、自分の感情は出さないように気を付けていた。二〇〇四年のある週のこと、まず友人の甥が事故に巻き込まれて顔を撃たれたと聞いた。続いて、父が子供の頃からの知人を亡くしてとても悲しんでおり、母はガーナにいたため、私が父を村まで葬式に行かせる手はずを整えなければならなかった。

仕事に戻ったとき、セルーが私をじっと見つめた。「ものすごい顔をしてるわ」自分でもひどい様子だと分かっていたが、私は微笑んだ。「何とかなるわ」

周りの女性たちがもっと苦しんでいるときに、自分の問題で愚痴が言えるだろうか。そうはできない。一言も言えない。

リベリアから遠く離れた小さな古い町、ハリソンバーグでは、私は強い人間である必要はなかった。また、リベリアの悲しみからも、私から何かを期待する人たちからも遠く離れた場所では、強くある必要はなかった。ときどき、たとえば子供を連れた母親を見たときなど、私は泣きだした。大学では誰もそれが奇妙だとは思わなかった。家族全員をルワンダ大虐殺で殺された人がいた。自分の国が常に戦争状態にあるアフガニスタン人もいて、いつもお酒を飲み過ぎていた。彼が自分の誕生日を一度も祝ったことがないというので、私はケーキでサプライズパーティを開いた。同級生の何人かは、私を〝ビッグ・ママ〟とか、〝平和のお母さん〟と呼んだ。

自分の子供たちから遠く離れているために、心の痛みが消えることはなかった。子供たちは元気ではなかった。悲しみに打ちひしがれていた。怒ってもいた。大事にされ快適だった生活から貧しいリベリアに来て、誰も「気分はどう？」とは聞いてくれず、自分のことは自分ですることを求められる家で暮らしていたからだ。水道や電気やテレビのない生活。学校もひどく、生徒たちは先生に反抗し、お互いに罵り合っていた。それなのに、私には何もできない。手持ちのお金は全部電話代に使った。ナシャットが病気だと聞いたとき、私はひざまずいて何時間も「主よ、どうかナシャットをお守りください」と祈った。でも、死んでしまった。リベリアでは依然食料が不足していた。ある日、リームが食べているものを絵に描いて教えてくれた。ヤシ油と少しの塩を添えた山芋。子供たちの空腹を思うと、私は食べられなかった。

第18章　新しい女性ネットワークをつくる

人生における最大の変化は、そんなことが起きているとは気付かないうちに始まっていることがある。二〇〇六年九月、ジェニーバが亡くなり大学院が始まった直後に、私は国連で演説をするためニューヨークに来ていた。「国連安全保障理事会決議一三二五号」の可決五周年を記念した会議だった。決議一三二五号は、国連の平和と安全保障の活動により多くの女性の参加を求め、また交戦中の国々に対して、暴力行為から女性を守るため特別な手段を講じるよう求めたものだった。決議はあまり実行されておらず、新たな展開は何もなかった（さらに五年が経過した現在でも状況は同じだ。紛争が起こるたびにこの決議が持ち出され、誰もが「どうにかしなければ！」と叫ぶ。でも何も起こらない）。

ニューヨークにいるあいだに、私はアビゲイル・ディズニーという女性から電話をもらった。フェミニスト、慈善家として長く活動している人だ。サーリーフ大統領が選挙で選ばれたあと、彼女はハーバード大学ケネディスクール（行政大学院）の〝女性と公共政策プログラム〟の代表団とともにリベリアに来て、支援活動を行った。リベリアにいるあいだに〝大衆行動〟のことを知り、映画製作者のジニー・リティッカーとともにそのドキュメンタリー映画をつくりたいと考えていた。私の知り合いのスワニー・ハントという慈善家が、私に連絡をとってみたらどうかと提案したという。

「お話できますか？」とディズニーは聞いた。

「明日帰るんです」。私はぶっきらぼうに答えた。

「ホテルまで伺います」

「そうですか。分かりました」。私が承諾したのは、母がいつも「召し出しを拒んではならない」と言っていたからに過ぎない。私は疲れていた。その白人女性に何を話さなければならないのかも分からなかった。

翌日、国連から徒歩圏内にある小さく質素なホテルのロビーで、私たち三人は話をした。アビーと名乗ったアビゲイルとジニーは、二人とも私より年上で、地味な服を着てノートを持っていた。

「リベリアでの活動について聞かせてください」とアビーは言った。

——やれやれ——。最初から一通り話をした。二人は耳を傾け、ときおり「それは誰ですか？」とか、「ちょっと待って、どっちが先に起きたんですか？」などと聞いた。二人が知らなかったことがたくさんあった。

二時間後、私はそろそろ行かなければと言った。あまり親切にはしなかった。

部屋に戻ったとき、もう連絡は来ないだろうと思った。映画が実現する訳がない。——ディズニーですって？　アニメでもつくるつもり？

しかし、一週間も経たないうちにまた電話が来た。プロジェクトは進んでいたのだ。ジニーとアビーは一二月にリベリアに行く計画だという。「その頃、リベリアにいますか?」

休暇の時期なので、もちろん私はリベリアに帰った。状況はひどかった。リームはとても怒っており、私の両親に向かって怒鳴っていた。いつもお喋りなヌークが、引きこもって口を閉ざしていた。両親のストレスも見て取れた——子供たちが家にいることによる負担だけでなく、二人の悲しみもあった。母は自分の最初の子供の死を乗り越えられなかったのだ。母は戦争を責めた。戦争さえなければ、娘は自分と一緒に家にいたはずだ。

トゥンデも戻っていた。インドネシアでの契約は更新されず、健康状態もいま一つで、彼はまた将来について話したがっていた。私がWIPSEN(女性の平和と安全ネットワーク)への思い入れを話すと、彼は怒った。たしかに、オフィスを借りるために六〇〇ドル提供したが、私の学費にはそれよりかなり多くの金額を払っている。もし、この先WIPSENで苦労するだけなら、学位の取得に大金を払う意味があるのか。私は答えられなかった。

リベリアに戻っているあいだにジニーとアビーが到着し、一緒にWIPNETのオフィスに行った。張り詰めた空気だった。リンドラはWIPNETの新しいプロジェクトについて話そうとしたのだが、ジニーは〝大衆行動〟のことしか聞きたがらず、リンドラは侮辱されたように感じた。数日後、リンドラは私に電話してきた。

「あの人たち、あなたにいくら払っているの?」

その週の終わりにまた電話が来て、WIPNETのオフィスに来て欲しいと言われた。シュガーズとバイバ、アサトゥ、グレースを除き、〝大衆行動〟を担っていたメンバーが全員そこにいた。みんなで輪になって、私が仲間であり友人であると思っていた人たちが一人ずつ私を攻撃した。WIPNETの活動を台無しにしている。まだ自分の手で運営しようとしている。お金を盗んだ。「何一つしてないくせに」WIPNETの功績を一人占めしようとしている。権力だけが目的だった。

つまらない争いに聞こえるだろうか。そうではなかった。しばらくのち、私はアメリカの女性活動家であるグロリア・スタイネムに会い、女性がほかの女性を中傷する、よく見られる〝引き下ろし症候群〟について聞いた。こうした内紛は、長いあいだ疲弊しているか、権利をはく奪されているような社会やグループにおいてなら、どこででも起こり得る。一人が上手くやっているのを見ると、その人がすべてを手に入れ、持ち去ろうとしているように思う。理解はできたが、私は心を打ち砕かれた。その日、私は泣き崩れた。権力が欲しいなら、そのためのチャンスはたくさんあった。移行政府のブライアント議長が政府をつくっているとき、一緒に仕事をしないかと誘われた。ジョージ・ウェアが大統領に立候補しようと決めたとき、副大統領候補になって欲しいと頼まれた。ともに私は断った。私は子供たちのためにリベリアを安定させたいから活動をしたのであって、権力や栄光が欲しかったのではない。では、お金は？　生涯で、秘密の銀行口座を持ったことは一度もないし、生活するのもやっとだ。

「あなたたちを教えてきたのに」。私は声を詰まらせながら言った。「WIPNETに入ったときには心から歓迎したわ。いま、あなたたち全員と出会ったことを後悔している」

バージニアに戻って長い冬を過ごしているあいだ、私は風邪をひいてなかなか治らず、続いて喉の感染症にかかった。授業には出て課題をこなした。でも心のなかはパニックで、悲しみと寒さと渦を巻く暗闇を感じていた。テルマと私はＷＡＮＥＰ（西アフリカ平和構築ネットワーク）の昔の友人たちから、新たな展開に関して告訴された。新しい組織が失敗してしまうかもしれないと、私は恐怖に駆られた。テルマとエコマとともに手をつないで祈ったとき、私たちは契約を交わした。神に誓ったのだから、あきらめることはできない。トゥンデは私から何かを期待していたが、それを彼に与える準備はできていなかった。子供たちと話をすると、彼らの苦しみと私の苦悩が合わさった。子供たちと離れている苦悩と、ジェニーバを失った苦しみ。ジェニーバは幼い頃の私にとって、母親のような存在だった。一〇代の頃には、ジェニーバの大きなベッドで彼女の隣によくもぐり込んだものだ。また、一人の女性として、ジェニーバは心からの親友だった。彼女ほど本音を打ち明けられる人はいなかった。そして、彼女は私の子供たちの思い出をすべて持ったまま死んでしまった。私が見逃したすべての瞬間、あとでジェニーバに教えてもらおうと思っていた出来事。プードゥのお喋りやアーサーのサッカーの試合、ヌークの苦手な数学。もう知り得ないことがたくさんあった。すべて消え去ってしまった。

クリスマス休暇にＷＩＰＮＥＴで受けた非難の言葉は、その後も私を消耗し続けた。将軍や国連の人々やＷＡＮＥＰの人たちから批判されるのは、まだ我慢ができる。しかし、ＷＩＰＮＥＴのメンバーは私の家族のようなもので、子供たちより優先してきた人たちだ。彼女たちには自分が知っていることをすべて教え、一緒にいることが幸せだった。心のなかを見せることができるならば、彼女たちを姉妹のように思っていることが分かるだろう。

私は勉強をし、家に電話をかけ、WIPSENの資金調達を試み、子供たちの不満をなだめた。そしてお酒を飲んだ。量はどんどん増えていった。人生において起こった多くの出来事が、予想もしなかったことだった。ダニエルとの年月。〝大衆行動〟でリーダーを務めたこと。子供たちと離れて暮らすことも、ジェニーバの死も、まったく想像していなかった。お酒を飲んでも忘れることはできなかったが、少しリラックスできた。だが、潰瘍を患ったことがある場合、お酒を飲み過ぎるのはわざと死の危険を冒すようなものだ。ある晩、胃の痛みがあまりにも激しく、救急救命室にお世話になった。

「よくなりたいのなら、お酒はやめなさい」と医師は言った。

恐くなって、お酒はやめた。だが、それも少しのあいだだけだった。

アビーとジニーがドキュメンタリーの制作を始めたので、私はインタビューと撮影のためニューヨークに行った。プライベートな部分など、話したくないことはたくさんあったし、覚えていないことも驚くほど多かった。すべてが、ものすごいスピードで起こったので、これまで座って考えている暇はなかったのだ。

この頃、私は学年末を控えて忙しく、とても疲れていたのでインタビューの途中で眠ってしまった。やがてアビーの声を聞いた。「リーマ、目を覚まして!」

ドキュメンタリーはゆっくりと形になっていったが、あまりにも忙しかったので、そのことはあまり考えなかった。課題の一つとして、ECOWASの性別に関する政策をまとめた最終レポートを書いており、同時に、西アフリカの選挙の過程に女性を参加させるためのトレーニング・マニュアルもつくっていた。それでも、撮影が進むうちにアビーと私のあいだの友情は急速に深まっていった。アビーほど私とバックグラウンドが違う人には、これまで会ったことがなかった——この白人の女性は、裕福で特権的な環境で育ち、アメリカ人なら誰でも知っている家の生まれだ。でも女性としては、彼女は私とよく似ていた。アビーは自分が信じるプロジェクトに自身を投げ打って取り組んだ。非常に努力家だが、困難な状況でもユーモアを持ち、笑い飛ばしていた。無遠慮でもあった——私の立派なお尻を「あなたが後ろに引きずっているその荷馬車」などと呼ぶ人は、そうはいない。

金銭面ではかけ離れていたにもかかわらず、彼女が私を同等に見ていないと感じたことは一度もなかった。インタビューを受けにニューヨークに出かけた最初の頃、アビーは私を自宅に招いて泊めてくれた。居心地のよい家で、リベリアを思い出させるような人を歓迎する雰囲気があった。リベリアでは、一晩経てば誰も他人ではなくなる。アビーには子供が四人いて驚いた。私のイメージでは、裕福な女性は子供がいたとしても一人で、すべての愛情を犬に注いでいると想像していた。

到着した次の日の朝、私が部屋にいるとアビーがドアをノックした。

「なんで隠れているの？　朝ごはんはいらないの？　恥ずかしがらないで……大歓迎なんだから」

家族全員と一緒にテーブルを囲んでワッフルを食べた。ジョークを言い、楽しみながら。アビーが自分でお皿を洗うのを見て、私は少し驚いた。

アビーはリベリアの状況をよく知っていた――サーリーフ大統領とかかわったのち、彼女はリベリアの学校再建資金を寄付していた――そして、ニューヨークに自分の財団を設立して運営していた。だから、WIPSENの資金集めで私が苦労していることも、よく分かってくれた。一緒に映画をつくっているあいだは資金を出せないと言ったが、アビーは私のために夕食会を開いてくれて、ニューヨークの慈善家や財団のトップを紹介してくれた。また、私と一緒にニューヨークの街に出て、人を訪ねてWIPSENのことを話し、支持を訴えた。私が帰る頃には五万ドルの資金が集まっていた。またアビーは、グロリア・スタイネムとマリー・ウィルソンを紹介してくれた。マリー・ウィルソンは女性のためのミズ財団の元代表であり、政治やビジネスやメディアにおける女性の進出を推進する〈ホワイトハウス・プロジェクト〉の創設者でもあった。

その年のもっとも厳しい時期、家賃の支払いや試験を間近に控え、私が子供たちに送ったお金が底をついたと両親が電話してきた頃、私は病気になった。内容はもう覚えていないが、アビーが何かの用件で電話してきたので、私は体調が悪いことを打ち明けた。私が悲惨な声を出していたのか、一日も経たないうちに色とりどりの巨大な花束と、アビーからの「お大事に」のカードが届いた。涙があふれた。家から遠く離れ、とても苦労していたので、心配してくれる人がいると知って嬉しかったのだ。

四月三〇日、私はイースタン・メノナイト大学での課程を終えた。私が履修したプログラムでは修士論文を書くか実践的なプログラムに取り組むかが選択できたが、私はＷＩＰＳＥＮの発展に取り組むと決めていた。一週間後、アクラに戻って最初の会議の運営を手伝い、そして会議をきっかけにあるキャンペーンを始めることになった。

会議には、ＷＩＰＮＥＴの時代から知っているシエラレオネの女性二人が参加しており、彼女たちの祖国がまた心配な状態になっていると話した。戦後初めての選挙が近づいており、女性団体は暴力行為が起こる可能性が高いと察知していた。各政党は独自のシンボルカラーを持っていた。与党は赤で、最大野党は緑だ。野党が支持されている地域で赤い服を着ていると暴力を振るわれた。少年兵の死亡事件も報告されていた。シエラレオネの内戦ではゾッとするようなことが行われた。誰もが新たな戦闘の勃発に怯えながら暮らしていたが、どうすればいいか誰も分からなかった。

だが、私たちには分かっていた。そこで、初めて国外で私たちの戦略を適用してみると、素晴らしい効果を上げた。活動経験のあるリベリアの女性二人が、シエラレオネの仲間たちとともに活動した。あらゆる政党の女性や農村部の女性と話し、女性による〝暴力のない選挙〟のキャンペーンを計画した。訪問した場所では政界のリーダーやそのコミュニティに、「私たちが見ています」と知らせた。暴力を回避し、平和を実現しなさい。

私たちは国を四つの地域に分け、意識を高めるための活動をさまざまな地域で計画した。そうした活動が行われる日には〝ピース・トレイン〟がその街にやって来る。実際は女性を大勢乗せたバスで、そのなかにはシュガーズやバイバら古参のメンバーも乗っている。首都のフリータウンをデモ行進した日には、何事だろうと人々が走って見に来た。リベリアの女性が踊りながら、「シエラレオネに平和を！」と書かれたプラカードや横断幕を掲げていた。ラジオでインタビューも受けた。司会者は「ご注意ください。リベリアの女性がシエラレオネでも女性大統領を選ぶよう、触発しに来ました！」と冗談を言った。

シエラレオネの国民は投票に行き、暴力行為は起きなかった。この選挙で選ばれたアーネスト・バイ・コロマ大統領は、選挙の成功は私たちの活動が一つの要因となっていることを認めてくれた。

シエラレオネでキャンペーンを続けているあいだも、私は子供たちとトゥンデに会うためモンロビアに通った。私は修士号を取得し、長い苦労は終わった。だが奇妙なことに、トゥンデの発案だったこの修士号が二人のあいだに問題を起こし始めていた。モンロビアにトゥンデを訪ねると、彼は私が高い学識を身に付けた、と落ち着かない様子で話した。「君は僕にとってレベルが高くなり過ぎてしまったようだ」

私は知り合い全員に電子メールを送り、トゥンデに会ったら私の代わりに感謝の言葉を述べてくれるよう頼んだ――彼がいなければ私は修士号を取れなかった。

テルマさえも、彼女らしくなかったが、トゥンデに話しに行った。「引け目を感じる必要はないわ。リーマはあなたを愛しているんだから」

私たちは将来について話した。だが突然、トゥンデのほうが及び腰になった。「どうして僕がアクラに引っ越せる？　アクラで何をすればいい？　仕事もないのに」

トゥンデは、私が自分に価値がないと思っていたときに、私の価値を教えてくれてしまっていたとき、友人になってくれた。私を見下そうとしたことは一度もなかった。虐待に慣れデを手放さなければならなかった母親は、夜中に瓶を拾いに出かけて売るような貧しい女性だった。トゥン無力な女性だった。トゥンデにとって〝愛〟とは、無力な女性を助けることだったのだと思う。私が強くなって救いの手が必要なくなったとき、何かが二人の関係から抜け落ちた。

私たちの破局は、どこかで聞いたことがあるような話だった。ペインズビルの家の近くに若い女性が住んでいた――独り身で貧しく、大勢の子どもがいた。私も彼女のことを知っていた。彼女の義理の父が、私の父と遠い親戚だったのだ。彼女はジェニーバのお葬式にも来て、私を〝姉さん〟と呼んだ。私は子供たちの洋服を少し彼女にあげて、お金が必要だというその弟にはお金をあげた。彼女は私に尽くしてくれ、私はトゥンデに「彼女には本当に感謝している」と言い続けた。

彼は「自分も彼女に会ってみようか」と言い、「彼女のことは知らないので、紹介して欲しい」と言った。また、「彼女の外見はどんなふう？　知らない人だなあ」とも言った。

ある日、誰かから謎の電話がかかってきて、トゥンデがこの女性と関係を持っていると告げた。彼は否定し続けたが、ようやく屈して認めたので私は荷づくりを始めた。――知らない人だなあ――。彼に別の女性がいたことよりも、こうした嘘のほうがこたえた。

その後、トゥンデは子供たちに長い手紙を書いた。一緒にいられないことを詫び、自分を責める内容だった。彼は子供たちの人生にかかわっていくと約束したが、実際にはあまり続かなかった。私と彼は完全に友情をなくした訳ではなく、いまでも話をする。いつでも話はできる。それでも別れは辛く、怒りと後悔に縁取られた痛みを感じた。別々の道を行くべきだと気付かなければならないときに、私たちは長く関係を続け過ぎた。一〇年間だった。

＊＊＊

シエラレオネでＷＩＰＳＥＮのキャンペーンを始める直前、私は偶然空港でバイババに会った。彼女は一緒にいた男性を甥のジェームズだと紹介した。彼は子供のときにリベリアを離れてロンドンで育ち、いまはアクラを本拠地としている。四〇代で背が高く魅力的で、情報技術とサービスのコンサルタントをしていた。彼から名刺をもらっていたので、私はＷＩＰＳＥＮのウェブサイトを立ち上げるため電話をかけた。特別なサービスを頼んだ訳ではなかったが、彼は試作版を無料でつくってくれた。私が「甥っ子さん、ありがとう！」と言うと、「そんなふうに呼ばないで」と彼は言い、私をランチに誘った。次にはお酒。次には夕食。ここで私は身を引いた。このとき、私は独り身でもフリーでもなかったからだ。

だが、トゥンデは去ってしまった。私はＷＩＰＳＥＮの共同設立者であるエコマが借りていた小さな家に引っ越す手はずを整えていたが、子供たちはまたリベリアから来ておらず、とても孤独だった。一人でいることだけは苦手だった。しばらく前に、私は初期に使っていたテルマのトレーニング・マニュアルを見つりた。自分を知るエクササイズでは、もっとも恐れていることを書きだす。私が恐れていたのは、不出来な子供を持つことと、一人ぼっちで年をとることだった。ジェームスがまた電話をしてきた。私は彼の穏やかさに惹かれ、私たちは肉体的に結ばれた。気分転換が必要だったのだと、私は自分に言い訳をした。のちに子供たちは「バイバ叔母さんはお母さんのことがとっても好きだから、本当の家族になれるようにしたんだ」と冗談を言った。

二〇〇七年八月、WIPSENは順調に成長しており、子供たちを呼び寄せて本当の家族らしく一緒に暮らすことを決めた。モンロビアからアクラに向かう飛行機のなかで、プードゥと同じく九歳になったマルーが泣きだした。

「なぜ泣いているの？」一四歳のヌークが聞いた。

「おばあちゃんがいなくて寂しいの。おばあちゃん、とっても悲しそうだった」

ヌークは笑い出した。「電気もない！　水道もない！　発電機に使うガソリンもない！　そんな場所から離れるのが寂しいの？」

私は割って入った。「マルーのほかに、おばあちゃんがいなくて寂しいと思う人は？」

「寂しくない」と一三歳のアンバーが淡々と言った。「あちこち引っ越して、いつもいろいろなものを失くしているから、誰かがいなくて寂しいなんて思えなくなったわ」

私は心臓を殴られたような気がした。私は人生に怒り、自分自身に怒っていた。その結果がこれだった。それでも、もう一度やり直すとしても、別の道を歩めるかは分からない。子供たちが私に対して怒っていることは分かっていた。後日、子供たちに大きくなったら平和構築者になりたいか尋ねたところ、アンバーはこう答えた。「いいえ。私は子供たちと家にいたいわ」

でも、「別のやり方ができただろうか」と自問してみても、答えはいつも「ノー」だ。ほかにどんな選択肢があったのか、いまだに分からない。これまで、子供を抱えながら多くの辛い経験をした女性を大勢見てきた。そのなかには、戦争や家庭内暴力に屈して亡くなるか、子供を捨てて逃げ出したため、子供と一緒に生き延びられなかった人が多数いた。私たちは最後まで頑張って、生き抜いた。

さらに、もう一つの別れが待っていた。ジェニーバの娘、リームの旅立ちだ。理由は分からないが、ジェニーバは亡くなる少し前に、自分の電子メールのパスワードをフランスにいるジョセフィーンに教えていた。ジェニーバが亡くなったあとジョセフィーンが電話してきて、知らせたいことがあると言った。ジェニーバはリームの父親にメールを送っていた。父親は以前ジェニーバの心をひどく傷つけた元婚約者で、いまはアメリカで医師になっている。ジェニーバはリームがオハイオ州にいる父親の下で暮らせないかと考えていた。そこでなら、彼女が与えてあげられなかったチャンスをリームは手に入れられるかもしれない。それが姉の望みであるならば、実現させようと私は決めた。両親は激怒したが、私はリームの父親に連絡をとった。

父親は妻とともにアクラに来た。私は二人がどんな人たちかを知るため、二人はリームが愛され、満たされていることを確認するために、ともに一週間を過ごした。リームは父親と一緒にアメリカに行くことを決めた。旅立ちの朝、私たちはみんな泣いた。あれほど悲しかった一年のあとで、流す涙が残っていたことは驚きでもあった。

この間、私の飲酒はひどくなった。悲しみとプレッシャーと苛立ちが大きかったのだ。

毎朝目が覚めると、急いで仕事に向かう。アフリカの未来に女性の場所を確保することは、非常に重要だからだ。平和につながるすべてのプロセスで発言できなければならない。国家建設において、平等なパートナーとして受け入れられなければならない。だが、仕事はいつも苦労の連続だった。私にとって、国内の活動から国際的なステージに上がることはさらに成果を上げるチャンスだったが、何かを起こすには依然として大変な努力が必要だった。戦争が終わると国際的な勢力が軍の改革を求めるが、男女間の平等については何も変わらない。たとえばリベリアでは、未婚の女性兵士が妊娠すると結婚しなければならず、さもなければ除隊させられる。しかし、相手の男性も兵士で、その女性兵士との結婚を拒んだ場合、彼には何の処罰もない。またガーナでは、入隊した女性は三年間結婚できず、入国管理の仕事に就いた場合、結婚するにはまず上司の許可を得なければならない。シエラレオネでは、女性兵士は頻繁に性的いやがらせを受け、勤務中にレイプされることすらある。

民間社会では女性はいまだに投票せず、立候補もしない。若い女性は高校を中退して子供を産むが、それはほかの選択肢がないからだ。WIPSENではガーナのゾンゴ地区の女性とプログラムを行った。ゾンゴ地区はイスラム教徒が大半を占める非常に貧しい地域で、女の子は六年生になるとすぐに結婚する習わしだった。その女の子たちに働きかけたかったが、教育を一二歳で終わりにする必要はないと母親が理解しない限り、女の子たちは学校の卒業に意欲を燃やさない。そのため、ともに活動してくれる有力なイスラム教徒の女性を探す必要があった。また、「結婚すればお金がもらえて、家族が生活できる」と母親が娘に言うので、家族の貧困も解決する必要があった。

このすべてを実現するには資金が必要だ。何十もの国際法や政策が、世の中を動かす仕事に女性の参加を求めるが、それが単純に実現することを誰もが願うだけで、実現させる基盤を築くためにお金を使おうとはしない。女性の活動ではわずかな資金しか得られない。たいていの組織が一カ月で使ってしまうお金で、女性運動は一年を過ごす。現場で使えるであろうエネルギーを、少しのお金を寄付してくれるよう、人々を説得するために使う。

助けを求める声は常にある。選挙が近づいている。暴力行為が起こっている。レイプが頻発している。会議が予定されている。すぐに来て欲しい。——あなたがこの分野で活動されていると聞いたのですが、会議に出席してもらえませんか？　スピーチをお願いできませんか？　わが国の少女のための活動をしてもらえませんか？　どうか原稿を書いてください！

断るのは難しい。しばらくこの仕事をすると大勢の人に会うので、どの件も他人事とは思えなくなるのだ。ジンバブエで何かが起こると、私は友人のベティとジェニー、その子供たちのことを思う。どうしているだろうか。ウガンダで問題が起こると、ルースのことが心配になる。シエラレオネにはバーバラと彼女が養子にした小さな甥、アフガニスタンには大学院の友人、ケニアにはドリーンとノーヤがいる。どの紛争からも多くの顔が思い浮かぶ。どの問題にも心を動かされる。だから「イエス」と言う。子供たちを――またしても――残して出かける。戻ってくる。すると、また次の日から同じことの繰り返しだ。朝五時に、ときには四時に目を覚まし、何をしなければならないか考える。眠るのをあきらめてベッドから出る頃には、世界の各地から届く電子メールへの返事が遅れており、オンラインで新聞五紙を斜め読みして何が起きているかを確認しなければならず、携帯電話も鳴り始める。

――絶対にやめないで――と、あの高齢の女性が戦争中私に言った。あのときのような場がない限り、考えを話す機会がない女性が大勢いる。もうやめたいと思うと、彼女の声が聞こえる。落胆するたびに、助成金が認可されないたびに、「もう知らない。給料のいい仕事を見つけて気楽に生きる」と思うたびに、あの声が聞こえる。――絶対にやめないで――。

力を抜く方法はなかった。一日の終わりに私はワインをグラス一杯飲み、これだけにしようと自分に言い聞かせる。でも二杯目はもっとおいしく、そのあとも次から次へと飲んでしまう。ジェームズは子供たちの前での振る舞いにとても気を遣っており、彼の表情から私への非難が読み取れた。私は気付かないふりをするが、彼は子供たちを味方につけた。

「お母さん！」一人がどこかの時点で私をたしなめる。「何やってるの。それは……飲み過ぎだよ！」

四月、アンバーの一四歳の誕生日。お祝いに大勢の人が集まった。そして私は飲んだ。子供たちが見張って、数えていたので分かっていたが、ワインを一四杯飲んだ。子供たちは私を見つめ、うんざりした様子だった。私は気にしなかった。

夜遅くなったので、「誕生日パーティは終わり。私は友だちと出かけるわ」と言った。翌朝、目が覚めると気分が悪く、頭がガンガンしていた。金のブレスレットとアンクレットを失くしていた。どこで、どうやって失くしたか、まったく分からなかった。

「お母さん、もうやめなきゃダメだよ」。アーサーが言った。

まだ、まだ。

私は会議に出席し、帰り道でバーの前を通りかかった。ジントニックを一杯だけ飲むつもりだった。何杯飲んだか覚えていないが、潰瘍が痛くなって薬局に行き、痛み止めを飲んだあと、車の中でエンジンとエアコンをかけたまましばらく意識を失った。何とか家に帰ると、ジェームズに病院へ連れて行ってくれるよう頼んだ。「痛みがひどくて……もう死ぬんだと思う」

すると、子供たちが集まって来た。恐怖に怯えた、どうしようもない表情。いろいろな人を失ったあとで、私が最後の一人なのだ。ダメだ。死ぬことはできない。

簡単過ぎると思われるかもしれないが、これで私の飲酒は終わった。まだ寝つきが悪く、朝早く目が覚めてしまうが、もうお酒を飲むことはない。

第19章　悪魔よ地獄に帰れ

二〇〇八年春、『悪魔よ地獄に帰れ（Pray the Devil Back to Hell）』〔日本劇場未公開。二〇〇九年にNHK衛星放送で『内戦を終わらせた女たち』として放映〕と名付けられたドキュメンタリーの試作版を見に、アビーの家に行った。自分の苦悩が上映されるのを見るのは落ち着かず、またスクリーン上の暴力や貧困と、上映を見ている環境の快適さがあまりにも対照的なので現実ではないような感じがした。ある意味で、自分の物語を物語として、活動の難しさや、その意味や重要性などを踏まえて見たのは初めてだった。〝大衆行動〟が展開され戦争が私たちを取り巻いていた当時は、考えたり思いを巡らせたりする暇はなかった。私たちはただ事態に対応し、前に進み続けようとしていただけだった。

　私やバイバ、アサトゥ、シュガーズ、ジャネット・ジョンソン－ブライアント（WIPNETのメッセージをラジオで放送したジャーナリスト）へのインタビューのほか、見るのがとても辛い戦闘シーンも盛り込まれていた。泣き叫ぶ子供。逃げる女たち。その顔には、私もよく覚えている惨めさと絶望感が浮かんでいる。また、これまで見たことがなかった私や仲間たちの映像もあった。

　そうした映像を探し出すのはほぼ不可能に近いことだった。アビーとジニーは、リベリア内戦を取材していた多くの写真ジャーナリストと話した。彼らは大虐殺や恐怖のイメージや、兵士が銃を構えたり敵の頭蓋骨を掲げるなどの残忍な場面は記録していた。しかし、〝大衆行動〟の女性たちを撮影した人は誰もいなかった。「撮影するわけないでしょう?」と彼らはアビーとジニーに言った。「ただ哀れなだけだったんだから」。しかし、エグゼクティブ・マンションの映像記録係が、テーラー大統領に私たちが要求を伝えた日の映像を残していることが分かった。また、ニュース番組のカメラが、アクラの和平交渉に乗り込んだときの様子をとらえており、そこに私たちが映っていた。

白い服を着てプラカードを持った女たちの懐かしい映像を最初に見たとき、目から涙があふれた。記憶とは違って見えた。——あんなに日焼けして、あんなに痩せている——。大変な目に遭ってきたのに、私たちには決意がみなぎっていた。とくに、地方から来た女性はそうだった。普通の女性があれほどまでに平和を求めていた。アクラのホテルの廊下にいる自分の映像を見たときには、涙が止まらなくなった。私たちがどれほど必死だったことか! 私は公衆の面前で服を脱ごうとまでしていた。映画は私たちの勝利の場面で——テーラーが去り、内戦が終わり、サーリーフ大統領が選ばれたところで、幕を閉じた。部屋にいた全員が拍手喝さいした。

ペンシルベニア州から車を走らせてこの映画を見に来ていたファータが、近づいて来て私の手を握った。彼女はこの映画の力を私よりもよく理解していた。

「リーマ、これはすごいことになるわ」とファータは言った。

彼女は正しかった。『悪魔よ地獄に帰れ』は二〇〇八年四月二四日、ニューヨークのトライベッカ映画祭で上映された。完成版は試作版よりも洗練され、暴力的なシーンが減っていた。そして、アビーの家の居心地のいい居間で見たときの感覚を非現実的というならば、今回は夢を見ているようだった。私は伝統的なハアタイと鮮やかな緑と黒の民族衣装を身に付け、本物のレッドカーペットの上を歩いて劇場に入った。周りにはアメリカの有名人が大勢いた。ロバート・デ・ニーロ、ジェーン・フォンダ、ロージー・オドネル、イーディ・ファルコ。私たちの映画は最優秀長編ドキュメンタリー賞を受賞し、帰るとたちまち電話が鳴り始めた。

シュガーズからもすぐに電話がかかってきた。「こっちに来て、映画を見せなさい！」

ジニーとアビーと私はセンロビアに飛び、グラウンドで座り込みをした女性たちのために上映会を開いた。とても感動的な夜だった。彼女たちにとっては、また私にとっても、この映画は抽象的な話ではなかった。自分の人生そのものだった。ケガをした子供や、荷物を頭に乗せて逃げる人々が映るたび、全員が記憶をよみがえらせて深く息を吸い込むのだった。

あるシーンで、テーラー大統領が「もし、神が望まないなら、私はここにいないはずだ」と言ったとき、誰もが大笑いした。というのは、結局のところ神は明らかに、テーラーがそこにいることを望まなかったからだ。こうした瞬間、ジニーとアビーはみんながなぜ笑っているのか、理解できないようだった。

誰かから聞いたのだが、奴隷の文化はリベリア人に奇妙な形で影響しているという。その人によると、奴隷は叩かれれば叩かれるほど、抵抗の方法として歌をうたった。私たちは、何か悪いことが起こると笑う。笑うことで、あのひどい年月を生き延びてきたのではないかと、私はときどき考える。一九九〇年の七月、ジョセフィーンの家にいたときミサイルが爆発した。私たちは逃げ回り、少し安全なところまで来たとき、誰かがジョセフィーンの恋人の叔父さんを指差した。彼はイスラム教のお祈り用のガウンを着ていた。「あの人が走るのを見た？　下着くらいは着ているのかな？」誰もが笑いだした。

トラウマヒーリングの時代に、マンチェスターの研究者たちと一緒に初めて現場で仕事をしたとき、ある日の午後にヤシ酒を飲むことになった。もちろん、話題は内戦のことだった。

モーゼという名の運転手が、六人ほどの男性とともに捕まったときのことを話した。彼らは部屋に閉じ込められ、服を脱がされて、手首を縛られて天井から吊るされた。毎朝兵士が一人やって来て、一人ずつ順番に指差しながら童謡をうたった。「どちらにしようかな……」。歌が終わったときに彼が指差していた人は、ペニスを切り取られた。これが毎日続き、モーゼが残された最後の一人になった。すると、どうしたわけか彼は解放された。

「奴らが歌をうたい始めると、震えあがったよ」とモーゼはニヤッと笑って言った。「最後には、俺も女になっちまったがな」

私たちはみな笑い転げた。マンチェスターの研究者と一緒に仕事をしていたスウェーデンの青年が、怯えた様子で私たちを見た。「あんたたち、病気だよ！」彼は叫んで駆け出した。私たちは笑い過ぎて死にそうなほどだった。

泣く代わりに笑うのだ。生き延びたから、そして一時間後にはまた命が脅かされるかもしれないから笑うのだ。ほかに何ができるだろうか。

映画を見ているときに興味深かったのは、セックス・ストライキについて語った場面でアメリカ人が笑ったことだ。リベリアでは、誰もそれを可笑しいこととは思わない。

すぐに、世界中から電話がかかってくるようになった。映画評論家は『悪魔よ地獄に帰れ』を高く評価し、「心をつかまれる」「感動的」「勇気づけられる」などと表現した。アビーも自身で宣伝活動を行った。その一環として、意識を高めるためにこの映画を見せたいと希望する教会や組織で無料上映し、非暴力の紛争解決法についての議論を促進した。ときにはアビーも講演を行い、私もよく講演した。バイバやアサトゥも講演することがあった。

私たちはこの映画を、国際女性デーにボスニアのスレブレニツァで上映し、ペルーの先住民の女性に向けても上映した。グルジアやドイツ、アフガニスタン、イラクでも、女性グループのために上映を行い、韓国、オランダ、ブラジル、南アフリカ、ルワンダ、メキシコ、アルゼンチン、アラブ首長国連邦、ケニア、カンボジア、ポーランド、ロシアでも上映した。

反応は驚くほどよく似ていた。国や社会は違っても、女性たちは自らを意識し、問題を解決するためにどのように協力し合えるかを話し始めた。スーダンではこの映画について二時間の議論が行われ、やがて紛争が続くダルフールにおける平和を求める声明を作成し、女性　〇〇万人の署名を集めることを決めた。ヨルダン川西岸のラマラでは、観客の若者が非常に興奮したので、私は女性たちが取り囲まれるのではないかと思った——まるで、私たちが行ったことを彼女たちがやっていないのは失敗だとでも言わんばかりだった。イスラエルでは、女性たちが「私たちも同様のことをすべきだが、いまは安心し過ぎている」と認めた。

アメリカでは、何百もの町の高校や図書館、学術会議、あらゆる宗派の教会がこの映画を上映した。若者たちは、この映画を見て「人生において何か重要なことをしたいと思うようになった」と話した。

映画では私たちの奮闘が描かれていたが、世界がそれに反応することで、その思いが広められた。リベリアの普通の人たちがあれだけ平和を欲していた。世界の普通の人々は、無力な人たちが自分の人生をコントロールし、正しいほうが勝つという物語を、あれだけ欲している。希望を欲している。

〝大衆行動〟が行われているあいだは、わずかな人しか知らなかったのに、いまでは全世界が知っているのはとても皮肉なことだ。私も次第に世界に知られるようになっていった。映画の撮影をアビーとジニーに了承したとき、名声については考えていなかったが、それがやって来た。トークショーの司会者が私の話を聞きたがり、空港にいると見知らぬ人に挨拶された。

「リーマさんですか？」

「そうですが？」

「やっぱり！」

そして、映画の成功により〝大衆行動〟がどんなもので、どんな実績を上げたかが知られるようになり、賞が贈られるようになった。リーダーとして、リベリア女性の代表として、私に贈られた。

ハーバード大学ケネディスクールの女性リーダーシップ委員会から「ブルーリボン賞」が贈られると電話がかかってきたとき、にわかには信じられなかった。多数の賞をもらっても、慣れてしまうことはなかった。『ウィメンズ・eニュース』〔Women's eNews：女性問題をカバーする非営利のニュースサービス〕の「21世紀のリーダー賞」、ハーグの「ゴールデン・バタフライ賞」、ジョン・ジェイ犯罪学カレッジ〔ニューヨーク市立大学の一校〕の「ジョン・ジェイ正義のメダル」、難民女性平和大使……。

すべてに感動した。金銭面で家族の助けとなった「勇気ある人賞」〔ジョン F・ケネディの著書『勇気ある人々』（英治出版、二〇〇八年）に描かれたような勇気を示した人に与えられる賞〕やグルーバー財団の「女性の権利賞」などの大きな賞だけでなく、ニューヨークのある高校から贈られた「人道賞」や、メリーランド州のセブンスデー・アドベンティスト教会から「生きた伝説」に選ばれたことにも感銘を受けた。

毎回、私の反応は「私が？」というものだ。

何年も前、私は絶望のあまりうずくまり、破れたナイトガウンを着て、ダニエルと住んでいた部屋のバスルームで「主よ、お導きください」と言って聖書を開いた。

目に入ったのは、この文章だった。

苦しめられ、嵐にもてあそばれ、慰める者もない都よ。
見よ、わたしはアンチモンを使ってあなたの石を積む。サファイアであなたの基を固め……

私はこれを約束だと考えた——その通りだった。すべて実現したのだ。

第20章　祖国のために働く

「紙にあなたの肩書きを全部書いてください。弁護士、医師、母親……。書き出したら、紙をこの箱に入れましょう」。私は小さなスーツケースを渡して、部屋にいる一〇〇人の女性のあいだを手から手へと回してもらった。スーツケースがいっぱいになると、私は留め金をかけた。「ご覧のとおり、紙はしまいました。いまから、私たちには何の肩書もありません。弁護士でも活動家でも、政治家でも妻でもありません。単なる女性として、リベリア人として話をします」

二〇一〇年八月二九日のことだった。改修されたサミュエル・ドウ・スタジアムの会議室に集まり、私たちはリベリアで初めて大統領の評価をしようとしていた——女性活動家が集まって、リベリア女性の生活向上に関するエレン・ジョンソン・サーリーフ大統領の努力について話し合うのだ。現職の大統領が七時間ものあいだ単に女性の言い分を聞くだけというのは、リベリアの歴史では初めてのことだった。政府が明示的に女性を計画のプロセスに参加させ、活動を認めるのも初めてだった。

大統領の評価は私の発案だった。大統領が選ばれた直後に思いついたが、彼女の周囲にいる何層もの官僚をなかなか通過できなかった。この件以来、私はエレンをよく知るようになった。私たちの経歴には驚くほど似た点があった。彼女は一七歳のときに七歳年上の男性と結婚し、身体的に暴力を振るわれた。彼女にも四人の子供がいた。かつて彼女がテーラーを支持したことをまだ許していない人もいたが、私は許すことにした。リベリアのためにとてもよく仕事をしてくれたし、誰もできなかったことを成し遂げたからだ。私が大統領の事務所に評価について直接提案すると、彼女は私にそのセッションの司会をしてくれないかと言った。

いつものように、女のエネルギーが満ちた部屋にいるのはスリリングだった。地方の女性も都市の住民も、アメリコ・ライベリアンも先住民もいた。すべての民族の女性が来ていて、大半が色鮮やかなアフリカ式のドレスとヘアタイを身に付けていた。リベリア女性運動の歴史が目の前にあった。シュガーズ、バイバ、アサトゥ、バーバー・ゲイフロー、リンドラ、MARWOPNETのビートリス・シャーマンとオフェリア・ホフ。私はいまでも、こうした集会の司会をするのが好きだ。参加者に話をし、課題を出し、事例を紹介する。ジョークも言う――笑わせると、人は普通では触れさせないところにまで触れさせてくれると、何年ものあいだに気付いた。こうした集まりで得られる学びとその後へのつながりを、私は愛して止まない。

何時間も議論し話し合った――これまでに成し遂げたこと、これからすべきこと。そして集会が終わり、みんなで部屋の片づけを始めようとしたとき、私の近くに立っていた年配の女性たちが大きな声で歌をうたい始めた。

あんたは私の家に来て、ドアを破る。
全部取っていく。全部まき散らす（chokla everything）。

あんたはアーオー、アーオー、アーオー。

誰が逃げる？　アーオーが逃げる。
誰が逃げる？　アーオーが逃げる。

彼女たちは踊り、手を叩き、笑っていた。私も笑ってしまった。この歌は〝大衆行動〟以前からある歌だ。内戦の初期、ＬＷＩ（リベリア女性イニシアチブ）のメンバーは反政府勢力が集まる場所、たとえば橋などに立って抵抗運動を行った。リベリアの言葉で〝chokla everything〟とは、「すべてまき散らす」という意味で、反政府勢力が行ったことを歌にしたものだ。だが安全のため、言葉には気をつけなければならなかった。〝アーオー〟は、「嫌な奴（asshole）」を表す暗号だった。
だから、彼女たちが本当にうたっていたのは、「あんたは嫌な奴、嫌な奴、嫌な奴。誰が逃げる？　嫌な奴が逃げる」ということだ。嫌な奴はすでに逃げていった。だが、女たちはみんなまだここにいて、まだ戦っている。

＊＊＊

リベリアには長い道のりが待っている。モンロビアでさえ道路は壊れたままで、建物も破壊されたまま放置されている。ほとんどの地区で安定的な電力や水道がなく、女性や子供が頭にバケツを乗せて道を歩き、空になった飲料水用のプラスチックのボトルが大量のゴミとなっている。市の中心部に大勢集まっている人たちは生き残ろうと必死で、顔には大きな疲労の色が浮かんでいる。ほとんど全員が貧しく、失業率は約八五％だ。読み書きできるのは人口のわずか半分程度で、平均寿命は五八歳。役人の汚職はいまだに多く、犯罪が大きな問題となっている。

人々が故郷を追われたり海外に移民したりしたことで、リベリアの文化の基盤となっていた大家族制が崩壊している。それは私自身の家族でも見られる。モンロビアに住むいとこが双子を産んだので赤ちゃん用のものを買おうと話していると、娘たちに「その人誰？」と聞かれた。

おそらくその結果、リベリアの社会もバラバラになっている。若者が可能性を信じられなければ、社会的な感覚を持つのは難しい。雇用機会を積極的に探せる人はわずかで、世界の出来事を知ることができる人もわずかだ。地元の新聞を買ったり、無線設備のあるカフェでインターネットにアクセスしたりするには、二アメリカドルほどの費用がかかる。町の売り子にとっては二日分の賃金だ。

リベリアでは誰もがお金を欲しがっていて、そのため訪問しにくい場所にもなっている。私は私立大学で勉強するいとこの学費を援助し、セントピーターズ教会ではジェニーバの栄誉をたたえて奨学金を設けたが、訪問する際には注意している。親戚の何人かは私が金持ちだと思い込んでおり、そのため学校が始まる前にあたるクリスマスには家に帰れない。なぜなら、学費を払って欲しいという依頼が押し寄せるからだ。オールドロードに住むおばあちゃんを訪問するときは早朝に行き、すぐに戻ってくる。誰かに見られたら、おばあちゃんの寝室は次から次へと頼みごとをする人でいっぱいになってしまう。携帯電話の決まった番号も、リベリアでは持っていない。帰国するたびにSIMカードを買い出国時に捨てている。そうしなければ、私の携帯電話は鳴り続けるだろう。

それでも、リベリアは八年間平和な状態にある。大学は再開した。一部の業界は機能し始め、新しいホテルやオフィスビルもいくつか建っている。女性の地位もいくつかの点で向上した。サーリーフ大統領の下、男女間の平等を推進する「国家ジェンダー政策」がつくられ、司法省のなかには新たに性犯罪部門ができた。また、アフリカでもっとも厳しい部類の反レイプ法もできた。「国家女子教育政策」により、初等教育が無料になった（ただし、制服や教科書は自分で購入しなければならず、一部の世帯では教育が金銭的に手の届かないものとなっている）。議会はアファーマティブ・アクション（差別是正）法を検討しており、そこでは政府内での女性の割合を三〇％以上とすることなどが求められている。そして、重要なポジションにかつてないほど多くの女性が就くようになった。たとえば、商務省、外務省、青年スポーツ省、性別問題省の大臣などだ。また、農業を学ぼうとする女の子なら誰でも、政府の奨学金を受けることができる。

奇妙なことではあるが、戦争があったためにこうしたことが実現できた――もっと厳密に言えば、女性が戦争を終わらせるのに貢献した、という認識が広がったために実現できた。こうした進歩はいずれにしろいつかは成し遂げられたかもしれない。しかし、もし私たちが公の場に踏み出していなければ、もっと長い時間がかかっていただろう。

内戦中、あるいは〝大衆行動〟で一緒に活動した人の多くは、いまでもリベリアやアフリカの女性に平和と繁栄をもたらそうと一生懸命に取り組んでいる。シュガーズはグランド・バッサ州のエディナで町長をしている。彼女は以前と変わらず率直かつ急進的で、自分が選んできた道に何の後悔も示さない。テルマは資金の潤沢な私立財団のエグゼクティブ・ディレクターで、同財団はナイジェリアの医療と教育の拡大を推進している。彼女はWIPSEN（女性の平和と安全ネットワーク）の活動にも依然精力的に取り組んでいる。

グレースはソーシャルワーカーとなり、性別問題省とも仕事をした。〝大衆行動〟により彼女の人生は一八〇度変わった。「私は草むらで育ったのよ！」とグレースは言う。「活動をやってきたおかげで、いまでは大統領の隣にも座れるわ」。内戦後、グレースは女の子を産んでジェニーバにちなんだ名前をつけた。教育のなさをいつも負い目に感じていたバイバは、プロのカウンセラーとなってトラウマヒーリングのワークショップを開いている。二〇〇九年には、カリフォルニア州サンディエゴにある国際平和ジョーン・クロック研究所の平和構築特別研究員となった。牧師の奥さんを対象としたワークショップで出会ったアニーは、女性の草の根運動について国連で演説し、ボング州の州議会議員に立候補している。

BBはモンロビアの〈地域社会の強化と統合開発のリソースセンター〉でエグゼクティブ・ディレクターを務めており、いまでも〝人〟を信じている。サム・ドウは博士号を取得し、国連で開発と和解のアドバイザーをしている。

私はいまでもトゥンデとときおり話をする。何度も『悪魔よ地獄に帰れ』の上映会に招いたが、一度も来ていない。ダニエルとはまったく連絡をとっていない。

ほかの人の噂もたまに聞くことがある。元少年兵で、両足を失った背の高いクリスチャン・ジョンソンは、二〇一〇年にエイズで亡くなった。彼の恋人や子供たち、それに元女性兵士で気の強いクレオがどうしているかは聞いていない。だが、サム・ブラウンがシエラレオネで母親を探し出し、自分の子供たちを母親の下に送ったことは聞いた。また、ジョセフ・コリーが酔っ払ってモンロビアの路上で暮らしているのを長いあいだ見てきたが、ようやく彼は靴修理のブースを立ち上げた。政府がそれを壊してしまったとき、私は再建のための資金を出した。

私たちが座り込みを行った魚市場近くのグラウンドは、またサッカー競技場に戻った。片足を失って松葉杖をついた選手が参加している試合がよく行われている。

私たちの人生を地獄に突き落とした各派閥のリーダーや将軍たちは、さまざまな運命をたどった。反政府勢力のＭＯＤＥＬ（リベリア民主運動）の元報道官は、アメリカのフィラデルフィアでアフリカ食品店を経営している。ＬＵＲＤ（リベリア和解・民主連合）のメンバーで和平交渉に参加していたうちの一人は、リベリアの最高裁判所の判事となった。ルーズベルト・ジョンソンと、シエラレオネの〈革命統一戦線〉のリーダーだったフォディ・サンコーはともに死亡した。プリンス・

ジョンソンは上院議員となり、二〇一一年の大統領選挙に立候補している。

二〇〇八年一〇月、チャールズ・テーラーの息子で、フロリダ州で生まれ育ったチャールズ・マッカーサー・エマニュエル、通称〝チャッキー〟が、アメリカで有罪判決を受けた。リベリアで〝デーモン・フォース〟として知られていた反テロリスト部隊のリーダーとして犯した罪のためだ。これはアメリカの国外拷問防止法に基づいた初めての告訴で、チャッキーは九七年の禁固刑を言い渡された。その後、チャッキーが管理していた刑務所で拷問されたとして、五人のリベリア人がフロリダで民事訴訟を起こし、二二四〇万ドルの損害賠償を勝ち取った。

二〇一一年初めの段階では、チャールズ・テーラーの裁判はまだハーグで続けられている。彼はアフリカの大統領としては初めて国際戦争犯罪法廷で告訴され、人道に関して五つの罪に問われ（殺人、レイプ、性的奴隷など）、戦争犯罪においても五つの罪を問われ（テロ行為、殺人、略奪など）、さらに国際人道法違反にも問われている（一五歳未満の子供を武装勢力に入隊させたなど）。

テーラーの裁判の場面を何度かテレビで見た。たとえば、モデルのナオミ・キャンベルが、テーラーから〝血塗られた〟ダイヤモンド［紛争の資金源として売られるダイヤモンド］をプレゼントとして受け取ったかどうかを証言する場面などを見た。彼女は知らない男二人から「汚らしい石が入った袋」を渡されたと言い、さらに「リベリアという国については聞いたことがなかった」と話した。西側のメディアまでも関心を持っていた。だが、裁判を見ているとき私が思うのは、この裁判にかかる巨額の費用——ある試算では二〇〇〇万ドル——が、シエラレオネの人々に何か恩恵をもたらしているのだろうか、ということだけだ。また、この裁判はアフリカで行われるべきだとも思う。

テーラーは、祖国リベリアに対して行った卑劣な犯罪についてはまだ裁きを受けていないし、彼が盗んだ巨額の富や、破綻させた未来、破壊した国土に関しても、まだ説明するよう求められていない。

まだリベリアに対して返答を行っていない。私たちに対しても。

第21章　物語は終わらない

もう一人子供を産むだろうということは、ずっと分かっていた。私の最後の子供で、平和のなかで生まれ、抱き締めたり一緒に遊んだりできて、私が母親になれる子供だ。二〇〇九年六月、ジェームズと私の娘がニューヨークで産まれた。アビーが付き添ってくれて、産後は彼女の家に滞在させてくれた。アビーと彼女の夫が私に食事を運んでくれ、私が休めるように赤ちゃんの世話をしてくれた。アフリカの女にとっては、こうしたことはとても価値がある。お金では買えないものだ。私はこの子をジェイディン・テルマ・アビゲイルと名付けた。私だけのニックネームも付けた。妊娠したとき、もし男の子だったら〝ネーデー〟と呼ぼうと思った。ロマ族の言葉で「私自身の」という意味だ。その女の子版は〝ネーコピー〟となる。

ネーコピーは私の出張にほとんどいつも同行する。家ではほかの子供たちが際限なく甘やかす。子供たちはネーコピーを笑わせるのが大好きだ。その笑顔はジェニーバによく似ている。

私は子供たちとガーナに住んでいるが、家のことや仕事で頻繁にリベリアに行く。空港では入国審査の列に並ばなくて済む。なぜなら、そこの係官がＷＩＰＮＥＴの頃から私を知っているからだ。

税関でも、スーツケースを開けられることはない。

「平和の声の到着です」と係官はいつも大きな声で言う。そして私のほうを見て微笑み、「列から出て、バッグを持って行ってください」と言う。

家族はあちこちに散らばったままだ。ジョセフィーンはまだフランスに、マーラはスウェーデンにいる。ファータはニューヨークだ。だが、一〇〇歳近くになっているおばあちゃんは昔と同じ場所に住んでいて、実の娘が一緒に暮らし面倒を見ている。プラムの木と壊れた車は遠の昔になくなっていて、私が友だちと遊んだ空き地もない。

年老いて貧しくても、おばあちゃんは威厳を漂わせている。私はいまでも、おばあちゃんといるのが好きだ。前回モンロビアに行ったときには髪をブレイズに編んであげて、そうできるのが嬉しかった。家はみすぼらしいが、私が愛されていると感じられる場所だ。

両親はいまもペインズビルに住んでいる。ここも内戦前とはかなり変わった。私はここの解放感と、大きな窓から野原が見渡せるのが好きだったが、もうそんな景色は見えない。いまでは掘立小屋がたくさん建っていて、カギのかかった高いフェンスがなければ安全に暮らせない。

両親は家を建て直さなかった。庭には何も植えられていない。台所にコンロはあるが、ガスは高いので普通は木炭で料理をしている。井戸水は入浴にしか使えず、飲料水は車で二〇分かかるルーテル教会から運んでくる。

父は七〇歳を過ぎ、以前より信仰が厚くなって母を頼りにするようになった。戦争があったから、結婚生活と神の下へ戻って来られたと父は言う。私を誇りに思っているとも話す。WIPNETがアクラの会議室の廊下を占拠したとき、その様子がテレビで放送され、みんなが父のところへ急いでやって来た。「すごいぞ！　お前の娘が何かでかいことをやりそうだ！」みんなが驚いていたと父は言う。母は相変わらずだが、私は以前よりも母に対して優しさを感じられるようになった。私が母に電話をして頭痛がすると言うと、母は夜までに二度も電話をかけてきて様子を聞く。昔も私たち姉妹の誰かが失敗して落胆していると、母はいつもそこにいた。母は幸せな人ではない。いままでも失ったものを嘆いている。「何のための戦争だったの？」と母は聞く。「家族が死んでいったわ――なぜなの？」

「すべてが無駄だと思うときがあるわ」と母は言う。「ずっと働いて、『年をとったら、子供たちとゆっくり過ごそう』と言ってきたけれど、ここには子供も孫もいない。みんな遠くにいるわ」

そして私。私はこの本を書いている時点で三九歳だ。ここまで語ってきたのは、私の人生の最初の部分に過ぎない。主が私をここに遣わし、私をこのような人間にしてくれたことを感謝している。いまは出張をすることが多く、ヨーロッパやイギリス、スカンジナビア、アメリカ、アフリカ諸国などに行き、会議に出席し、ワークショップを行い、講演をする。私は自分をメッセンジャーだと思っている。グランド・バッサ州やボング州、ガーナやコンゴやシエラレオネの少女たちのことを話し、世界に知ってもらうのだ。

WIPSEN（女性の平和と安全ネットワーク）が年に一度開催する〈西アフリカ女性政策

フォーラム〉には、各地から女性が集まる。このフォーラムでは、民間社会の女性が政界や経済界の女性と話し合う。さまざまな国から来たさまざまな分野の女性が、力を出し合って問題について議論する。楽しい時間も過ごす。ＷＩＰＳＥＮは、これまで存在しなかった女性による選挙監視チームもつくりつつある。西アフリカ各国から二名ずつ、合計三二名を訓練し、選挙を実施する国があれば派遣する計画だ。

　以前と同様に、ＷＩＰＳＥＮは普通の女性が選挙に参加できるよう活動している。たとえばリベリアのある地域では、有権者登録が始まると、秘密社会のポロ［リベリアやシエラレオネなどに存在する、男性の秘密社会。女性の秘密社会はサンデ］の仮面をつけた神〝カントリー・ゴッド〟を地域の男性リーダーが公開する。慣習的に、〝カントリー・ゴッド〟が出ているあいだは、女性は屋内に入らなければならない。私たちは、こうした地域で女性がこのような行為に対して声を上げるよう力を貸す。また、立候補を希望する女性がいればトレーニングし、メンター（力を貸し指導してくれる人）を紹介する。

　もう一つ優先課題としているのは、若い女性に女性運動について教えることだ。ＷＩＰＳＥＮは〈ピース・ガールズ・リーダーシップ・ダイアログ〉というプロジェクトを展開している。これは、性別問題省の大臣によって始められたものだ。まずは緊急の課題、たとえば性感染症などについて若い女性に呼び掛けることからスタートした。しかしこれは〈平和追求プロジェクト〉のときに市場で商売をする女性に話しかけたのと同じく、基盤を築いているのに過ぎなかった。私たちはそのなかで、特別な輝きを持つ人を探し、訓練できる女性を探した。たとえば五〇人で始め、続いてその半分とより密接に活動する。教育が不十分な部分を埋め、まとめ役やリーダーになれそうな人を一〇人探す。これにより、私たちの新しい世代を築くのだ。

また、権力を握る人たちに若い女性の声を届けることにも力を注いでいる。二〇一〇年一二月、私たちは若い女性を集めて〝肩の荷を下ろす〟セッションのような活動を、サーリーフ大統領と大臣数人の前で行った。一人ずつ、次世代の若者が経験を語った。

「私はお母さんと一緒に、よりよい生活を求めて町に来ましたが、うまくいきませんでした」とある少女が語った。「お母さんは村に帰ることを決めたのですが、私は戻りたくありませんでした。いまでは、五〇リベリアドルで男の人と寝ています。木の上のこともあるし、車の後部座席のこともあります」。少女は一二歳だった。

「大統領閣下」と別の少女が言う。「私は両親を亡くしました。面倒を見なければならない兄弟が二人います。高校を卒業する必要があったので、体育の責任者だった先生のところへ行きました。私は体育の成績がよかったのです。先生は地元の高校の奨学金を出してくれましたが、毎朝一〇時になると、先生は私を教室から連れ出して近くの家へ連れて行き、一日中私を犯すのです。私は逃げました。でも、別の学校に行ったらまた同じことが起こりました。高校は卒業しましたが、大学には行きません。セックスに使われるのはもうイヤです」

サーリーフ大統領の顔はとても紅潮していた。部屋にいた女性官僚は全員が泣いていた。このセッションの前は、高校を中退する女の子は軽率であるか、頭が悪いのだと思っていた人もいた。いまや、彼女たちの現実が分かった。政府ではいま、学校内での性的いやがらせについて公に議論されている。大統領自身が「どうすれば力になれるか」と問いかけている。

リベリア農村部での別のプロジェクトでは、少女たちにセックス以外にも提供できる価値があることを教えている。これは内戦の負の遺産であり、戦後の平和における負の遺産であることを教えている。紛争のあとにその国を〝助けに〟来る人たちは、現地の住民を食い物にすることがよくある。孤独でお金を持った男性の救援隊員がいると売春が増える。誰もこの問題を解決しようと真剣に取り組んだことはない。平和維持軍に〝性別に関する認識〟のクラスの受講を義務付けるだけでは、まったく不十分だ。

平和維持軍はリベリアの少女たちに、体が最大の資産だと教えた。その結果生じたのが一〇代の妊娠の増加であり、高校中退率の急上昇だ。二〇〇九年、人口の多い北部のある州では、高校を卒業した女子が一人もいなかった。

この活動は辛く困難なもので、成果もなかなか生まれない。だが、確実に成果は現れている。二〇一〇年一二月、一緒に活動している少女の一人が「もう少しであきらめるところだった」と話した。「学費を払うお金がありませんでした」と彼女は言った。「あなたに連絡をとろうとしたのですが、できませんでした。性別問題省にも連絡がとれませんでした。また体を売ろうかと考えたのですが、あなたの声がずっと聞こえていたんです。『体だけがお金を得る手段ではない』って。私は短期間の仕事を見つけて、必要なお金を手に入れました」

いまではこの少女は、モンロビアで有権者登録の活動の先頭に立っている。

神は私に多くのものを与えてくれた。私には素晴らしい子供たちがいる。ヌークは一〇代に反抗期があったが、とても賢く、芸術面でも優れており、すぐに友だちをつくることができる。いまはイースタン・メノナイト大学の学生で、建築家を志している。アンバーは医者志望だ。彼女は物静かで勉強家であり、スピリチュアルでありながら、私とはまったく違う形で現実的で、家の予算も彼女が管理している。高校三年生になる前に、アンバーはニューヨークにある私立校の全額給付の奨学金を獲得した。いまでは、私の友人のアビーの家で暮らしている。有難いことに、ヌークもアンバーも、子供のときにお腹を空かせていたことは覚えていない。

アーサーはとても愛情深く、自分の意見を言うべきときを除いては恥ずかしがり屋だ。彼は急進的で軽視されるのを嫌い、熱心にサッカーをやっていて、夢はイギリスに行きチェルシー・スタンアムを訪れることだ。プードゥは華やかで、ファッションとメイクが好きだ。彼女はデザイナーになってパリに住みたいと思っている。マルーはようやく個性が出始めたところだ。彼女は私の娘になってから七年経つが、いつか送り返されるかもしれないと常に恐れているのではないかと思う。ジェニーバの娘のリームは父親とともにオハイオ州に住む。私がジェニーバと仲がよかったのと同じように、私はリームとも仲がよい。彼女は人権問題を扱う弁護士になりたいと思っている。ダイヤモンドはまだ私の下にいて、ガーナにあるコンピュータ系の大学に通っている。ベイビーはリベリアに戻って父親とともに暮らしており、リベリアの大学を卒業する予定だ。

子供たちにはそれぞれに夢があるが、誰も私と同じような仕事をしたいとは思っていない。それには傷つくが理解もできる。私の仕事は得るものも大きいが、犠牲になるものも多い。私はヌークの小学校の卒業式に出席できなかった。アンバーとプードゥは学校で毎年賞をもらっているが、私は授賞式に出たことがない。アーサーはサッカーのために生きているようなものだが、私は彼の試合を見たことがない。

ほかにも犠牲にしているものはある。この分野で働くほかの女性と同じく、私はいまだに男性の二倍働かなければやっていけないと感じる。常にやるべきことが多過ぎ、いつも綱渡りだ。出張に出ているときには、両親に毎日電話をする。子供たちには少なくとも一日一度、普通はもっと電話をかける。以前は外見にとても気を遣っていたが、いまは疲れてそんな気にはなれない。

神は私に歴史を変えるチャンスを与えてくれた。だから、これ以上チャンスを与えてくれなかったとしても恨みはしない。それでも、まだやりたいことはある。WIPSENを強い組織にして、私がいなくても運営されるようにしたい。私の夢は学校に戻って、公共政策の博士号を取ることだ。若い人たちと教室で時間を過ごしたい。今後に向けてのお金を稼ぐために、私は車を数台買ってリベリアで輸送サービスを提供する事業を始めている。

だが、私の心の奥深くにある夢はリベリアに戻ることだ。私の鼓動はリベリアのものだ。眠るときも、食べるときも、呼吸するときも、私はリベリア人だ。いろいろなことがあったが、リベリアを思うとき、私は幸せを感じる。

ジェニーバが亡くなって遺体をリベリアに運んだとき、オールドロードで昔からの知り合いだった人たちが立ち寄ってくれた。彼らは貧しく、学校も卒業しておらず、いろいろな仕事をして食いつないでいた。彼らは手伝いに来てくれた――掃除をし、水を運び、お墓を掘ってくれた。そして葬式の費用にと、必死で稼いだのであろう一五〇〇リベリアドルを渡してくれた。これがリベリアの愛の深さだ。私が成功したら、この人たちの下に戻って来ない訳には絶対にいかない。

ジェームズはモンロビアに家を持っていて、私とネーコピーがモンロビアに行くときにはそこに滞在する。また、私はモンロビアの郊外、リベリア大学の分校に程近いところに二エーカー（約八〇〇〇平方メートル）の土地を買った。うち一エーカーに家を建て、別の一エーカーに学生寮を建てたいと思っている。四年くらいして子供たちが結婚するか、学校に行くため家を離れたら、ネーコピーと私はリベリアに戻ってくる。私は地域の女性たちとの活動を続けながら、政治活動の準備を始める。国会議員の選挙に出馬したいのだ。プライベートな生活が注目されることは覚悟しており、そうした質問に答えるため、自分を強くしているところだ。

記者たちからは、ＷＩＰＮＥＴが実現したことをほかのアフリカ諸国でも実現できるかという質問される。すでに実現されつつあると、私は答える。

ジンバブエでは、〈立ち上がるジンバブエの女性たち〉が、たびたびそのリーダーが投獄されながらも、政治改革を要求し続けている。二〇〇八年にジンバブエの平和活動家、ジェスティナ・ムココが逮捕されたとき、仲間の女性たちは判事の携帯電話の番号を入手し、毎日一人五本ずつメールを判事に送った。判事はやがて番号を変えなければならなくなった。女性の最高裁判事が訴訟を取り下げて、ジェスティナを解放した。

インターネットを通じても実現されている。〈アフリカ女性開発基金〉や〈アフリカ・フェミニスト・フォーラム〉などの組織を通じて、また『ピース・イズ・ラウド』などのウェブサイトを通じて起こりつつある。女性たちは民族の違いや国境を越えて、集結し始めている。

コンゴでもそうした動きが見られる。二〇〇九年の春に、私は複数の女性グループを集めて、一緒に活動する方法を考えてもらうためワークショップを開いた。女性に関してはコンゴはまだ発展途上の国で、女性のなかから変化を起こしていく必要がある。その実現は可能だろう。コンゴでは内戦により五〇〇万人以上が殺され、一〇〇万人以上が家を追われ、組織的で恐ろしく残忍なレイプが頻発したが、この国で出会ったのは無力な犠牲者ではなく、力強く勇敢で、決意を持った女性たちだった。

コンゴのブカブで開かれた会議では、残忍な反政府グループに恐れることなく対抗したある女性の話を聞いた。彼女の地域の人たちが逮捕され、殺されると脅されたとき、彼女はその人たちを解放しようとした。戦闘が起きそうなときには、ラジオを通じてその場所と時期を知らせ、付近の人が逃げられるようにした。また、残虐行為を働くことで知られる反政府グループのリーダーに、ある女性グループが平和を求めて話をしに行ったときにはそれに同行した。到着すると、反政府グループのリーダーは握手をしようと手を差し出したが、彼女は命の危険があるにもかかわらず握手を拒んだ。

その女性はブカブを離れキンシャサに移った。別のワークショップのためキンシャサを訪れたとき、私はこの素晴らしい女性の話をした。話を終えると、そのミーティングに出席していた控えめな女性が手を挙げた。

「それは私です」

彼女のような女性がいるから、私たちのような女性がいるから、最後には暴政は滅び、常に善が悪を打ち負かすのだ。そう私は信じている。私が生きているうちには実現しないかもしれないが、平和は訪れる。私たちが揺らぐことなく自分を信じ、仲間を信じ、変化の可能性を信じるならば、どんなことでもできるはずだ。

それは厳しい仕事だ。やるべきことが無限にあり、心がくじけそうになる。だが、毎日のように苦しんでいる社会に目を向けよう。彼らは生き続けている。そして、その人たちの瞳の中では私たちが希望の象徴なのだ。だから、続けなければならない。あきらめる自由はない。

――やめないで――。あのリベリアの高齢の女性の声がこだまする。――絶対にやめないで――。

私の答えはこうだ。私は絶対にやめない。

謝辞

私に変わらぬ愛と助けを与えてくれる神に、心からの称賛と敬意を捧げます。子供たちみんな、ダイヤモンド、リーム、ジョシュア（ヌーク）、アンバー、アーサー、ニコル（プードゥ）、マルー、ネーコピー、愛と理解をありがとう。両親へ、私と子供たちに献身的にかかわってくれることを感謝します。姉妹のマーラ、ジョセフィーン、ファータ、そしてテルマ・エキヨーへ、本当の友だちでいてくれてありがとう。アビー・ディズニーとその家族（ピエール、シャルロット、オリビア、ヘンリー、イーモン）へ、心を開いてくれて、そして私と家族が帰れる場所をありがとう。それからケスへ、長いあいだの静かな支援を感謝します。

これまで長年にわたって共に活動をしてきた素晴らしい女性たち、そして男性たちにも感謝を捧げます。みなさんの支援と強さと決意がなかったら、この物語も違うものになっていたでしょう。そして、キャロル・ミザーズへ、本の執筆を心地よく楽しいプロセスにしてくれてありがとう。いいセラピーになりました。

本文中の主要団体名一覧

■リーマ・ボウイーがかかわった機関

WANEP：西アフリカ平和構築ネットワーク（West Africa Network for Peacebuilding）。ガーナを本拠地として平和活動を行う組織。

WIPNET：平和構築における女性ネットワーク（Women in Peacebuilding Network）。WANEPの下部組織として、平和構築活動を行う女性のネットワーク形成を目的に設立。座り込み運動"平和を求める大衆行動"を主導。

CWI：女性キリスト教徒による平和イニシアチブ（Christian Women's Peace Initiative）。キリスト教徒の女性を毎週集めて平和を祈るためにボウイーが始めた運動。WIPNETによる"平和を求める大衆行動"のマネジメントを行った。

WIPSEN：女性の平和と安全ネットワーク（Women in Peace and Security Network）。内戦終結後、WANEPから独立する際にボウイーらが創設した組織。

■その他の平和構築組織

MARWOPNET：マノ川同盟女性平和ネットワーク（Mano River Union Women's Peace Network）。リベリアとシエラレオネ、ギニアの三国が隣接する地域での紛争を終結するために活動。

LWI：リベリア女性イニシアチブ（Liberia Women's Initiative）。戦争の終結と武装解除プロセスへの女性の参加を求めて、ストライキと抵抗運動を行った組織。

■軍事勢力

NPFL：リベリア国民愛国戦線（National Patriotic Front of Liberia）。第一次リベリア内戦でチャールズ・テーラーが率いた反政府勢力。

プリンス・ジョンソンの部隊：NPFLから離脱したプリンス・ジョンソン率いる軍事勢力。モンロビアでNPFLと激しい攻防を行った。

AFL：リベリア国軍（Armed Forces of Liberia）。第一次内戦時の暫定政権下の軍。

LURD：リベリア和解・民主連合（Liberians United for Reconciliation and Democracy）。第二次リベリア内戦で主力となった反政府勢力。

MODEL：リベリア民主運動（Movement for Democracy in Liberia）。第二次リベリア内戦でLURDから分離した反政府勢力。

■国際機関

ECOWAS：西アフリカ諸国経済共同体（Economic Community of West African States）。西アフリカ諸国の経済協力機構。域内の治安維持、紛争防止を目的とした軍事力を保有。

国連リベリアミッション：UNMIL（UN Mission in Liberia）。内戦終結後の武装解除プロジェクトを主導。

年表

	リベリア史概観	リーマ・ボウイーの歩み
	19世紀前半〜　入植から独立 – 解放奴隷、自由黒人、アメリコ・ライベリアン（アメリカ系リベリア人）による入植。 – 1847年にリベリア共和国として独立宣言。アメリコ・ライベリアンによる長期支配。	1972　リベリア中央部にて誕生。その後首都モンロビア郊外で育つ。
1980	**1980〜1989　サミュエル・ドゥ政権** – クラン族出身のサミュエル・ドゥがクーデターにより政権奪取。 – クラン族優位主義による独裁。	
1990	**1989〜1996　第一次リベリア内戦** – チャールズ・テーラーが蜂起。 – さまざまな武装化グループが互いに敵対して激化。 – 1996年に和平協定調印。	1989　リベリア大学入学直後に内戦に巻き込まれ、ガーナに脱出。 1991-97　リベリアに帰国後、最初の夫と出会う。ソーシャルワーカー養成課程を修了するが、戦闘が激化したためガーナにある夫の実家に移動。
2000	**1997〜2003　第二次リベリア内戦** – 1997年の選挙によってテーラーが大統領に選出。 – 1999年に反テーラー派が蜂起して再び内戦状態に。	1997-2001　夫による暴力のため子供をつれてモンロビアに戻る。トラウマヒーリングの仕事を始める。 2001　WIPNET（平和構築における女性ネットワーク）を設立
	2003〜　停戦 – ガーナで和平合意、停戦が実現。 **2005〜　サーリーフ政権** – 2005年の選挙でエレン・サーリーフが大統領に選出。アフリカ初の選挙による女性元首となる。	2003　女性による座り込み運動"平和を求める大衆行動"を開始。テーラーとの面会を実現。その後ガーナで行われた和平交渉会議の外でも座り込みを実施して交渉を前進させる。 2005　WIPSEN（女性の平和と安全ネットワーク）設立。アフリカ諸国の平和運動を支援する活動を開始。

［著者］

リーマ・ボウイー

Leymah Gbowee

平和活動家で、女性の権利に関する活動家。2011年ノーベル平和賞受賞者。6人の子供（うち1人は養子）を持つシングルマザー。14年間にもわたる内戦が激化するリベリアにおいて、女性たちによる〈平和への大衆行動〉を立ち上げ、停戦実現への大きな役割を果たす。その功績を称えられ、ジョン・F・ケネディの「勇気ある人賞」や、パトリシア・グルーバー財団の「女性の権利賞」、アフリカ女性開発ファンドの「重要な女性賞」などを多数受賞。平和活動の様子を描いたドキュメンタリー映画『悪魔よ地獄に帰れ（Pray the Devil Back to Hell）』は世界各地の映画祭で多くのアワードを受賞した。

現在はアクラを本拠地としてWIPSEN（女性の平和と安全ネットワーク）のエグゼクティブ・ディレクター、およびAWLN（リプロダクティブ・ヘルスと家族計画に関するアフリカ女性リーダーネットワーク）のメンバーを務め、世界各地における平和活動や女性の支援を行う。国際的NGOプランの女性支援キャンペーン「Because I am a Girl」のサポーターでもある。また『ニューズウィーク』誌やそのウェブサイトの『デイリー・ビースト』で、アフリカに関するコラムを執筆している。

キャロル・ミザーズ

Carol Mithers

ジャーナリストおよび作家。新聞や雑誌で幅広く原稿を執筆している。夫と娘とともにロサンゼルスに住む。

［訳者］

東方雅美

Masami Toho

慶應義塾大学法学部卒。バブソン大学経営大学院修士課程修了。雑誌記者として出版社に勤務したのち、経営大学院の出版部門にて、経済・経営書の企画・制作に携わる。現在はフリーランスとして、翻訳、編集、執筆を行う。翻訳書に『世界一大きな問題のシンプルな解き方』、『いつか、すべての子供たちに』、『ワールドインク』（以上、英治出版）、『脱「コモディティ化」の競争戦略』（中央経済社）、共訳書に『石油 最後の1バレル』、『グラミンフォンという奇跡』（以上、英治出版）、共著書に『MBA クリティカルシンキング』（ダイヤモンド社）などがある。

● 英治出版からのお知らせ

本書に関するご意見・ご感想を E-mail (editor@eijipress.co.jp) で受け付けています。また、英治出版ではメールマガジン、ブログ、ツイッターなどで新刊情報やイベント情報を配信しております。ぜひ一度、アクセスしてみてください。

メールマガジン：会員登録はホームページにて
ブログ　：www.eijipress.co.jp/blog/
ツイッター ID　：@eijipress
フェイスブック　：www.facebook.com/eijipress

祈りよ力となれ
リーマ・ボウイー自伝

発行日	2012年 9月30日　第1版　第1刷
著者	リーマ・ボウイー、キャロル・ミザーズ
訳者	東方雅美（とうほう・まさみ）
発行人	原田英治
発行	英治出版株式会社 〒150-0022 東京都渋谷区恵比寿南 1-9-12 ピトレスクビル 4F 電話　03-5773-0193　　FAX　03-5773-0194 http://www.eijipress.co.jp/
プロデューサー	下田理
スタッフ	原田涼子　高野達成　岩田大志　藤竹賢一郎 山下智也　杉崎真名　鈴木美穂　原口さとみ 山本有子　千葉英樹
印刷・製本	大日本印刷株式会社
装丁	大森裕二

ISBN978-4-86276-137-8　C0030　Printed in Japan

あなたの中のリーダーへ

西水美恵子著

「本気」で動けば、何だって変えられる。働き方、組織文化、リーダーシップ、危機管理——元・世界銀行副総裁が未来を担う一人ひとりに向けて綴った、情熱あふれる48のメッセージ。「国民総幸福」で知られるブータン政府や多くの企業のアドバイザーとして活動する著者の目に今、日本と日本人はどう映るのか。

定価:本体1,600円+税　ISBN978-4-86276-136-1

ハーフ・ザ・スカイ

彼女たちが世界の希望に変わるまで

ニコラス・D・クリストフ、シェリル ウーダン著　北村陽子訳　藤原志帆子解説

今日も、同じ空の下のどこかで、女性であるがゆえに奪われている命がある。人身売買、名誉殺人、医療不足による妊産婦の死亡など、その実態は想像を絶する。衝撃を受けた記者の二人(著者)は、各国を取材する傍ら、自ら少女たちの救出に乗り出す。そこで目にしたものとは——。

定価:本体1,900円+税　ISBN978-4-86276-086-9

フージーズ

難民の少年サッカーチームと小さな町の物語

ウォーレン・セント・ジョン著　北田絵里子訳

米国ジョージア州の小さな町で、一つの少年サッカーチームが生まれた。生まれも人種も、言語も異なる選手たちの共通点は、難民であること。だれにとっても、どんな場所にでも生まれうる世の中の裂け目と、それを乗り超えていける人間の強さを描く。全米の共感を呼んだノンフィクション。

定価:本体2,200円+税　ISBN978-4-86276-062-3

チョコレートの真実

キャロル・オフ著　北村陽子訳

カカオ農園で働く子供たちは、チョコレートを知らない——。カカオ生産現場の児童労働の問題や、企業・政府の腐敗。今なお続く「哀しみの歴史」を気鋭の女性ジャーナリストが危険をおかして徹底取材。チョコレートの甘さの裏には苦い「真実」がある。胸を打つノンフィクション。

定価:本体1,800円+税　ISBN978-4-86276-015-9

ゼロから考える経済学

未来のために考えておきたいこと

リーアン・アイスラー著　枝廣淳子解説　中小路佳代子訳

この世界で私たちが、そして子供たちや将来の世代が豊かな暮らしをつづけていくために、経済はどうあるべきなのか？　生活と人間性に根ざして構想された、まったく新しい経済の見方。

定価:本体2,200円+税　ISBN978-4-86276-057-9

この世界は哀しく、そして美しい。——
貧困の現実と
人間の真実をめぐる
女性起業家の奮闘記。

世界を変えるような仕事がしたい——。
銀行を辞め、理想に燃えて海外へ向かった
25歳の著者ジャクリーンが見たものは、
想像を絶する貧困の現実と
国際協力の闇、うずまく不正や暴力だった。
まちがいだらけの世界に怒り、つまずき、
学びながら、著者は人々とともに歩いていく。
みんなの暮らしをよくするために。そして
自分自身の人生を生きるために。——
まったく新しい銀行をつくった女性たち、
一緒にベーカリーを始めた未婚の母たち、
ルワンダ虐殺の勇気ある生存者たち、
不可能を覆した起業家たち……
忘れえぬ人々の心揺さぶる物語と
この世界をよりよい場所にしていく方法を、
注目の社会起業家が語った全米ベストセラー。

ブルー・セーター

引き裂かれた世界をつなぐ起業家たちの物語

ジャクリーン・ノヴォグラッツ[著]　北村陽子[訳]

四六判ハードカバー　416頁

定価:本体2,200円+税　ISBN978-4-86276-061-6